Lernen erleichtern

von Annegret Engel

Diagnose von Lernvoraussetzungen
individuelle Förderpläne
Förderbeispiele

Mildenberger Verlag

Impressum

Best-Nr. 140-40   ISBN 978-3-619-01440-8

© 2005 Mildenberger Verlag GmbH, 77652 Offenburg
Internetadresse: www.mildenberger-verlag.de
E-Mail: info@mildenberger-verlag.de

Auflage	7	6	5	4
Jahr	2014	2013	2012	2011

Das Werk und seine Teile sind urheberrechtlich geschützt. Jede Nutzung in anderen als den gesetzlich zugelassenen Fällen bedarf der vorherigen schriftlichen Einwilligung des Verlages. Hinweis zu § 52 a UrhG: Weder das Werk noch seine Teile dürfen ohne eine solche Einwilligung eingescannt und in ein Netzwerk eingestellt werden. Dies gilt auch für Intranets von Schulen und sonstigen Bildungseinrichtungen!

Illustrationen: Heike Treiber
Illustration und Grafikdesign
79199 Kirchzarten

Druck: EH Druck GmbH, 77716 Haslach
Gedruckt auf umweltfreundlichen Papieren

Inhalt

A Persönliche Erfahrungen — 7

B Grundlagen — 11 bis 29

1 Lernen und Lernvoraussetzungen — ab 11

- 1.1 Motorik — 11
  - 1.1.1 Wahrnehmungsleistungen — 12
  - 1.1.2 Auswirkung von Störungen der sensomotorischen Entwicklung — 14
- 1.2 Allgemeines Verhalten — 15
  - 1.2.1 Verhaltensvoraussetzungen — 15
  - 1.2.2 Auswirkungen von Störungen im Arbeitsverhalten — 16
- 1.3 Sprachverhalten — 16
  - 1.3.1 Voraussetzungen im Bereich Sprache — 17
  - 1.3.2 Auswirkung von Störungen im sprachlichen Bereich — 18
- 1.4 Mathematik und Logik — 19
  - 1.4.1 Lernvoraussetzungen im Fach Mathematik — 19
  - 1.4.2 Auswirkung von Störungen im Bereich Mathematik — 21

2 Beobachtung von Schülern — ab 21

- 2.1 Voraussetzung für eine Beobachtung — 22
- 2.2 Festlegung der zu beobachtenden Bereiche — 22
- 2.3 Dokumentation der Beobachtungsergebnisse — 22
- 2.4 Auswertung der Beobachtung — 24
- 2.5 Außerschulisches Umfeld — 24

3 Erstellung von individuellen Förderplänen — ab 24

4 Förderorganisation — ab 26

- 4.1 Einsatz sozialpädagogischer Fachkräfte in der 1. Klasse — 27
- 4.2 Überblick Organisation der Diagnose und Förderung Klasse 1 — 28, 29

C Unterrichtspraktischer Teil — 30 bis 142

1 Diagnose und Förderung — ab 30

2 Motorik — ab 31

- 2.1 Dokumentationsbogen Motorik — 32, 33
- 2.2 Aufgabenbeispiele Motorik — 34
  - 2.2.1 Taktil-kinästhetische Wahrnehmung — 34
  - 2.2.2 Vestibuläre Wahrnehmung — 39
  - 2.2.3 Seitigkeit / Lateralität — 43
  - 2.2.4 Visuelle Wahrnehmung — 44
  - 2.2.5 Graphomotorik — 49

Inhalt	Seite
2.3 Förderbeispiele Motorik	50
2.3.1 Taktil-kinästhetische Wahrnehmung	50
2.3.2 Vestibuläre Wahrnehmung	54
2.3.3 Seitigkeit/Lateralität	57
2.3.4 Visuelle Wahrnehmung	58
2.3.5 Graphomotorik	60
3 Allgemeines Verhalten	**ab 63**
3.1 Dokumentationsbogen Allgemeines Verhalten	64, 65
3.2 Aufgabenbeispiele Allgemeines Verhalten	66
3.2.1 Lernbereitschaft	66
3.2.2 Arbeitsverhalten	68
3.2.3 Selbstständigkeit	70
3.2.4 Konzentration und auditive Figur-Grund-Wahrnehmung	71
3.2.5 Emotionaler Bereich / Sozialverhalten / Konfliktverhalten / Selbstkontrolle	74
3.2.6 Kontakte	78
3.3 Förderbeispiele Allgemeines Verhalten	79
3.3.1 Lernbereitschaft	79
3.3.2 Arbeitsverhalten	81
3.3.3 Selbstständigkeit	82
3.3.4 Konzentration und auditive Figur-Grund-Wahrnehmung	83
3.3.5 Emotionaler Bereich / Sozialverhalten / Konfliktverhalten / Selbstkontrolle	86
3.3.6 Kontakte	88
4 Sprache	**ab 91**
4.1 Dokumentationsbogen Sprache	92, 93
4.2 Aufgabenbeispiele Sprache	94
4.2.1 Sprachfähigkeit	94
4.2.2 Anweisungsverständnis	100
4.2.3 Sprechbereitschaft	102
4.2.4 Auditive Wahrnehmung / Sprachgedächtnis	103
4.2.5 Kenntnisse der Begrifflichkeit / phonologische Bewusstheit	105
4.2.6 Außerschulische Förderung	108
4.3 Förderbeispiele Sprache	109
4.3.1 Sprachfähigkeit	109
4.3.2 Anweisungsverständnis	115
4.3.3 Sprechbereitschaft	116
4.3.4 Auditive Wahrnehmung / Sprachgedächtnis	118
4.3.5 Phonologische Bewusstheit	119
4.3.6 Außerschulische Förderung	121

Inhalt	Seite
5 Mathematik	ab 123
5.1 Dokumentationsbogen Mathematik	124, 125
5.2 Aufgabenbeispiele Mathematik	126
5.2.1 Mengenauffassung	126
5.2.2 Merkfähigkeit	127
5.2.3 Mengenvergleich	128
5.2.4 Relationen	130
5.2.5 Ordnen einer Menge	130
5.2.6 Zählen	131
5.2.7 Formen	132
5.3 Förderbeispiele Mathematik	134
5.3.1 Mengenauffassung	134
5.3.2 Merkfähigkeit	135
5.3.3 Mengenvergleich	137
5.3.4 Relationen herstellen	138
5.3.5 Ordnen einer Menge	139
5.3.6 Zählen	140
5.3.7 Formen	142
D Anhang	143 bis 187
Lieder, Spiele, Reime, Zungenbrecher	ab 144
Literaturangaben	ab 150
Kopiervorlagen	ab 153
Vordruck Individueller Förderplan	187

A Persönliche Erfahrungen

Im Frühjahr 2004 übernahm ich in einer 3. Klasse den Sportunterricht für eine erkrankte Kollegin. In dieser Klasse kannte ich nur die Kinder, die bei mir am Förderunterricht für Schüler mit Lese-Rechtschreib-Schwäche teilnahmen. Während des Sportunterrichts fiel mir auf, dass alle Schüler dieser Fördergruppe Probleme hatten bei der Ausführung von Über-Kreuz-Bewegungen. Keines dieser Kinder bewegte sich ganz sicher. Alle mussten die schnelle Änderung von Bewegungsrichtungen längere Zeit üben. Kein Kind aus dieser Gruppe zeigte Ausdauer in Trainingseinheiten. Alle mussten speziell motiviert werden, damit sie Spaß an der Bewegung bekamen. Das Selbstvertrauen der Kinder zu ihren eigenen Fähigkeiten im Bereich Sport war sehr gering. Dieses Verhalten fiel mir besonders auf, da wir in den Förderstunden zur Behebung der Lese-Rechtschreib-Schwäche bereits Übungen zur Muskelspannung und zur Entspannung ausgeführt hatten, ebenso wie Atemübungen und Konzentrationsübungen.

Nun begann ich, auch die Schüler der 2. und 4. Klasse, die ebenfalls am Förderunterricht für Schüler mit Lese-Rechtschreib-Schwäche teilnahmen, intensiver als bisher im Hinblick auf ihre motorischen Fähigkeiten zu beobachten. Bei den Kindern der 2. Klasse traten die Defizite bei Über-Kreuz-Bewegungen und aktiver Muskelspannung stärker auf als bei den Kindern der 3. und 4. Klassen. Es dauerte in allen Fördergruppen lange, bis die Schüler die Über-Kreuz-Bewegungsabläufe beherrschten. Es fiel mir auf, wie intensiv sich alle Schüler bemühten, ihre Glieder koordiniert zu bewegen. Besonders beeindruckten mich die Schilderungen der Kinder, wie sie zu Hause von sich aus diese Bewegungsabläufe übten. Sie kamen voller Stolz in den Unterricht und führten als ihre besondere Leistung Bewegungsabläufe vor, die für die anderen Kinder der Altersgruppe selbstverständlich waren. In der Gruppe haben wir dann einfache Koordinationsübungen sowie Übungen zur Muskelspannung und -entspannung durchgeführt, was zur Folge hatte, dass die Kinder ein körperlich entspannteres Verhalten an den Tag legten, Aufgaben schneller bearbeiteten, bessere Konzentrationsbereitschaft und eine stärkere Motivation im Unterricht zeigten.

Die Beobachtungen veranlassten mich zu einer näheren Beschäftigung mit den Lernvoraussetzungen der Kinder zu Beginn der Schulzeit. In den vergangenen Jahren waren mir am Anfang der 1. Klasse im Sportunterricht selten diejenigen Kinder aufgefallen, die später Lese-Rechtschreib-Probleme oder Probleme im Bereich Mathematik hatten. Sie erschienen mir oft bewegungsfreudig und spontan. Ich stellte fest, dass nur das genaue Betrachten bestimmter motorischer Voraussetzungen **aller** Kinder einer Klasse Defizite sichtbar werden lassen kann. Die Auswirkungen dieser Defizite auf Lernprozesse können durch einfache Übungen gemildert werden. Je intensiver ich mich mit dem Thema beschäftigte und je mehr ich las, umso differenzierter sah ich die Schüler. Es fielen mir in meinem eigenen Unterricht, beim Gang über den Pausenhof und beim Vertretungsunterricht Verhaltensweisen an Schülern auf, die ich vorher nicht beachtet hatte. Trotz Fortbildungen in den Bereichen Sprache, LRS-Förderung, bewegungsfreudige Schule, Sport, Kunst, Musik und Tanz, Edu-Kinästhetik usw. hatte ich die Schüler bisher nicht auf diese Weise wahrgenommen.

Folgende Fragen stellten sich mir:
- Was kann ich als Lehrerin tun, damit Lernprozesse zum Erwerb von grundlegendem Wissen und zum Erwerb von Basiskompetenzen für ein Kind so einfach und erfolgreich wie möglich ablaufen?
- Wie finden Lernprozesse statt? Was ist Lernen? Was sind die Voraussetzungen für erfolgreiches Lernen?
- Welche Voraussetzungen sollten im Idealfall gegeben sein, damit Lernprozesse optimal ablaufen könnten? Wie sollte der Entwicklungs- und Kenntnisstand der Schüler sein?
- Wie kann man feststellen, welche Voraussetzungen alle Kinder der Klasse mit in die Schule bringen? Wie ist der Ist-Stand, der augenblickliche Kenntnisstand der Schüler?
- Wie hält man die Voraussetzungen aller Kinder übersichtlich fest? Wie dokumentiert man die Beobachtungsergebnisse?
- Wie kann ich dem Kind im Klassenverband mit den anderen Kindern oder in anderen Unterrichtsformen helfen, die gewünschten Voraussetzungen zu erwerben? Wie erstellt man einen individuellen Förderplan für ein Kind?

A Persönliche Erfahrungen

Feststellung und Veränderung von Lernvoraussetzungen

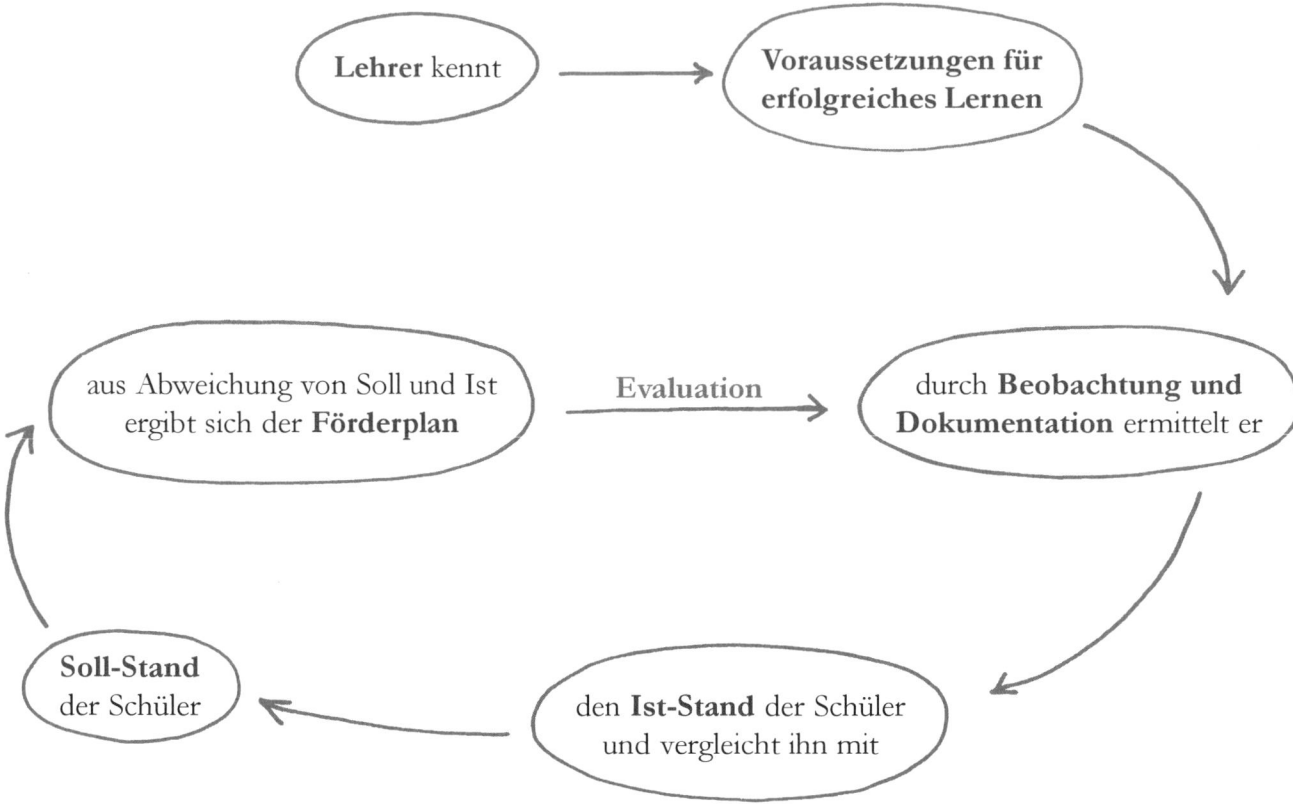

Das Buch von V. Ledl, *Kinder beobachten und fördern* (*V. Ledl, 2003*)[1], war für mich besonders wichtig. Ich erhielt Antworten auf fast alle meine Fragen und viele Hinweise auf Fördermöglichkeiten. Im Bereich Sprache fand ich dort die Auffassungen der Autoren Breuer und Weuffen bestätigt. Im Bereich Mathematik fand ich die gleichen Auffassungen wie bei J. Lorenz und beim Arbeitskreis für angewandte Lernforschung. Die anderen im Literaturverzeichnis genannten Autoren las ich später, auch sie vertreten ähnliche Auffassungen wie V. Ledl.

Die Antworten auf die Fragen habe ich in den Diagnose- und Beobachtungsbögen dieses Buches zusammengefasst. Sie gliedern sich in vier Bereiche (*vgl. Schriftenreihe Schule in NRW Nr. 9039; K. Barth, Münsteraner Entwicklungs-Beobachtungsbogen; V. Ledl, 2003*)[2]:

1. **Motorik**
   sicheres Körpergefühl, ausgeprägtes Gleichgewichtsempfinden, gute visuelle und akustische Wahrnehmung

Die Motorik eines Menschen kann durch Beobachtung erfasst werden. Da die Motorik eines Menschen Rückschlüsse auf seinen Entwicklungsstand zulässt und ihr reibungsloses Funktionieren Voraussetzung für den Ablauf von Lernprozessen ist, wird zunächst die Motorik beobachtet. Die **Förderung beginnt immer mit der motorischen Förderung**, weil eine gut entwickelte Sensomotorik eine Voraussetzung für den erfolgreichen Ablauf von Lernprozessen ist.

---

[1] V. Ledl, Kinder beobachten und fördern, Jugend und Volk, Wien 2003

[2] Erfolgreich starten!, Ministerium für Schule, Jugend und Kinder des Landes NRW, Schriftenreihe Schule in NRW Nr. 9039;
Dr. Karlheinz Barth, Münsteraner Entwicklungs-Beobachtungsbogen für Kinder von fünf Jahren bis zur ersten Klasse: Eltern-/Erzieherinnenbogen;
V. Ledl, Kinder beobachten und fördern, Jugend und Volk, Wien 2003

2. allgemeines Verhalten
Lernbereitschaft, positives Arbeitsverhalten, Konzentrationsfähigkeit, stabiles emotionales und soziales Verhalten, Selbstkontrolle

Das Verhalten eines Menschen kann durch Beobachtung erfasst werden. Es zeigt die Einstellung eines Menschen zu sich selbst, zu seinen Mitmenschen, zu Dingen und seiner Umgebung. Es wirkt sich auf die Aufnahme von Informationen und die Entwicklung von Kompetenzen aus. Das Verhalten der Kinder muss als Nächstes beobachtet, dokumentiert und gefördert werden. Eine Förderung in diesem Bereich findet am ehesten statt, wenn sie täglich durchgeführt wird und sich möglichst **alle Lehrkräfte** gegenüber dem Kind nach Absprache **gleich verhalten**.

3. Sprache
Sprachfähigkeit im Ausdruck und im Verständnis der deutschen Sprache, Anweisungsverständnis, Sprachgedächtnis, gute Wahrnehmungsfähigkeit im Bereich des Hörens, phonologische Bewusstheit (Grundkenntnisse über Silben, Reime und Anlaute)

Die Sprache eines Menschen kann durch Beobachtung erfasst werden. In einer normalen Schule unseres Landes erfolgen die Weitergabe von Informationen, die Anregung von Handlungsvorgängen sowie Denkprozesse usw. durch die gesprochene und geschriebene deutsche Sprache. Die Fähigkeiten im Umgang mit der gesprochenen und geschriebenen Sprache wirken sich auf alle anderen Lernbereiche aus, die in einer Schule vermittelt werden. Die Sprache hat eine **Schlüsselstellung**. Die Förderung im Bereich Sprache erfolgt außer durch gesprochene Sprache auch durch Musik, Rhythmik, Mimik, Tonfolgen und Kunst.

4. Mathematik
Mengenauffassung, Merkfähigkeit bezüglich Zahlen, vergleichen und sortieren von Mengen, ordnen von Mengen, vorwärts und rückwärts zählen, herstellen von Relationen

Der Umgang mit und die Kenntnisse über Mengen können durch Beobachtung erfasst werden. Der Bereich Mathematik benötigt bestimmte Voraussetzungen in der Mengenauffassung, ohne die das Anfangslernen in diesem Fach nicht erfolgreich ablaufen kann. Diese Voraussetzungen müssen geschaffen werden, bevor Unterrichtsinhalte von den Kindern aufgenommen werden können. Sind sie nicht vorhanden, können Rechenvorschriften auswendig gelernt, aber nicht verstanden werden. Die sprachlichen Voraussetzungen des Kindes müssen so sein, dass feine Unterscheidungen verstanden werden.

In den folgenden Kapiteln des Buches können die theoretischen Grundlagen für die Entwicklung der Diagnose- und Beobachtungsbögen genauer nachgelesen werden.

Der Unterricht in der Schule soll Kinder befähigen, Wissen aufzubauen und grundlegende Kompetenzen zu entwickeln. Das ist nur möglich, wenn sie Informationen aufnehmen und verarbeiten können. Dies hängt wiederum von ihren sprachlichen Kompetenzen ab. Eigenständiges und selbstverantwortliches Lernen kann nur erfolgen, wenn es nicht durch das allgemeine Verhalten des Kindes behindert wird. Allgemeines Verhalten und sprachliche Fähigkeiten hängen wieder von der sensomotorischen Entwicklung eines Kindes ab.

Aus diesen Gründen muss immer mit einer Förderung im Bereich der Wahrnehmung und der Motorik begonnen werden.

A Persönliche Erfahrungen

Erst wenn die motorischen Voraussetzungen gegeben sind, beginnt eine notwendige sprachliche Förderung. Die Förderung des allgemeinen Verhaltens sollte immer parallel zu anderen Fördermaßnahmen und möglichst im Klassenverband erfolgen. Im Bereich Mathematik muss die Wahrnehmung entwickelt sein (*B. Fischer, 2005*)[3]. Der Mengenbegriff und die Mengenauffassung müssen verstanden sein, bevor mit dem Unterricht begonnen werden kann. Die Förderung kann nur Erfolg haben, wenn die notwendigen körperlichen und sprachlichen Voraussetzungen des Kindes gegeben sind.

Es ist wichtig, die Voraussetzungen **aller** Kinder zu Schulbeginn genauer zu betrachten. Oft haben intelligente Kinder Vermeidungsstrategien entwickelt, mit denen sie mangelnde Fähigkeiten umgehen. Nur durch Beobachtung und Überprüfung aller Kinder können Lehrkräfte auch die Defizite dieser Kinder so früh wie möglich feststellen. Wenn bekannt ist, was ein Kind beherrscht, ist es möglich, nicht vorhandene Kenntnisse und Fähigkeiten aufzuarbeiten oder vorhandene Fähigkeiten weiter zu fördern.

Es reichen schon wenige Überprüfungen mit Hilfe der Diagnose- und Beobachtungsbögen (siehe C Unterrichtspraktischer Teil), damit sich der Blick der Lehrkraft in der Wahrnehmung der Schüler verändert. Man sollte es wagen, in kleinen Schritten – ohne Anspruch auf Vollständigkeit der Überprüfung – mit der Diagnose zu beginnen. Für den Einstieg kann die Beobachtung mit den grau hinterlegten Aufgabenbeispielen (siehe Diagnosebögen) begonnen werden. Die Dokumentation auf dem Beobachtungsbogen kann so erfolgen, wie es in den Aufgabenbeispielen empfohlen wird. Die Aufgabenbeispiele sollen Lehrkräften Anregungen und Hilfen geben.

Die Diagnose- und Beobachtungsbögen beginnen am linken äußeren Rand der Bögen mit der Beobachtung grundlegender Fähigkeiten. Eine Lehrkraft kann in den meisten Fällen 25 – 30 Kinder alleine beobachten und die Beobachtungen dokumentieren. Ebenso sind die meisten Förderbeispiele so beschrieben, dass eine Förderung mit der ganzen Klasse gemeinsam oder für einzelne Schüler gleichzeitig mit dem Klassenunterricht erfolgen kann.

Lernvorgänge sind komplex und werden sehr stark von den häuslichen Lebensumständen der Kinder beeinflusst. Das gilt besonders im deutschen Schulsystem, da eine wesentliche Übungsphase am Nachmittag zu Hause stattfindet. Unter diesen Voraussetzungen kann man als Lehrkraft nicht davon ausgehen, dass eine Förderung am Anfang der 1. Klasse automatisch alle Schulprobleme beseitigt. Wenn nur wenigen Kindern das Schulleben und Lernen erleichtert wird, Kinder mehr Selbstvertrauen in ihre eigenen Fähigkeiten erhalten und sich von diesem Standpunkt aus gestärkt und zuversichtlich an ihre Aufgaben wagen, so hat sich die Mühe gelohnt. Meine Arbeitsjahre in der Hauptschule haben mir gezeigt, wie sehr Erfolg die Schülerleistungen beflügelt. Ängstliche Kinder mit wenig Selbstvertrauen entwickelten sich schnell zu motivierten, leistungsbereiten Schülern, wenn sie Lernerfolge vorweisen konnten. Je eher Kinder Selbstvertrauen entwickeln, umso schneller werden sie leistungsbereite und leistungsstarke Schüler.

Wer die theoretischen Grundlagen nicht lesen möchte, kann auf Seite 30 weiterlesen und sich direkt mit dem unterrichtspraktischen Teil der Diagnose und Förderung befassen.

---

[3] Siehe auch Burkhard Fischer, Freiburger Hirnforscher, in Westfälische Nachrichten, Münster, 1.2.2005

B Grundlagen

1 Lernen und Lernvoraussetzungen

Nur durch Erfahrungen, nämlich Lernen, bilden sich zwischen den Zellen des Gehirns Neuronenverbindungen für neue Vernetzungen. Je häufiger der Lernvorgang wiederholt wird, umso stärker bildet sich die Umformung aus. Die Wiederholung macht die Verbindung stabil. Gehirnzellen werden so verknüpft und Gehirnleistungen sind schneller abrufbar. *(siehe M. Spitzer, 2005, S. 54-60)*[4] Umformungen im Gehirn, also Lernvorgänge, können heute bereits während der Entstehung mit elektronischen Hilfsmitteln sichtbar gemacht werden. Das Lernen bestimmter Handlungen und Fähigkeiten ist in fast jedem Alter möglich, aber nicht immer gleich einfach. *(siehe St. Klein, 2003, S. 75 ff.)*[5]

Alle grundlegenden Erfahrungen der Sinne müssen von einer Person selber gemacht werden. Denken kann nur erfolgen, wenn eine Person zunächst Handlungen ausführt und durch die Handlung Verknüpfungen im Gehirn entstehen. Das Denken vollzieht dann die Handlung im Gehirn nach und kann sie neu kombinieren. *(A. Ostermann, 2004, S. 9)*[6]

Beispiel: Die Verabredung besagte, dass ein junger Ehemann die Kartoffeln für das gemeinsame Mittagessen kochen sollte. Seine Frau hatte alle Zutaten bereitgestellt. Als sie nach Hause kam, waren die Kartoffeln nicht gekocht. Ehemann: „Ich konnte die Kartoffeln nicht kochen. Es war in keinem unserer Kochbücher beschrieben und ich habe niemals zuvor Kartoffeln gekocht." Bisher wurde diese Handlung von den Frauen der Familien ausgeführt. Im Gehirn des Ehemannes war kein Handlungsschema für den Vorgang vorhanden.

Wenn die Wahrnehmung durch die Sinne gestört ist, kann Lernen nicht erfolgreich sein. Werden Laute nicht richtig gehört und gebildet, so kommt es zu Problemen beim Erlernen von Lesen und Schreiben. Die sinnlich wahrnehmbaren Merkmale der Sprache werden ungenau erfasst. Ebenso beeinträchtigen fehlende Wahrnehmungen das Lernen in anderen Bereichen wie z. B. Mathematik.

Der Stand der Entwicklung der Sinne und der Motorik eines Kindes, seine Konzentrationsfähigkeit, sein Arbeitsverhalten, seine Sprachfähigkeit und sein Sprachverständnis entscheiden über seinen Lernerfolg. Die Lehrkräfte benötigen vorrangig Informationen in diesen Bereichen, um die Lernvoraussetzungen eines Kindes zu Beginn der 1. Klasse beurteilen zu können.

1.1 Motorik

Der Mensch reagiert auf Wahrnehmungsreize, z. B. die Haustürklingel, indem er hört, hingeht, spricht, greift, wegläuft usw. Die Qualität der Wahrnehmungsleistung ist abhängig von der motorischen Koordination. Die gelungene Koordination der Sinne und der Motorik, die **sensomotorische Koordination**, ermöglicht es uns, z. B. einen Stift zu greifen ohne umzufallen oder ein Auto zu fahren und gleichzeitig ein Gespräch über ein Problem zu führen.

Wenn wir ein Lenkrad halten, nehmen wir die Stellung der Hände und Arme und die Spannung der Muskeln im Gehirn über den Körpersinn wahr (die propriozeptive Wahrnehmung). Bewegungsabläufe wie das Drehen des Lenkrades werden über die Wahrnehmung der Muskelspannung zusammen mit der Wahrnehmung der Stellung der Gelenke und des Körpers (die kinästhetische Rückmeldung) als Information ans Gehirn weitergegeben. Der Körper wird während der Drehbewegung im Gleichgewicht gehalten und kippt nicht um. Dafür sorgt der Gleichgewichtssinn über das Gleichgewichtsorgan im Innenohr (die vestibuläre Wahrnehmung). Über die Haut fühlen wir die Beschaffenheit des Lenkrades und des Schalthebels. Der Hautsinn (die taktile Wahrnehmung) liefert die entsprechenden Informationen an das Gehirn. Außerdem nimmt die Nase den Geruch der Stoffe im Fahrzeug wahr (olfaktorische Wahrnehmung), die Augen das Verkehrsgeschehen (visuelle Wahrnehmung) und die Ohren melden die Geräusche des Motors und der Verkehrsteilnehmer (auditive

---

[4] siehe Manfred Spitzer, Vorsicht Bildschirm, Klett, Stuttgart 2005, S. 54–60
[5] siehe Stefan Klein, Die Glücksformel, rororo, Reinbek 2003, S. 75 ff.
[6] A. Ostermann, Lernvoraussetzungen von Schulanfängern, Persen, Horneburg 2.2004, S. 9

B 1.1 Motorik

Wahrnehmung) an das Gehirn. All dieses läuft unbewusst im Gehirn ab, während ein Gespräch zwischen Fahrer und Beifahrer geführt wird. *(A. Ostermann, 2004, Seite 8 f.)*[7]

1.1.1 Wahrnehmungsleistungen

Im Menschen entwickeln sich zunächst im Kleinkindalter die Körper- oder Nahsinne, die taktil-kinästhetische Wahrnehmung und die vestibuläre Wahrnehmung.

Zusammengefasst sind es folgende Sinne:

- **Wahrnehmung des inneren Körpers** (viszerale Wahrnehmung)
  Das Herz und andere Körperorgane werden gefühlt.

- **Hautsinn** (taktile Wahrnehmung)
  Über die Haut nehmen wir Berührungen wahr. Sie sind wichtig für Materialerfahrungen, Körper- und Sozialwahrnehmung und die Handlungsplanung.

- **Stellungs- und Spannungssinn** (propriozeptive Wahrnehmung)
  Über den Stellungs- und Spannungssinn nimmt der Mensch die Stellung von Muskeln und Gelenken zueinander, den Muskeltonus und die Ausdehnung seines Körpers wahr.
  Beispiele: Gehen und Erstarren, Über-Kreuz-Bewegungsmuster und Gehen auf der Stelle werden möglich.

- **Gleichgewichtssinn** (vestibuläres System)
  Das Gleichgewichtssystem (vestibuläres System, Gleichgewichtsorgan im Innenohr / Propriozeptoren im Labyrinth des inneren Ohres) regelt die „Körperstellung, die Blickregelung und die bewusste Raumorientierung". *(V. Ledl, 2003, S. 44)*[8] Über den Gleichgewichtssinn wird es dem Menschen ermöglicht, auch auf schwankendem Untergrund aufrecht zu gehen, differenziert visuell wahrzunehmen und zu hören, Bewegungsrichtung und Bewegungsgeschwindigkeit zu erfassen. Dieses System ist bei Kindern bis ca. zehn Jahren eingeschränkt entwickelt.

Ein Versuch zur Auswirkung des Gleichgewichtsorgans ist folgender:
Rückwärts mit geschlossenen Augen auf den Hacken gehen, Augen öffnen, wieder vorwärts gehen und dann mit offenen Augen rückwärts auf den Hacken gehen. Ergebnis: die Wahrnehmung über die Augen erleichtert das Rückwärtsgehen.

Die gute Vernetzung der Körpersinne ist eine Voraussetzung für sicheres Stehen, Gehen usw. Die Ausführung von Bewegungen erfordert eine Planung innerhalb des Gehirns und die Ausführung in einer genauen Reihenfolge. Diese Bewegungsplanung ist die Bedingung dafür, Handlungen planen zu können.

Die **Fernsinne Sehen und Hören** setzen ein gutes Funktionieren der Körper- oder Nahsinne voraus. Diese **Fernsinne sind wieder Voraussetzung** für den Umgang mit Sprache und das Erlernen von **Lesen, Schreiben und Rechnen**.

Ein Kind kann Probleme beim Erlernen von Lesen und Schreiben bekommen, wenn bei der Entwicklung der Nahsinne in der Kleinkindzeit Störungen auftraten.

Beispiel: nicht krabbeln – Störung im Gleichgewichtsbereich / im Stellungs- und Spannungssinn, daraus folgt: Probleme bei Über-Kreuz-Bewegungen

Beobachtungsbeispiel: Ein Kind kann keine Hampelmann-Bewegung ausführen oder im Spiel die Arme nicht kreuzen. Es treten Probleme auf, wenn dieses Kind beim Schreiben und Malen die Körpermitte mit der Schreibhand kreuzen muss. Die rechte Hand zur linken oberen Ecke des Blatts zu führen verlangt eine Kreuzung der Körpermittellinie. Dazu müssen beide Gehirnhälften und ihre Vernetzung in Aktion treten. Meine Beobachtung ist: Ein Kind, das hier Schwierigkeiten hat, dreht das Blatt oder schiebt es zur rechten Körperhälfte. Es vermeidet also die Kreuzung der Körpermittellinie beim Malen/Schreiben. Durch die Drehung erscheint die Aufgabe, das Bild oder der Buchstabe auf dem Blatt

[7] siehe auch: A. Ostermann, Lernvoraussetzungen von Schulanfängern, Persen, Horneburg 2004, S. 8 f.
[8] V. Ledl, Kinder beobachten und fördern, Jugend und Volk, Wien 2003, S. 44

anders. Die Aufgabe wird nicht so ausgeführt wie erwartet. Offensichtlich ist die Vernetzung der Gehirnhälften im Kleinkindalter nicht optimal erfolgt.

Falls Kinder eine Störung im Gleichgewichtsorgan haben, versuchen sie in der Regel diese Schwäche über die visuelle Wahrnehmung auszugleichen. Wird jetzt vom Gehirn zusätzlich verlangt, Arbeitsaufträge aufzunehmen und auszuführen, kann das Kind vom Stuhl fallen, da das Gehirn nicht länger das Gleichgewicht halten kann. Zu viele Aktionen werden gleichzeitig vom Gehirn gefordert. Die Vernetzungen, die automatisch im Hintergrund das Gleichgewicht halten, fehlen oder sind zu schwach. Das Gehirn ist überfordert. Falls Kinder zu wenige Informationen aus dem Gleichgewichtsorgan erhalten, benötigt das Gehirn vermehrt Informationen über die Körperlage im Raum, um das Gleichgewicht halten zu können. Das Kind verändert also ständig seine Lage, damit das Gehirn notwendige Raum-Lage-Informationen erhält. Es zappelt! Das Kind kann die Unterrichtsinhalte nicht erfolgreich aufnehmen.

Lehrer benötigen also Informationen über den sensomotorischen Stand der Entwicklung der Kinder zu Beginn des ersten Schuljahres, um deren Lernvoraussetzungen abschätzen zu können. Wahrnehmungsleistungen in der Motorik sind in folgenden Bereichen zu beobachten:

Bereiche		Fähigkeiten/Merkmale
1. Taktil-kinästhetische Wahrnehmung	1.1 Körperschema	① Körperteile zeigen, rechts/links ② Raum-Lage-Körper oben/unten/rechts/links
	1.2 bilaterale Koordination	① sicher gehen ② Körpermittellinie kreuzen ③ Hampelmann
	1.3 taktiles Empfinden	① Hautzeichnung/Formwahrnehmung ** ② Differenzierungsvermögen
2. Vestibuläre Wahrnehmung	2.1 Gleichgewicht	① Einbeinstand, hüpfen ** ② Treppe + Fußwechsel ③ Balancieren Linie
	2.2 Vestibuläre Über-/Unterfunktion	① Drehung ** ① schaukelt gerne ** ② schaukelt nicht
	2.3 Tonus/ Isolierte Bewegungen	① Körperspannung ② Mitbewegung gesamter Körper
3. Seitigkeit/Lateralität	3.1 rechts/links Bevorzugung	① Hand ② Fuß
4. Visuelle Wahrnehmung	4.1 visuelle Gliederung visuelles Gedächtnis	① Formunterscheidung ② Muster nachzeichnen ③ Linien verfolgen
	** 4.2 (nur bei – 4.1) Augenmuskelkontrolle	** ① Figur-Grund-Wahrnehmung ** ② Gegenstand verfolgen
5. Graphomotorik		① Handtonus/Druck ① ausmalen von Formen

In Kapitel C 2.3 werden die Diagnoseaufgaben zur Durchführung von Beobachtungen in den oben genannten Bereichen genau beschrieben.

B 1.1 Motorik

1.1.2 Auswirkung von Störungen der sensomotorischen Entwicklung

Motorik und Wahrnehmung gehören in der Praxis eng zusammen. Bei einer ungestörten Entwicklung beherrscht ein Kind das Laufen oder das Sprechen, wenn es im Rahmen seiner Voraussetzungen die Reife dazu erlangt hat. Falls die Entwicklung gestört war, muss das Kind die motorische Koordination durch Übungen lernen. Physiotherapie, Logopädie o. Ä. werden bei deutlicher Ausprägung von Fehlentwicklungen im Kleinkindalter vom Arzt verordnet. Bei weniger starken Störungen treten Probleme erst in der Schulzeit auf, wenn das Kind in einer bestimmten Zeit unter ungünstigen Bedingungen wie Lärm, Zeitdruck, Bewegungsmangel u. Ä. Leistungen erbringen soll. Die Störungen *(Luckfiel und Braun, 2004, S. 68 f.)*[9] können folgendermaßen aussehen:

- **Hautsinn – taktile Wahrnehmung**
  Ist die taktile Wahrnehmung gestört, so kann sich ein Kind folgendermaßen verhalten: Ängstlichkeit, Wutanfälle, Panik bei Veränderungen des gewohnten Ablaufs, Überreaktion auf unbekannte Geräusche, geringe Eigeninitiative, Stifte können nicht richtig verwendet werden, weil sie nicht entsprechend gespürt werden.

- **Stellungs- und Spannungssinn, Tiefensensibilität – kinästhetische Wahrnehmung**
  Kinder mit Störungen in diesem Bereich haben oft einen schwachen Muskeltonus. Sie erscheinen schwächlich, stützen oft den Kopf in die Hand, da sie viel Energie benötigen, um Kopf und Körper gegen die Schwerkraft aufrecht zu halten. Diese Kinder fallen oft von den Stühlen, brechen die Stifte ab und fallen im Laufen hin. Schwierigkeiten treten auf beim Nachbauen oder Legen von Figuren und dem Abschätzen von Entfernungen und Abständen. Diese Fähigkeiten sind für den Mathematikunterricht wichtig. Die Kinder zeigen langsame Arbeitsweisen, Merkschwäche und wenig Handlungsstrategien. Sprache wird von ihnen besser verstanden als gesprochen, Geschichten und Situationen können nur mit Schwierigkeiten wiedergegeben werden. *(Luckfiel und Braun, 2004, S. 68 f.)*[10] Das Selbstbewusstsein dieser Kinder ist meist gering. In der praktischen Erprobung der Diagnoseaufgaben hatten alle Kinder der Fördergruppen zur Behebung der Lese-Rechtschreib-Schwäche in den Klassen 2 und 3 bei der Ausführung der Über-Kreuz-Bewegungen und der Hampelmann-Bewegung Probleme.

- **Gleichgewichtssinn – vestibuläre Wahrnehmung**
  Bei einer Überfunktion nimmt das Kind zu viele Gleichgewichtsreize im Gehirn auf, z. B. meidet es Schaukel- und Drehbewegungen. *(V. Ledl, 2003, S. 44)*[11] Bei einer Unterfunktion nimmt das Kind zu wenig Gleichgewichtsreize auf, es spürt keinen Schwindel bei Drehung, ebenso hat es kein Gefahrenbewusstsein. Das Kind zeigt motorische Unruhe, fragt häufig nach, kann mehrteilige Arbeitsaufträge nicht behalten, Lesen und Schreiben erfolgt in verkehrter Richtung. Es hat Probleme, Ordnung zu halten. *(Luckfiel und Braun, 2004, S. 68 f.)*[12] In der praktischen Erprobung der Diagnoseaufgaben hatten fast alle Kinder der Fördergruppen zur Behebung der Lese-Rechtschreibschwäche Probleme, eine Körperspannung aufzubauen und kurzfristig zu halten.

- **Visuelle Wahrnehmung**
  Ist die visuelle Wahrnehmung gestört, kann ein Kind z. B. nicht richtig einordnen, ob etwas rechts, links, oben oder unten von ihm liegt. Dieses Kind kann dann d und b nicht richtig unterscheiden. Es hat ein Problem mit der Raum-Lage-Wahrnehmung. Manche Kinder sehen nicht, was vor ihnen liegt, nehmen nicht das Buch neben dem Etui wahr. Sie können optisch nicht die Lage von Gegenständen im Raum auf die Person bezogen einordnen. Diese Kinder haben ein Problem mit der Wahrnehmung räumlicher Beziehungen. Sie fallen über Gegenstände und finden ihre Arbeitsmaterialien nicht wieder.

---

[9] Luckfiel und Braun, in R. Christiani (Hrsg.), Schuleingangsphase neu gestalten, Cornelsen, Berlin 1.2004, S. 68 f.
[10] Luckfiel und Braun, in R. Christiani (Hrsg.), Schuleingangsphase neu gestalten, Cornelsen, Berlin 1.2004, S. 68 f.
[11] V. Ledl, Kinder beobachten und fördern, Jugend und Volk, Wien 2003, S. 44
[12] Luckfiel und Braun, in R. Christiani (Hrsg.), Schuleingangsphase neu gestalten, Cornelsen, Berlin 1.2004, S. 68 f.

Bei geringen Störungen im sensomotorischen Bereich entwickeln intelligente Kinder oft Vermeidungsstrategien. Wenn eine Schwäche in der Handlungsplanung vorliegt, schaut es erst, wie andere Kinder eine Arbeit beginnen. Werden in der Schule komplexe Handlungsvorgänge vom Kind erwartet, so helfen die Vermeidungsstrategien nicht mehr und die Schwäche tritt zu Tage.

1.2 Allgemeines Verhalten

Konzentrationsfähigkeit und ein gutes Arbeitsverhalten sind unabdingbar für den Unterrichtserfolg. Sie gehören zu den grundlegenden Bereichen intellektuellen Verhaltens. Das Arbeitsverhalten und die Lernbereitschaft eines Kindes sagen etwas über das Selbstkonzept des Kindes aus. Auffälligkeiten im Verhalten stören den Unterrichtserfolg. Störungen im Verhalten beruhen oft auf Problemen im Bereich der Wahrnehmung und Motorik (Beispiel: Zappeln, siehe oben). Wenn primäre Störungen im Motorikbereich die Informationsaufnahme beeinträchtigen, kann das Kind nicht das geforderte Verhalten zeigen. In der Schule wird vom Kind viel verlangt. Es ist in seiner Bewegungsmöglichkeit eingeschränkt. Eine bestimmte Leistung soll erbracht oder ein bestimmtes Verhalten gezeigt werden. Die Zeit, in der die Leistung gezeigt werden soll, ist beschränkt. Das Kind reagiert mit Unaufmerksamkeit, leichter Ablenkbarkeit, Unruhe, Stimmungsschwankungen usw., wenn es nicht in der Lage ist, die Leistung zu erbringen. Diese sekundären Störungen führen wiederum dazu, dass der Aufbau von Denk-, Sprach- und Verhaltensmustern nicht erfolgreich stattfinden kann. Die Unterrichtsinhalte kommen bei diesen Kindern nicht an. Diese Verhaltensauffälligkeiten werden als Entwicklungsverzögerungen verstanden. *(Luckfiel und Braun, 2004, S. 69)*[13]

1.2.1 Verhaltensvoraussetzungen

Das Lernen in einer Gruppe verlangt bestimmte Voraussetzungen von Seiten des Kindes, damit das Lernen erfolgreich verlaufen kann. Im Sozialverhalten, dem Lern- und Arbeitsverhalten ebenso wie in der Konzentrationsfähigkeit muss das Kind ein bestimmtes Verhalten zeigen. In jeder Art von Unterricht und besonders bei Arbeiten in offenen Unterrichtsformen ist das Vorhandensein dieser Voraussetzungen mit entscheidend für den Unterrichtserfolg. Dazu gehören:

1. Lernbereitschaft
2. Positives Arbeitsverhalten
3. Selbstständiges Arbeiten
4. Konzentrationsfähigkeit
5. Emotionale Stabilität und ein einfühlsames Verhalten, verbunden mit Selbstkontrolle
6. Kontaktfähigkeit *(V. Ledl, 2003, S. 45, 46)*[14]

Bereiche	Fähigkeiten/Merkmale
1. Lernbereitschaft	① Lerninteresse ② Mitarbeit ③ Ordnungssinn
2. Arbeitsverhalten	① Arbeitsbeginn ② Arbeitstempo ③ Arbeitsziel erreicht
3. Selbstständigkeit	① Selbstständigkeit ** ② sucht selbst Hilfe

---

[13] Luckfiel und Braun, in R. Christiani (Hrsg.), Schuleingangsphase neu gestalten, Cornelsen, Berlin 1.2004, S. 69
[14] V. Ledl, Kinder beobachten und fördern, Jugend und Volk, Wien 2003, S. 45, 46

B 1.3 Sprachverhalten

Bereiche	Fähigkeiten/Merkmale
4. Konzentration und auditive Figur-Grund-Wahrnehmung	① Hört zu trotz Geräuschen von außen ② nur eigene Tätigkeit, nicht andere ③ Arbeitsdauer ④ arbeitet weiter ** ⑤ aufmerksam beim Vorlesen ** ⑥ aufmerksam beim Gespräch ** ⑦ aufmerksam bei Sport/Musik/Kunst
5. Emotionaler Bereich Soziales Verhalten Konfliktverhalten Selbstkontrolle	① selbstsicher ② bewertet Neues + / – ③ Kontakt zu L, S, L+S ④ verträglich ⑤ beliebt ⑥ Vermeidung von Konflikten ⑦ Lösung von Konflikten o. L. ⑧ einsichtig bei Konflikten ⑨ beherrscht ⑩ schiebt Bedürfnisse auf ⑪ Frustrationstoleranz
6. Kontakte	① teamfähig ② hilfsbereit ③ Rücksichtnahme

Unter C 3.2 erfolgt die genaue Beschreibung der Beobachtungssituationen.

1.2.2 Auswirkungen von Störungen im Arbeitsverhalten

Der Rückstand im sozial-emotionalen Bereich behindert das Kind bei seinen Lernerfahrungen in der Gruppe. Rückstände dieser Art müssen deshalb erkannt und im Unterricht genauso aufgearbeitet werden wie ein Defizit in einem Schulfach. Konzentrationsschwäche zeigt sich, wenn ein Kind wichtige Reize, z. B. die Stimme des Lehrers, nicht von unwichtigen unterscheiden kann (auditive Figur-Grund-Wahrnehmung). An der Tafel oder auf der Buchseite kann das Kind nur schwer Wichtiges von Unwichtigem unterscheiden (visuelle Figur-Grund-Wahrnehmung). Im Unterricht ist das Kind unaufmerksam und nicht konzentriert. Oft fällt es ihm schwer, dem Unterricht über einen längeren Zeitraum zu folgen. Nach einer Unterbrechung kann es nur mit Mühe die unterbrochene Arbeit weiterführen. Übungen in fehlenden motorischen Fähigkeiten können dem Kind ebenso helfen wie spezielle Konzentrationsübungen oder ein Verhaltenstraining. Gerade fehlende Konzentrationsfähigkeit lässt sich durch Training verbessern.

1.3 Sprachverhalten

Die Erfahrungen eines Kindes mit Sprache als Mittel zur Verständigung und zur Lösung von Problemen legen in den ersten Lebensjahren einen Grundstein für die Entwicklung seiner sprachlichen Fähigkeiten. Darüber hinaus kann das Kind nur bei einer intakten Sprachwahrnehmung laut- und schriftsprachliche Grundfertigkeiten erlernen. Es kann dann Laute im Wort abhören (analysieren) und Laute zu Wörtern zusammenfügen (synthetisieren). Ein Kind muss zunächst die Lautsprache und später die Schriftsprache „in ihrer sinnlich-wahrnehmbaren Modalität zum Zwecke der Kodierung und Dekodierung erfassen und imitieren" (Breuer und Weuffen, 2000, S. 203ff.) [15] können, um die Schriftsprache und die Rechtschreibung zu erlernen.

[15] Breuer u. Weuffen, Lernschwierigkeiten am Schulanfang, Beltz 2000, S. 203 ff.

1.3.1 Voraussetzungen im Bereich Sprache

Zu den sprachbezogenen Wahrnehmungsbereichen *(siehe auch Breuer und Weuffen, 2000, S. 24 ff.)*[16] gehören:

- **optisch-graphomotorische Differenzierungsfähigkeit**
  Mittel-, Ober- und Unterlängen und minimale Unterschiede von Buchstaben und Wörtern erkennen
  Beispiele: die Unterschiede zwischen b (Bogen nach rechts) und d (Bogen nach links) erkennen, p/b, m/n, Band/Rand, Zunge/Zange;

- **phonematisch-akustische Differenzierungsfähigkeit**
  die unterschiedlichen Laute hören, sinndifferenzierendes Hören
  Beispiele: Tatze/Katze, sähen/nähen, Nagel/Nadel, d/t, b/p, g/k;

- **kinästhetisch-artikulatorische Differenzierungsfähigkeit**
  Wörter mit Mund, Zunge und Luftstrom korrekt bilden können
  Beispiele: Zwetschge, Spritze, Schranke, Matratze, Fliese (sprechmotorische Herausforderung für Lippen, Zunge, Gaumen usw.)

- **melodisch-intonatorische Differenzierungsfähigkeit**
  aus dem Klang eines Satzes die Bedeutung entnehmen, Melodieführung eines Satzes oder Wortes führt zum Sinnverständnis
  Beispiel: Hör zu! *zärtlich, fordernd* oder *streng gesprochen;*

- **rhythmisch-strukturierende Differenzierungsfähigkeit**
  Wortrhythmus erkennen und wiedergeben können
  Beispiele: Man schafft's heim!   Mannschaftsheim
               Christi Himmelfahrt   Christ die Himmelfahrt
  Die rhythmische Differenzierungsfähigkeit ist wichtig zum Verständnis und zur Speicherung von Wort und Schriftinhalten, zur Erfassung von Mengenvergleichen in der Mathematik (länger und kürzer) und zur Wahrnehmung von Raum-Lage-Beziehungen *(siehe auch Breuer und Weuffen, 2000, S. 43)*[17].

Dazu gehört ein **feines Gehör**, um subtile akustische Unterschiede erfassen zu können. Außerdem muss das Kind über einen **altersgemäßen Wortschatz** verfügen, ein **normales Sprachgedächtnis** haben, **kommunikationsgerecht formulieren** können, über auditiv-rhythmische, auditiv-melodische, kinästhetisch-sprechmotorische und weitere kinästhetische Wahrnehmungs-Basisfunktionen verfügen, **konzentrationsfähig** sein und eben in jeder Weise Wahrnehmungsleistungen erbringen. Sind die Wahrnehmungsleistungen gestört, dann kommen Anpassungsleistungen zwischen Reiz und Reaktion nicht in der erwarteten Weise zustande. Die Qualität der Wahrnehmungsleistungen ist in der Regel abhängig von der **motorischen Koordination** *(siehe auch Breuer und Weuffen, 2000, S. 23)*[18].

Außer den oben genannten sprechmotorischen Fähigkeiten muss das Kind Reimwörter erkennen, Silben in Wörtern bestimmen und Anlaute von Wörtern benennen können, wenn das Lernen im sprachlichen Bereich erfolgreich sein soll. Das Kind muss das so genannte phonologische Bewusstsein entwickelt haben. Grundlegende grammatische Fähigkeiten im Gebrauch der deutschen Sprache sollten vorhanden sein. Das Hörvermögen muss normal entwickelt sein und grundlegende Strukturen der Sprache wie Ober- und Unterbegriff müssen vorhanden sein. Dazu muss das Gedächtnis in der Lage sein, Wörter und Sätze zu speichern.

---

[16] siehe auch: Breuer u. Weuffen, Lernschwierigkeiten am Schulanfang, Beltz 2000, S. 24 ff.
[17] siehe auch: Breuer u. Weuffen, Lernschwierigkeiten am Schulanfang, Beltz 2000, S. 43
[18] siehe auch: Breuer u. Weuffen, Lernschwierigkeiten am Schulanfang, Beltz 2000, S. 23

B 1.3 Sprachverhalten

Die Fähigkeiten der Kinder sind in den folgenden Bereichen zu beobachten:

Bereiche	Fähigkeiten/Merkmale
1. Sprachfähigkeit	① Artikulation ② Sprechsicherheit ③ Sprechrhythmus ④ Wortschatz altersgemäß ** ⑤ Wortschatz aktiv + Sprachfähigkeit ** ⑥ Wortschatz passiv + Handeln ⑦ Satzbildung ⑧ Oberbegriffe ⑨ Unterbegriffe ⑩ Grammatik ⑪ Nacherzählung
2. Anweisungsverständnis	① Anweisung direkt ausführen ② Anweisung verstehen
3. Sprechbereitschaft	① Unterrichtsbeiträge oft ** ② Zuhören / Gesprächsbereitschaft
4. auditive Wahrnehmung/ Sprachgedächtnis	① Wörter wiederholen ② Reim ③ Verse ④ Silben wiedererkennen
5. Kenntnis der Begrifflichkeit/ Phonologische Bewusstheit	① Vorkenntnisse ② Reime ③ Silben ④ Anlaute
6. außerschulische Sprachförderung	Stammeln, Stottern

Unter C 4.2 werden die Diagnoseaufgaben zur Durchführung von Beobachtungen in den oben genannten Bereichen genau beschrieben.

1.3.2 Auswirkung von Störungen im sprachlichen Bereich

Die Wahrnehmung über die Sinne, das Verhalten und die sprachlichen Voraussetzungen entscheiden zu einem wesentlichen Teil über den Schulerfolg. So zeigen Schüler, die später das Abitur ablegen, bereits am Schulanfang gute Sprachwahrnehmungsleistungen *(Breuer und Weuffen, 2000, S. 46)*[19]. Intellektuelle Leistungen bauen auf einem guten Zusammenspiel aller Sprachwahrnehmungsleistungen auf. Es muss die Klangfarbe eines Wortes, die korrekte Bildung eines Lautes, das Abhören von Lauten im Wort erfolgen, bevor ein Kind Schreiben und Lesen lernen kann. Ein Text kann nur verstanden werden, wenn der Sinn des Textes sich über die Klangfarbe der Wörter erschließen lässt.

Deshalb ist es wichtig, Probleme in der
1. Sprachfähigkeit, im
2. Anweisungsverständnis, in der
3. Sprechbereitschaft, in der
4. auditiven Wahrnehmung und dem auditiven Gedächtnis, ebenso wie in der
5. phonologischen Bewusstheit und
6. Aussprache

[19] Breuer und Weuffen, Lernschwierigkeiten am Schulanfang, Beltz 2000, S. 46

eines Kindes zu kennen, bevor das Kind Lesen, Schreiben und Rechnen lernt. *(V. Ledl, 2003, S. 46 ff.)* [20]
Nur durch Beobachtung der oben genannten sprachlichen Bereiche im Unterricht lassen sich nicht vorhandene Fähigkeiten erkennen.

Selbst minimale Störungen im sprachlichen Bereich können für ein Kind starke Auswirkungen haben. Ein *Beispiel*, das sich bei der Durchführung der Diagnoseaufgaben ergab, kann das verdeutlichen.

Ein Kind weinte leicht. Die Gründe waren für die Lehrerin nicht erklärbar. Das Kind erschien im Unterricht als ein Kind mit rascher und nachhaltiger Auffassungsgabe. Der Lehrkraft war aufgefallen, dass das Kind häufig dringend zur Toilette musste, wenn sie gerade Arbeitsanweisungen erteilte. Die Arbeitsanweisungen wurden bei der Rückkehr für das Kind alleine wiederholt. Bei allen Überprüfungen erhielt das Kind einen positiven Vermerk, nur bei der Überprüfung zum Anweisungsverständnis erfüllte das Kind nicht alle Bedingungen. Nach der Überprüfung sahen wir das Verhalten des Kindes anders. Ein Gespräch mit dem Kind ergab, dass es den Anspruch an sich selbst hatte, immer alles sofort richtig machen zu wollen. Mit dem Kind wurden Atemübungen eingeübt und vereinbart, dass es immer auf diese Art atmen solle, wenn es Angst hätte, etwas nicht sofort zu verstehen. Außerdem solle es nachfragen, wenn es etwas nicht verstanden hätte. Die Lehrkraft achtete darauf, die Arbeitsanweisungen einfach zu formulieren. Innerhalb von zwei Wochen änderte sich das Verhalten des Kindes.

1.4 Mathematik und Logik

Dem Anfangsunterricht kommt nach Lorenz eine besondere Bedeutung bei der Vorbeugung und Vermeidung einer Rechenschwäche zu. *(J. H. Lorenz, 2003)* [21] Diese Meinung wird auch von anderen Autoren vertreten. Danach beruht die Rechenschwäche in der Sekundarstufe auf unerkannten Lernproblemen im Elementarbereich. *(Brühl u. a., 2003)* [22] Die Eingangsklassen 1 und 2 haben somit eine wichtige Funktion bei der Verhinderung von Rechenschwäche.

1.4.1 Lernvoraussetzungen im Fach Mathematik

Erfolgreiches Lernen im Fach Mathematik kann nur erfolgen, wenn das Kind im motorischen Bereich keine Störungen zeigt in

- der Raum-Lage-Wahrnehmung (oben / unten / rechts / links / vorne / hinten),
- der eindeutig ausgeprägten Seitigkeit (rechts / links Bevorzugung),
- der bilateralen Koordination (Körpermittellinienkreuzung),
- der visuellen Wahrnehmung (wichtig bei der Auffassung von Mengen, beim Erlernen der Zahlschreibweise, beim strukturierten Schreiben von Aufgaben und für das Zeichnen im Geometrieunterricht),
- dem visuellen Gedächtnis und
- der Grob- und Feinmotorik. *(J. H. Lorenz, 2003, S. 25)* [23]

Weiter kann das Lernen im Fach Mathematik nur dann erfolgreich verlaufen, wenn das Kind im Bereich „Allgemeines Verhalten" keine Störungen hat in

- der Lernbereitschaft,
- dem Arbeitsverhalten und
- der Konzentration.

---

[20] V. Ledl, Kinder beobachten und fördern, Jugend und Volk, Wie, 2003, S. 46 ff.
[21] Jens Holger Lorenz, Lernschwache Rechner fördern, Verlag Cornelsen, Berlin 2003
[22] Brühl, Bussebaum, Hoffmann, Lukow, Schneider, Wehrmann, Rechenschwäche/Dyskalkulie, Hrsg. Arbeitskreis für angewandte Lernforschung, Osnabrück 2003
[23] Jens Holger Lorenz, Lernschwache Rechner fördern, Verlag Cornelsen, Berlin 2003, S. 25

B 1.4 Mathematik und Logik

Besonders wichtig für das erfolgreiche Lernen im Fach Mathematik ist der Bereich Sprache.
- Die auditive Wahrnehmung muss ausgeprägt sein, z. B. zwei, zu zweit, zweitens.
- Der Wortschatz muss altersgemäß sein und die ähnliche oder gleiche Bedeutung von Begriffen geläufig sein, z. B. und/dazugeben/hinzufügen/vermehren/zusammenfügen usw. Ebenso muss die Bedeutung von Begriffspaaren bekannt sein mehr/weniger, größer/kleiner usw. *(Brühl u. a., 2003, S. 91)*[24]
- Arbeitsanweisungen müssen verstanden werden.
- Über das auditive Gedächtnis müssen Erklärungen und Zahlenfolgen gespeichert werden.
- Die Sprechbereitschaft, mathematische Vorgänge zu beschreiben, sollte vorhanden sein.

Um den Zahlbegriff richtig anwenden zu können, reicht es nicht, an den Fingern bis zehn zählen zu können. Es muss für das Kind der Zusammenhang zwischen Menge und Zahl bestehen. Zahlen müssen nicht nur Namen sein, sondern auch eine Bedeutung haben. Nur wenn bestimmte Voraussetzungen wie Mengenvorstellungen, Zuordnungen von Mengen und die Fähigkeit zu zählen gegeben sind, können Rechenoperationen gelernt werden.

Ein Kind muss
- Mengen auffassen, ordnen, zuordnen und vergleichen können,
- vorwärts und rückwärts zählen und abzählen können,
- Merkfähigkeit für Zahlen und
- Grundkenntnisse der Formen haben. *(siehe auch J. H. Lorenz, 2003)*[25], *(Brühl u. a., 2003, S. 50 f.)*[26], *(V. Ledl, 2003, S. 51 f.)*[27]

Die mathematischen Voraussetzungen der Kinder sind in folgenden Bereichen zu beobachten:

Bereiche	Fähigkeiten/Merkmale
1. Mengenauffassung	① Mengen von 5 und mehr bestimmen ohne zu zählen ② Mengen kleiner als 5 bestimmen ohne zu zählen
2. Merkfähigkeit	① Zahlenfolgen nachsprechen 5 Zahlen ② nachsprechen, 4 Zahlen
3. Mengenvergleich (vergleichen und sortieren)	① mehr/weniger ② größer als/kleiner als ③ mehr als/weniger als
4. Relationen herstellen	① Eins-zu-eins-Zuordnung
5. Ordnen einer Menge	① Reihen ordnen: ordnen nach Länge
6. Zählen	① zählen bis 10 vorwärts ② zählen bis 10 rückwärts ③ Ordinalzahl ④ Kardinalzahl
7. Formen	① Dreieck, Kreis, Quadrat

Die genaue Beschreibung der Beobachtungssituationen erfolgt unter C 5.2.

---

[24] Brühl, Bussebaum, Hoffmann, Lukow, Schneider, Wehrmann, Rechenschwäche/Dyskalkulie, Hrsg. Arbeitskreis für angewandte Lernforschung, Osnabrück 2003, S. 91
[25] siehe dazu auch Jens Holger Lorenz, Lernschwache Rechner fördern, Verlag Cornelsen, Berlin 2003
[26] Brühl, Bussebaum, Hoffmann, Lukow, Schneider, Wehrmann, Rechenschwäche/Dyskalkulie, Hrsg. Arbeitskreis für angewandte Lernforschung, Osnabrück 2003, S. 50 f.
[27] V. Ledl, Kinder beobachten und fördern, Jugend und Volk, Wien 2003, S. 51 f.

Die grau gekennzeichneten Diagnoseaufgaben wurden von mir zu Beginn eines 1. Schuljahres durchgeführt. Die Überprüfung fand durch eine Lehrkraft im Unterricht statt. Alle Kinder, die in allen Bereichen ein Plus-Zeichen hatten (Merkfähigkeit 4 Zahlen +), gehörten am Ende der 1. Klasse zu den schnellsten Rechnern. Sie konnten alleine und in der Gruppe Sachaufgaben lösen. In der Gruppe konnten sie Sachverhalte zu Aufgaben aufschreiben. Aufgabentypen konnten sie selbstständig fortschreiben. Jetzt sind die Kinder in der 2. Klasse. Die Aussage trifft noch immer zu. Deshalb scheint mir diese Überprüfung geeignet, schon zu Beginn der 1. Klasse Schnellrechner und Kinder mit einer Begabung für den mathematischen Bereich festzustellen.

Es ist wichtig, nicht nur die Schwächen der Kinder zu fördern, sondern auch ihre Stärken aufzugreifen und zu fördern.

1.4.2 Auswirkung von Störungen im Bereich Mathematik

Eine Umkehrung der Zählrichtung und der Ziffernfolge zeigt sich häufig bei Kindern mit einer Rechts-Links-Diskriminationsstörung. Eigene Lösungswege können von diesen Kindern nicht erklärt werden. Sie haben Probleme in der Raum-Lage-Wahrnehmung. Fördervorschläge für diese Kinder finden sich im Motorikbereich Kapitel 2.3.

Kinder mit einer Rechenschwäche haben oft keinen Mengenbegriff. Sie können mit einer Zahl keine Vorstellung von einer Menge verbinden. Auch sind sie nicht in der Lage, Mengen simultan zu erfassen. Diese Kinder lösen oft Aufgaben zählend und rechnen nicht.

Die sprachlichen Anforderungen des Mathematikunterrichts liegen über denen des muttersprachlichen Unterrichts. Es entsteht teilweise eine Überforderung des kindlichen Verständnisses durch sprachliche Konstruktionen, die Ursache und Wirkung enthalten, und weiter durch Beziehungen und Vergleiche, die mit Sprache beschrieben werden. Die komplexe Ausdrucksweise, die das Erklären mathematischer Zusammenhänge erfordert, stellt für Kinder, deren Muttersprache nicht Deutsch ist, eine besondere Schwierigkeit dar. Ebenso fällt es diesen Kindern schwer, den gleichzeitigen Gebrauch verschiedener Ausdrücke für den gleichen mathematischen Sachverhalt zu verstehen. Deshalb sind die Ergebnisse der Beobachtungen im Bereich Sprache wichtig für den Mathematikunterricht.

2 Beobachtung von Schülern

Durch Beobachtungen und Überprüfungen mögliche Schwächen der Kinder schon zu Beginn des Lernprozesses in Klasse 1 zu entdecken, hilft Störungen im Lernprozess zu vermeiden. Die Beobachtungen müssen festgehalten werden. So entsteht eine Gesprächsgrundlage bei Beratungsgesprächen zwischen Lehrkräften und zwischen Lehrkräften und Eltern.

Wie kann eine Lehrkraft, die 25 – 30 Erstklässler unterrichtet, herausfinden, auf welcher Stufe der Entwicklung sich ihre Schüler befinden? Welche Schüler haben Förderbedarf in welchem Bereich? Immer beobachten Lehrkräfte ihre Schüler und halten ihre Beobachtungen über einen längeren Zeitraum auf individuelle Weise fest: z. B. werden Auffälligkeiten unter dem Schülernamen mit Datum in einem Tagebuch festgehalten, Informationen für ein Wortzeugnis gesammelt usw. Jede Lehrkraft hat ihr eigenes System entwickelt.

Zur Zeit werden die unterschiedlichsten Vorschläge zur Beobachtung und Überprüfung in der Literatur unterbreitet. K.-H. Barth, Breuer und Weuffen, Luckfiel und Braun, Füssenich und Löffler, Ledl, Das Handbuch: Flexible Schuleingangsphase und viele mehr geben Lehrkräften Hinweise und Anregungen. Die Fülle der Informationen ist überwältigend. Dazu kommen bereits fertige Überprüfungspakete von Verlagen, z. B. Schroedel: Diagnostik zur Lernausgangslage, lernserver.de bietet die Auswertung per PC an und die Rückmeldung enthält bereits Fördervorschläge. Dazu ist Folgendes kritisch anzumerken: Diese Überprüfungen und Fördervorschläge müssen bezahlt werden. Auswahl und Durch-

B 2.2 Festlegung der zu beobachtenden Bereiche

führung bleiben der einzelnen Lehrkraft überlassen. Die Befindlichkeit des einzelnen Kindes an diesem einen Beobachtungstag wird nicht berücksichtigt. Die Überprüfung erfolgt meistens durch eine Lehrkraft an einem Kind. Das ist im normalen Schulalltag nicht leistbar. Die Diagnose sollte möglichst kurz und trotzdem aussagekräftig sein. Darüber hinaus muss sie mit wenig Aufwand im Unterricht – möglichst mit der ganzen Klasse – auch von einer einzelnen Lehrkraft durchführbar sein.

2.1 Voraussetzung für eine Beobachtung

Man unterscheidet verschiedene Beobachtungsformen:

- Gelegenheitsbeobachtung
- gezielte Beobachtung (in geschaffenen Situationen)
- Dauer- und Langzeitbeobachtung (über mehrere Monate)
- systematische Kurzzeitbeobachtung (Kurzprotokoll ca. 20 –25 Min. und Auswertung)
- Beobachtung in standardisierten Situationen *(V. Ledl, 2003, S. 15)*[28]

Bei standardisierten Tests können Aspekte, die in zwischenmenschlichen Situationen erscheinen oder in diesem Test gerade weniger beachtet werden, dem Beobachter entgehen. Oft werden nur begrenzte Fähigkeiten abgefragt. Der Zustand des Kindes am Tag der Überprüfung (erkältet, traurig, müde, fröhlich, Streit vor der Schule) wird nicht berücksichtigt. Gerade bei kleinen Kindern spielt aber die persönliche Befindlichkeit eine große Rolle. Deshalb ist die Anwendung standardisierter Tests in der Grundschule sehr kritisch zu sehen. Für die systematische Kurzzeitbeobachtung werden immer zwei Lehrkräfte benötigt und es wird immer nur ein Kind beobachtet. In der Grundschule muss eine ganze Klasse in einem Zeitraum von 4 – 5 Wochen beobachtet werden, daher sind die **gezielte Beobachtung** und die **Gelegenheitsbeobachtung** in diesem Fall geeignet. Die Dauer- und Langzeitbeobachtung wird von einer Grundschullehrkraft immer durchgeführt, sonst könnte sie keine Zeugnisse schreiben.

Zur Durchführung einer Beobachtung müssen folgende Fragen *(V. Ledl, 2003, S. 14 f.)*[29] beantwortet werden:

Warum / Wozu? Ziel: Früherkennung von Lernhindernissen und besonderen Begabungen und individuelle Förderung in Klasse 1

Wie? Methode: Der teilnehmende Beobachter (Lehrkraft) oder / und der Fremdbeobachter beobachten in Gelegenheitsbeobachtung und gezielter Beobachtung.

Was? Inhaltsfrage: Beobachtbares Verhalten ist in folgenden Bereichen möglich: sozial-emotionaler Bereich / Verhalten, Kognition, Wahrnehmung, Motorik, Sprache, Mathematik

2.2 Festlegung der zu beobachtenden Bereiche

Allgemeines Verhalten, Motorik, Sprache und Mathematik sind genau die Bereiche, in denen Grundvoraussetzungen für einen erfolgreichen Schulbesuch vorhanden sein müssen. Die Beobachtung in diesen Bereichen liefert konkrete Aussagen über ein Kind und seine Vorläuferfähigkeiten zum Erlernen von Lesen, Schreiben und Rechnen. Sie wurden bereits in den Punkten B 1.1 bis B 1.4.2 beschrieben.

2.3 Dokumentation der Beobachtungsergebnisse

Die zu beobachtenden Merkmale sollten für die Bereiche Allgemeines Verhalten, Motorik, Sprache und Mathematik genau festgelegt und als erreicht oder nicht erreicht beschrieben werden. Beobachtungsergebnisse sollten in schriftlicher Form festgehalten werden. Sie dienen als Gesprächsgrundlage unter Lehrkräften, der Rückmeldung an Kinder und Eltern, als Grundlage für mündliche und schriftliche

[28] V. Ledl, Kinder beobachten und fördern, Jugend und Volk, Wien 2003, S. 15
[29] nach V. Ledl, Kinder beobachten und fördern, Jugend und Volk, Wien 2003, S. 14 f.

B 2.3 Dokumentation der Beobachtungsergebnisse

Stellungnahmen. Sie sind schließlich auch Grundlage für Fördermaßnahmen. Schülerbeobachtungen können in einer Lernfortschrittskartei (Einzelbereiche werden pro Kind beobachtet und dokumentiert), in Form individueller Beobachtungsbögen für jedes Kind oder in Form von Klassenbögen *(V. Ledl, 2003, S. 16, 19)*[30] festgehalten werden. Die Dokumentation in Klassenbögen eignet sich für personenbezogene Beobachtungen und zur Dokumentation fachbezogener mündlicher und schriftlicher Arbeits- und Leistungsergebnisse.

Die Beobachtungsform in Klassenbögen bietet folgende Vorteile:
- Schneller Überblick über die Probleme aller Schüler
- Schneller Überblick über alle Schüler mit gleichem Förderbedarf
- Schnelle Übersicht in Gesprächssituationen
- Einsetzen eigener Zeichen und weiterführender Kommentare auf extra Bögen
- Individuelle Dokumentation
- Individuelle Bestimmung der Beobachtungssituationen
- Individuelle Bestimmung der Reihenfolge der Beobachtung
- Dokumentation von mehreren Lehrkräften in einem oder zwei gleichen Bögen pro Klasse
- Schnelle Vergleichbarkeit der Beobachtungen der Lehrkräfte einer Klasse und mehrerer Klassen
- Schnelle Zuordnung von Problembereich und Fördermöglichkeiten
- Klassen- und schülerbestimmte Auswahl der Förderungsangebote

Der Nachteil ist der geringe Umfang der Möglichkeit individueller Notizen. Diese können aber jederzeit für ein Kind auf extra Seiten hinzugefügt werden. Ein Beobachtungsbogen für die Klasse enthält die zu beobachtenden Fähigkeiten in Kurzform, die Namen der Kinder und Felder zur Dokumentation der Beobachtungsergebnisse. Ein Beobachtungsbogen könnte so aussehen:

Klasse 1, Zeitraum Einschulung: Beobachtungsbogen Sprache

Name (+ = vorhanden, − = nicht vorhanden, O = teils ja, teils nein)	Artikulation	Sprechsicherheit	Sprechrhythmus	Wortschatz altersgemäß	Wortschatz aktiv + Sprachfähigkeit	Wortschatz passiv, handeln	Satzbildung	Oberbegriffe	Unterbegriffe	Grammatik	Nacherzählung	Anweisung direkt ausführen	Anweisung verstehen	Unterrichtsbeiträge oft	zuhören	Wörter wiederholen	Verse	Silben wieder erkennen	leeres Blatt	Reime	Silben bestimmen	Phoneme	Stammeln, Stottern
Claudia	+												o			+		o	+	+	−	+	
Julia	+												o			+		−	+	+	o	+	
Kira	−												o			o		−	+	+	+	+	
Hanna	+												o			−		+	o	−	−	−	
Angela	+												o			−		−	+	+	+	+	
Tamara	+												o			−		o	+	+	+	+	
Symeye	+												o			o		+	+	−	+	+	
Florian	+												+			+		−	+	+	+	+	
Sara	+												o			+		+	+	+	−	+	
Michael	+												+			+		o	+	−	o	+	
Victoria	+												+			+		o	+	+	+	o	
Klara	−												o			o		o	+	+	−	o	
Marcel	o												+			+		+	+	−	−	o	
Leon	+												+			+			+	+	+	+	
Christoph	+												o			+			+	o	o	o	
André	+												+			o			+	+	+	+	
Stefan	o												o			+			+	−	−	−	
Julian	o												o			+			+	−	−	−	
Kevin	−												+			−			+	−	−	−	lispelt
Frank	o												+			+			+	o	o	o	
Egon	−												o			−			+	−	−	−	

[30] V. Ledl, Kinder beobachten und fördern, Jugend und Volk, Wien 2003, S. 16, 19

B 2.4 Auswertung der Beobachtung

Für jeden Beobachtungsbereich gibt es einen Beobachtungsbogen als Kopiervorlage. Ergänzt wird jeder Beobachtungsbogen durch den Diagnosebogen. Die genaue Aufgabenbeschreibung mit ihren Durchführungshilfen kann unter *C Unterrichtspraktischer Teil* nachgelesen werden.

Es ist besser, **mit wenigen Beobachtungen zu beginnen** und sie bei Bedarf zu ergänzen als ganz darauf zu verzichten. Es ist erstaunlich, wie sich die Einschätzung eines Kindes verändert, wenn die Lehrkraft seine körperlichen und geistigen Voraussetzungen kennt.

Um den Einstieg in die Arbeit zu erleichtern, kann mit den grau gekennzeichneten beobachtbaren Fähigkeiten begonnen werden. Der Umfang der Beobachtungsaufgaben wird so eingeschränkt. Trotzdem erhält man einen Einblick in die Fähigkeiten der Kinder. Mit Sternchen** sind die Fähigkeiten gekennzeichnet, die als Ergänzungsbeobachtung zu betrachten sind. Je mehr Beobachtungen durchgeführt werden, umso genauer wird die Einschätzung des Kindes und umso besser kann das Kind gefördert werden.

Die Beobachtung und Dokumentation sollte im Team geplant werden. Zur Durchführung der Beobachtungsaufgaben genügt meistens **eine** Lehrkraft für alle Kinder im Klassenverband. Nur gelegentlich ist eine Doppelbesetzung pro Klasse erforderlich, damit immer ein Kind von einer Lehrkraft beobachtet werden kann. **Sehr wichtig ist es, die Beobachtungsaufgabe mit allen Kindern der Klasse durchzuführen.** Nur so lassen sich die Kinder herausfinden, die bereits Vermeidungsstrategien entwickelt haben. Erfahrene Lehrkräfte halten oft Überprüfungen mit der ganzen Klasse für nicht sinnvoll, da sie meinen, auffällige Kinder schnell zu erkennen. Kinder, die Vermeidungsstrategien entwickelt haben, werden dabei nicht bemerkt. Die Erprobung der Beobachtungsbögen im Unterricht lieferte Erklärungen für ungewöhnliches Verhalten leistungsstarker Kinder (Ein Beispiel zur Vermeidungsstrategie siehe Punkt B 1.3.2).

2.4 Auswertung der Beobachtung

Die Beobachtungen sollten von verschiedenen Lehrkräften gemacht werden. Alle Lehrkräfte der Klasse sollten die Klassenbögen gemeinsam auswerten. Oft wird das beobachtete Verhalten von verschiedenen Personen anders beurteilt. Die Erfahrungen im Unterricht sollten mit einfließen. Beobachtetes Verhalten kann manchmal ein Problem der Reife eines Kindes sein. Dann muss die Bereitschaft zu einer notwendigen pädagogischen Gelassenheit da sein. Viele Entwicklungsprozesse benötigen lange Zeiträume. Diese Aspekte sollten bei der Auswertung mit berücksichtigt werden.

2.5 Außerschulisches Umfeld

Die Eltern müssen befragt werden, ob sie ähnliche Beobachtungen gemacht haben. Nur sie können genauere Auskünfte über festgestellte körperliche Defizite, persönliche Eigenarten oder Gewohnheiten geben. Die Eltern können Informationen über die Aktivitäten und das Verhalten des Kindes außerhalb der Schule liefern. Die Aktivitäten und das Verhalten eines Kindes außerhalb der Schule liefern wesentliche Merkmale für das Verständnis des kindlichen Verhaltens in der Schule. Die Fördermaßnahmen müssen mit den Eltern koordiniert werden. Durch Absprachen und ähnliches Verhalten zu Hause und in der Schule wird eine Förderung verstärkt. Gemeinsam mit den Eltern werden Bereiche, in denen Förderbedarf besteht, besprochen. Die **Mithilfe der Eltern** ist bei einer Förderung **unverzichtbar**.

3 Erstellung von individuellen Förderplänen

Nach Auswertung der Beobachtung liegen Aussagen zu den Fähigkeiten jedes einzelnen Kindes vor. Bisher bestand bei ca. 5% der Kinder eines Jahrgangs die Notwendigkeit einer Förderung. Die Förderdiagnose ergibt sich aus den beobachteten Bereichen, in denen das Kind die geforderten Fähigkeiten nicht zeigte (Minus-Zeichen in der Namenszeile unter dem beobachteten Verhalten). Für Kinder, die in allen überprüften Bereichen ein Plus-Zeichen haben, ist anzunehmen, dass sie zu den schneller lernenden Kindern gehören. Für diese Kinder können zusätzliche Unterrichtsinhalte angeboten werden. Es ist auch möglich, diese Kinder in Gruppen mit zusätzlichem Unterrichtsstoff zu fördern.

Es sollte mit der Förderung der motorischen Fähigkeiten begonnen werden. Dieser Bereich erstreckt sich in seiner Auswirkung auf alle anderen Bereiche. Erst wenn in diesem geförderten Bereich eine Veränderung zum Positiven feststellbar ist, sollte im Bereich Sprache weitergearbeitet werden. Die Förderung im Bereich „Allgemeines Verhalten" erfolgt parallel zu allen anderen Fördermaßnahmen überwiegend im Klassenverband. Die Förderung kann oft mit einfachen Mitteln im Unterricht erfolgen. Stellt sich Förderbedarf für mehrere Kinder im gleichen Bereich heraus, kann auch eine Fördergruppe eingerichtet werden, falls die personelle Besetzung einer Schule es erlaubt. Zum Beispiel: Förderung von Körperwahrnehmung, Wahrnehmungstraining, Laute formen, Laute abhören usw. „Eine frühzeitige Anregung der Bereitschaft zum Singen und Tanzen bedeutet immer eine Sprachförderung. Rhythmisch-melodisch-motorische Anregungen sind als sprachbezogene und damit intellektuelle Frühförderung anzusehen." *(Breuer und Weuffen, 2000, S. 40)*[31] Diese Anregung kann in den Unterrichtsalltag als tägliche Förderung eingebaut werden, kann viele Kinder erreichen und Freude in der Schule und ein Gemeinschaftserlebnis vermitteln. Ebenso können Bewegungsspiele und rhythmische, gymnastische Übungen im Unterricht die Konzentration fördern und gleichzeitig Seitigkeitsübungen sein. Viele Fördervorschläge im Anhang stellen gleichzeitig eine Förderung in unterschiedlichen Förderbereichen dar.

In Koordinationsgesprächen tauschen sich die Lehrkräfte zu den Zielen und Schwerpunkten der Förderung aus. Sie legen fest, bei welchen Lernzielen weitere Fördermöglichkeiten erkundet werden sollen. In der Regel sollte die Förderung im Unterricht durch gemeinsame Spiele oder differenzierte Arbeitsaufträge und Arbeitsmaterialien erfolgen. Ebenso sollte die Förderung auffälliger Kinder durch sozialpädagogische Fachkräfte möglichst im Unterricht erfolgen. Welche Bereiche in gesonderten Förderstunden aufgearbeitet werden und wie unterstützende Materialien im Unterricht individualisiert eingesetzt werden können, sollte im Team besprochen werden, da mehrere Unterrichtsfächer betroffen sind. Die Koordinationsgespräche dienen auch dazu festzustellen, was das Team für wünschenswert hält, jedoch aufgrund der bestehenden Bedingungen an der einzelnen Schule gegenwärtig nicht realisiert werden kann.

Förderplanung basiert auf der Reflexion des pädagogischen Erfolgs. Für die Koordination der Förderung ist Folgendes festzuhalten:

Für **jedes Kind mit Defiziten** sollte ein **individueller Förderplan** erstellt werden.

Dieser sollte enthalten:

1. **Förderdiagnose** als Beschreibung des zu fördernden Verhaltens oder der fehlenden/mangelhaften Fähigkeit (Es ist sinnvoll, schriftliche Arbeitsergebnisse des Kindes dazuzuheften.)
2. **Förderplan** mit den genau beschriebenen Trainingsaufgaben (Aus dem Förderplan sollte hervorgehen, welche Maßnahmen zur Förderung stattfinden. Hilfen, Spiele und Aufgaben werden genannt, mit denen das Kind gefördert werden soll.)
3. **Förderorganisation** Wer führt in welchem Zeitraum die Förderung durch?
4. **Förderergebnis** Das Ergebnis einer erneuten Überprüfung nach der Förderung.

---

[31] Breuer und Weuffen, Lernschwierigkeiten am Schulanfang, Beltz 2000, S. 40

B 4 Förderorganisation

Für die nächste Fördermaßnahme wird dann ein neuer Förderplan aufgestellt. Zum Beispiel: Ein Kind wurde im Bereich Motorik gefördert, die körperlichen Voraussetzungen haben sich verbessert und eine Förderung im sprachlichen Bereich schließt sich an. Zu den beobachteten Bereichen mit Förderbedarf müssen die Förderungen konkret aufgeschrieben werden. Zu jedem Bereich finden sich die Fördermöglichkeiten als Anregungen jeweils im Anschluss an die Diagnoseaufgaben. Aus den Vorschlägen kann sich jedes Team die Fördermöglichkeiten aussuchen, die es am besten ausführen kann. Die erprobten Fördermöglichkeiten der einzelnen Lehrer und der einzelnen Schule ergänzen die Vorschläge.

Der Förderplan *(vgl. remedial Teaching, SON Opleidingen)*[32] kann folgendermaßen aussehen und befindet sich in *D Anhang, Kopiervorlagen*.

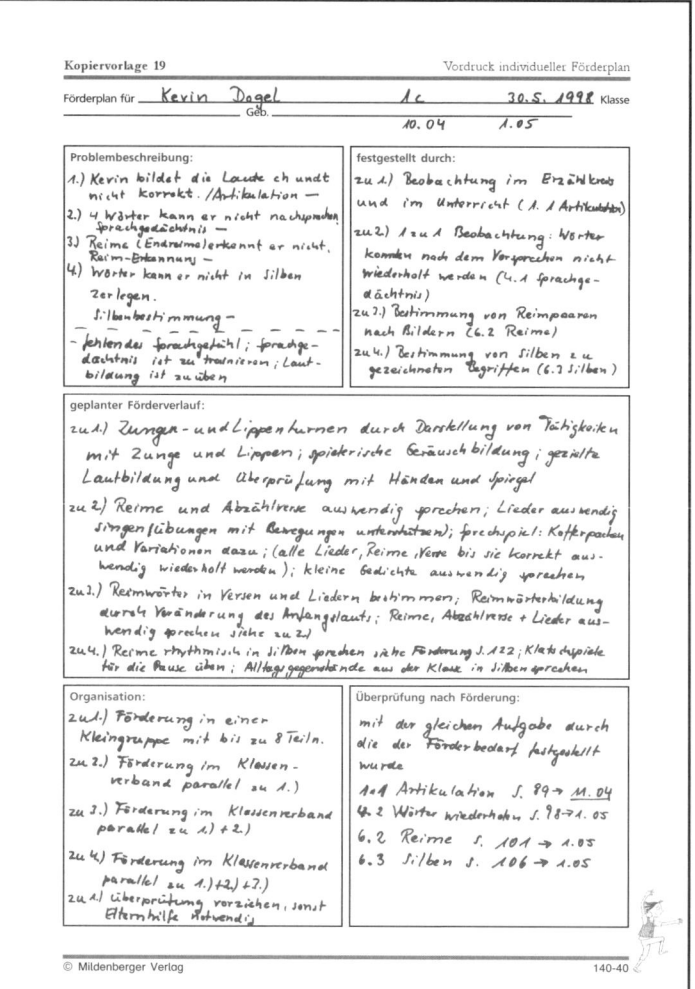

4 Förderorganisation

Förderung bringt nur Erfolg, wenn sie **regelmäßig** und **beständig** für das Kind angeboten wird. Alle Personen, die in der Schule mit dem Kind arbeiten, sollten sich dem Kind gegenüber möglichst auf die gleiche Art verhalten. Absprachen über das eigene Verhalten und die Unterrichtsangebote sind für die Mitglieder des Klassenteams unverzichtbar. Das gilt besonders, wenn es sich um eine Förderung im allgemeinen Verhalten handelt. Feste Termine für wöchentliche Gespräche des Teams sollten bei der Stundenplangestaltung berücksichtigt werden. Falls Fördergruppen eingerichtet werden, sollte der Unterricht in diesen Gruppen nicht entfallen, wenn Entscheidungen über Vertretungsunterricht getroffen werden. Gerade die Regelmäßigkeit und Beständigkeit des Unterrichts ist für Kinder mit Förderbedarf wichtig. Bereits erzielte Fortschritte werden in Frage gestellt, wenn der Förderunterricht nicht kontinuierlich erteilt wird. Die Förderung sollte in der Gruppe möglichst durch die gleiche Person über einen längeren Zeitraum erfolgen. Nur so können die Fortschritte des Kindes berücksichtigt werden. Der Aufbau von Bindungen zwischen dem Kind und der Lehrkraft, die den Förderunterricht erteilt, kann den Erfolg der Förderung beschleunigen. Das Kind erfährt die Fördermaßnahmen als Hilfe und Bereicherung. Es wäre wünschenswert, dass die einzelne Schule für den Zeitraum der ersten zwei Schuljahre einen Plan zur Förderorganisation erstellt. In diesem Plan sollten die mögliche Einrichtung von Fördergruppen und die mögliche Anzahl von Doppelbesetzungen pro Fach in den Klassen erscheinen. Der Einsatz der sozialpädagogischen Fachkräfte sollte aus diesem Plan ersichtlich sein. Liegt ein solcher vor, so kann er vom Förderteam bei der Beschreibung der Förderorganisation im individuellen Förderplan berücksichtigt werden. Die Organisation der Förderung vereinfacht sich und die Durchführung der Förderung ist besser gewährleistet.

[32] Taal-, Lees- en Spellingsproblemen, remedial Teaching, SON Opleidingen

4.1 Einsatz sozialpädagogischer Fachkräfte in der 1. Klasse

Die Bildungs- und Entwicklungsförderung der Kinder, die nicht in allen Bereichen schulfähig erscheinen, muss durch sozialpädagogische Fachkräfte erfolgen. Die Förderung dieser Kinder im Klassenverband ist nicht alleine durch die Lehrkräfte zu leisten.

Der Einsatz der **Schulkindergärtnerinnen** kann folgendermaßen aussehen:

1. Im Klassenverband bei der Betreuung einzelner Kinder:
   - Förderung grundlegender Fähigkeiten im Bereich der Wahrnehmung
   - Hilfe im Erwerb von Organisationsstrukturen im Klassenraum
   - Förderung im Erwerb emotionaler Kompetenzen und Konfliktfähigkeit im Klassenverband
   - Unterstützung der betroffenen Kinder im Unterricht der Klasse zur Entwicklung eines stabilen allgemeinen Verhaltens
   - Hilfe beim Erwerb von Fähigkeiten im Umgang mit Hilfsmitteln und Material im Rahmen des Unterrichts

2. Förderung von Kindern mit besonderen Defiziten in Gruppen:
   - Förderung grundlegender Fähigkeiten im Bereich der Wahrnehmung und Motorik
   - Förderung der Sprachfähigkeit
   - Förderung der Ausdrucksfähigkeit in der deutschen Sprache
   - Förderungen im Bereich Sprache zum Erwerb der phonologischen Bewusstheit
   - Förderungen zum Erwerb von Mengenverständnis und Größenbeziehungen
   - Hilfe beim Erwerb von Fähigkeiten im Umgang mit Hilfsmitteln und Material

3. Beratung der Lehrkräfte der Grundschulen:
   - Beratung der Lehrkräfte bei der Planung von Fördermaßnahmen
   - Beratung der Lehrkräfte bei der inhaltlichen Gestaltung von Fördermaßnahmen
   - Hilfen für Lehrkräfte bei der Umsetzung von Fördermaßnahmen
   - Beratungsgespräche mit Eltern, Erziehungsberechtigten
   - Herstellung von Kontakten zu außerschulischen Beratungsstellen
   - Umsetzung von Beratungshilfen durch außerschulische Beratungsstellen in der Schule

Die Umsetzung der Förderung durch die sozialpädagogische Fachkraft erfolgt in erster Linie durch Unterstützung der betroffenen Schüler im Klassenverband während des Unterrichts. Falls sich für mehrere Schüler der Klassen 1 besonderer Förderbedarf in gleichen Bereichen herausstellt, kann diese Förderung auch in Fördergruppen erfolgen. Die Förderung im Klassenverband ist wichtig, damit alle Kinder der Klasse in der gleichen Lernumgebung soziale Kompetenzen erwerben und das soziale Miteinander einüben. Gleichzeitig werden von allen Kindern die gleichen Unterrichtstechniken eingeübt.

B 4.2 Organisation der Diagnose und Förderung

Klasse 1, Überblick: Organisation der Diagnose und Förderung

Zeit	Ziel	Beobachtungsort/ Durchführungsort	Beteiligte Personen	Dokumentation	Hilfsmittel
1. bis ca. 5. Schulwoche	**Feststellung von Lernvoraussetzungen der Schüler Anfang Klasse 1**	• Klassenraum • Frühstückspause • Unterricht • Pause • Unterrichtsgang • Wege • Treppen im Gebäude • gezielt herbeigeführte Beobachtungssituationen	• Klassenlehrer • Schulkindergärtnerin • 2. Lehrkraft • Fachlehrer • (je nach Beobachtung erste Elterngespräche)	*Beobachtungsbögen*: Motorik, Allgemeines Verhalten, Sprache, Mathematik	*Diagnose- und Beobachtungsbögen zu den Bereichen*: Allgemeines Verhalten, Motorik, Sprache, Mathematik mit Arbeitsblättern, *weiter*: Schülerhefte, Schülermappen, schuleigene Überprüfungsmaterialien
ca. 6. Schulwoche	Erstellung **individueller Förderpläne** und **Organisation der Förderung**	Festlegung der Fördermaterialien und der Förderorte/Förderorganisation (Klassenverband/ Fördergruppen)	• Klassenlehrer • Schulkindergärtnerin • 2. Lehrkraft • Fachlehrer • Lehrer der parallelen Klassen • Schulleitung	individueller Förderplan	• Beobachtungsbögen • Vordruck Förderplan • Raumangebot • Lehrerangebot • schuleigenes Fördermaterial
ca. 7. Schulwoche	**Elterngespräche** zur Koordinierung der Schülerförderung	Klassenraum	• Eltern • Klassenlehrer • Schulkindergärtnerin • Fachlehrer	individueller Förderplan, Zusatzbogen zum individuellen Förderplan mit Vereinbarungen und Empfehlungen	• Beobachtungsbögen • Schülerarbeitsblätter • Vordruck Förderplan • evtl. Hefte, Arbeitsmappen
7. Schulwoche bis Mitte Januar	**Förderung**	• Klassenraum • Gruppenraum • Stillerraum • Musikraum • Turnhalle usw.	• Klassenlehrer • Schulkindergärtnerin • 2. Lehrkraft • Fachlehrer	Schuleigenes Fördermaterial, Fördermaterial aus dem Schulkindergarten, Arbeitsblätter, Turngeräte, Arbeitsmaterial der Kinder, Anschauungsmaterial zum Zahlaufbau *(Brühl u. a, 2003, S. 197–211)*[33] usw.	
Mitte Januar	Überprüfung der geförderten Lernvoraussetzungen **(Evaluation)** Festlegung neuer Förderpläne für die nächsten Monate, besonders für die Bereiche allgemeines Verhalten und Motorik	• Klassenraum • Frühstückspause • Unterricht • Pause • Unterrichtsgang • Wege • Treppen im Gebäude • gezielt herbeigeführte Situationen	• Klassenlehrer • Schulkindergärtnerin • 2. Lehrkraft • Fachlehrer	individuelle Förderpläne alt, Dokumentation mit zweiter Farbe in den alten Bögen, Auswertung ergibt evtl. neuen individuellen Förderplan	*Diagnose- und Beobachtungsbögen alt zu den Bereichen*: Allgemeines Verhalten, Motorik, Sprache, Mathematik **und**: Überprüfungsmaterial wie bei erster Diagnose
Mitte bis Ende Januar	Überprüfung des **Lernstandes der 1. Klassen in den Bereichen Lesen, Schreiben, Rechnen**	• Klassenraum • Gruppenraum	• Klassenlehrer • Schulkindergärtnerin • 2. Lehrkraft • Fachlehrer	Einrichtung von Fördergruppen in den Bereichen: Lesen, Schreiben, Rechnen, falls notwendig	Arbeitsblätter zur Bestimmung der Schreibweise von Wörtern nach Bildern, (Bild-Test nach Dehn), Lesetest, Überprüfung des Zahlverständnisses und der rechnerischen Fähigkeiten mit selbst erstellter Überprüfung

		Organisation der Förderung in:		
Januar bis Schuljahresende	**Förderung** Individual- oder Gruppenförderung (auch Förderung von Schnelllernern)	• Klassenraum • Gruppenraum • Turnhalle und Einrichtung von Fördergruppen	• Klassenlehrer • Schulkindergärtnerin • 2. Lehrkraft • Fachlehrer • Schulleitung	Schuleigenes Fördermaterial aus dem Sprach-, LRS- und Schulkindergartenbereich, Arbeitsblätter, Turngeräte, Laut-Zuordnungsübungen, Zählmaterial, Anschauungsmaterial zum Zahlaufbau (Brühl u. a, 2003, S. 197-211)[33] usw.
Ende Mai	Überprüfung der geförderten Lernvoraussetzungen **(Evaluation)**	• Klassenraum • Frühstückspause • Unterricht • Pause • Unterrichtsgang • Wege • Treppen im Gebäude • gezielt herbeigeführte Situationen	• Klassenlehrer • Schulkindergärtnerin • 2. Lehrkraft • Fachlehrer	individuelle Förderpläne	*Schuleigene Diagnose- und Beobachtungsbögen zu den Bereichen:* Allgemeines Verhalten, Motorik, Sprache, Mathematik
Juni	Überprüfung des **Lernstands in den Bereichen Lesen, Schreiben, Rechnen, freies Schreiben**	• Klassenraum • Gruppenraum	• Klassenlehrer • Schulkindergärtnerin • 2. Lehrkraft • Fachlehrer	HSP 1+* Listen, Schülerhefte, Arbeitsblätter, Klassenliste	HSP 1+*, Lesetest geeignet für Ende Klasse 1, freies Schreiben zu einem Bild, Überprüfung der rechnerischen Fähigkeiten mit eigener Überprüfung

[33] Brühl, Bussebaum, Hoffmann, Lukow, Schneider, Wehrmann, Rechenschwäche/Dyskalkulie, Hrsg. Arbeitskreis für angewandte Lernforschung, Osnabrück 2003, S. 197-211
* Hamburger Schreibprobe (siehe Hinweis in den Literaturangaben S. 150)

In der Tabelle wird eine mögliche zeitliche Organisation der Diagnose und Förderung in Klasse 1 dargestellt.

C Unterrichtspraktischer Teil

1 Diagnose und Förderung

Auf den folgenden Seiten werden konkrete Aufgabenbeispiele zur Überprüfung der Fähigkeiten der Kinder in den Bereichen **Motorik, Allgemeines Verhalten, Sprache** und **Mathematik** angeboten. Die Auswahl der Überprüfungsaufgaben kann mit Hilfe des jeweiligen Diagnosebogens getroffen werden. Die Aufgaben sind so formuliert, dass sie meistens von einer Lehrkraft und oft mit der ganzen Klasse gleichzeitig durchgeführt werden können. Die Beobachtungsergebnisse der ganzen Klasse werden auf dem Beobachtungsbogen vermerkt. Auf dem Diagnosebogen kann dann abgelesen werden, auf welcher Seite des Anhangs passende Fördervorschläge zur Behebung des Defizits gegeben werden.

Die praktische Durchführung der Überprüfung und die Auswahl der Förderangebote geschieht mit Hilfe **des Diagnose- und Beobachtungsbogens**, jeweils zu finden in 2 Motorik S. 32/33, 3 Allgemeines Verhalten S. 64/65, 4 Sprache S. 92/93 und 5 Mathematik S. 124/125.

Diagnosebogen: Über der Reihe „Merkmale/Fähigkeiten" finden sich auf dem Diagnosebogen die Aufgabenbeispiele zur Durchführung der Beobachtung (Kurzbeschreibung). Die Seitenzahl gibt die Seite im Anhang an, auf der die genaue Aufgabenbeschreibung zu finden ist. In der Reihe „Förderung" verweist eine Seitenzahl auf die Seiten im Anhang, die Fördervorschläge für das festgestellte Defizit enthalten.

Die Diagnosebögen bieten eine Auswahl der wichtigsten beobachtbaren Fähigkeiten zur Beobachtung und Diagnose an. Für den Einsatz im Unterricht mit einer Lehrkraft ist die Anzahl der Aufgaben groß. Deshalb wird als Einstieg die Beobachtung einer begrenzten Anzahl von grau gekennzeichneten Fähigkeiten empfohlen – sie zeigten in der Erprobung ein aussagekräftiges Ergebnis. Kinder mit einem Minus-Zeichen bei diesen Überprüfungen gehörten zu den langsamer lernenden Kindern. Die Zahlen in den grauen Feldern geben die Reihenfolge an, in der die Überprüfungen durchgeführt werden sollten. Beobachtungen, die gleichzeitig durchgeführt werden können, tragen in der unteren Zeile die gleiche Zahl. Die mit ** gekennzeichneten Beobachtungs- und Förderaufgaben sollten nur mit den Kindern durchgeführt werden, bei denen weiterer Überprüfungs- oder Förderbedarf besteht.

Beobachtungsbogen: Zur Durchführung der Diagnose wird der Beobachtungsbogen pro Klasse **einmal** als Kopie benötigt.

Auf dem **Beobachtungsbogen** werden die **Ergebnisse der durchgeführten Beobachtung pro Schüler in einem Kästchen** festgehalten. Die Minus-Zeichen (–) auf dem Beobachtungsbogen geben die Fähigkeiten an, die gefördert werden sollten. Die Dokumentation aller Beobachtungsergebnisse für alle Schüler ist auf einer Seite in der Übersicht zu sehen. Des Weiteren werden beim Eintrag folgende Zeichen verwendet: Plus-Zeichen (+) und eine Null (O).

Der **obere Längsrand des Beobachtungsbogens** wird an den **unteren Längsrand des Diagnosebogens** gelegt. Die Spalten (stärkere Linien) passen aneinander.

Die Diagnosebogen Motorik, Allgemeines Verhalten, Sprache und Mathematik können Sie auf unserer Homepage www.mildenberger-verlag.de kostenlos als Excel-Dateien bestellen, wenn Sie das Buch schon gekauft haben. Bitte geben Sie in Ihrem E-Mail Kundennummer und Rechnungsanschrift an, damit wir dies überprüfen können. E-Mail-Adresse: lernen-erleichtern@mildenberger-verlag.de. Wir senden Ihnen die Excel-Datei dann umgehend per E-Mail zu.

In der Praxis zeigte sich eine sehr große Übereinstimmung zwischen den fehlenden Fähigkeiten in den Motoriküberprüfungen 1.2 und 3 und den Problemen dieser Kinder beim Erlernen von Lesen, Schreiben und Mathematik.

Dokumentationsbögen,
Aufgabenbeispiele und
Förderbeispiele zum Thema

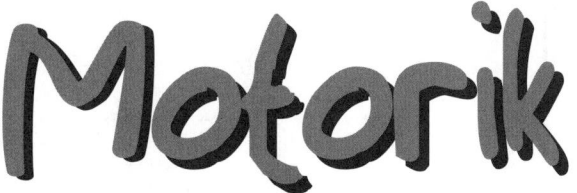

C 2.1 Dokumentationsbogen Motorik

Klasse 1, Zeitraum Einschulung: Diagnosebogen Motorik/sensomotorische Entwicklung

Bereiche	Förderung		Aufgabenbeispiele	S.	Merkmale/Fähigkeiten	empfohlene Auswahl
1. Taktil-kinästhetische Wahrnehmung	1.1 Körperschema		Spiel Turnhalle Eisbeutel, S. 34	S. 50	① Körperteile zeigen, rechts/links	1.
			Schüler neben Matte, S. 35	S. 50	② Raum-Lage-Körper hinten/vorne/links/rechts	
	1.2 bilaterale Koordination		Pause/Sport/Klasse beobachtet, S. 35	S. 52	① sicher gehen	
			Spiel, S. 36	S. 52	② Körpermittellinie kreuzen	2.
			Sport beobachtet, S. 37	S. 52	③ Hampelmann	
	1.3 taktiles Empfinden		Berührung mit Gegenstand: Arm, Körper, Rücken, S. 38	S. 53	① Formwahrnehmung/Hautzeichnung	
			Tastsack, S. 38	S. 53	** ② Differenzierungsvermögen	
2. vestibuläre Wahrnehmung	2.1 Gleichgewicht		hüpfen Sport/Schulhof, S. 39	S. 54	① Einbeinstand, hüpfen	
			Weg zum Sport/zur Klasse, S. 40	S. 54	** ② Treppe + Fußwechsel	
			Langbank, S. 40	S. 54	③ Balancieren über Linie/Balken	4.
	2.2 vestibuläre Über-/Unterfunktion		gehen auf Balken, drehen in Mitte, weitergehen, S. 41	S. 55	① Drehung, gleichzeitig mit 4. (grau) beobachtbar	
			Spielplatz, Seilschaukel (Sport), S. 41	S. 55	** ② schaukelt gerne	
				S. 55	** ③ schaukelt nicht	
	2.3 Tonus/isolierte Bewegungen		Körperspannung als Fortsetzung der Körpermittellinie S. 37	S. 56	① Körperspannung, gleichzeitig mit 2. (grau) beobachtbar	3.
			Körperspannung / Sport S. 42	S. 56	② Körperspannung	
			hüpfen auf einem Bein, S. 43	S. 56	③ Mitbewegung des gesamten Körpers	
			Schere, Fenster, Ball, S. 43	S. 57	① Hand, gleichzeitig mit 6. (grau) beobachtbar	
3. Seitigkeit Lateralität	3.1 rechts/links Bevorzugung		kurze Treppe rauf/runter, S. 44	S. 57	② Fuß	5.
4. Visuelle Wahrnehmung	4.1 visuelle Gliederung, visuelles Gedächtnis	Überprüfungen mit der ganzen Klasse gleichzeitig möglich	S. 44, Arbeitsblatt, KV 2	S. 58	① Formunterscheidung	
			S. 45/46, Arbeitsblätter KV 3	S. 59	② Muster nachzeichnen	
			S. 46/47, Arbeitsblätter, KV 4	S. 59	③ Linien verfolgen	
			S. 47/48, KV 5	S. 59	** ① Figur-Grund-Wahrnehmung	
	** 4.2 Augenmuskelkontrolle (nur bei – 4.1)		S. 48	S. 59	** ② Gegenstand verfolgen	
5. Graphomotorik			S. 49 und Arbeitsblätter	S. 60	① Handtonus/Druck, **gleichzeitig mit** 4.1 ① und 4.1 ② **beobachtbar**	
			S. 49	S. 60	② Ausmalen von Formen, **gleichzeitig mit Mathematik – Formen**	

32

Klasse 1, Zeitraum Einschulung: Beobachtungsbogen Motorik / sensomotorische Entwicklung

Name	Körperteile zeigen, rechts / links ①	Raum-Lage-Körper hinten / vorne / links / rechts ②	sicher gehen ①	Körpermittellinie kreuzen ②	Hampelmann ③	Formwahrnehmung / Hautzeichnung ①	Differenzierungsvermögen ②**	Einbeinstand, hüpfen ①	Treppe + Fußwechsel ②**	Balancieren über Linie / Balken ③	Drehung, gleichzeitig mit 4 (grau) beobachtbar ①	schaukelt gerne ②**	schaukelt nicht ③**	Körperspannung, gleichzeitig mit 2 (grau) beobachtbar ①	Körperspannung / Sport ②	Mitbewegung des gesamten Körpers ③	Hand, gleichzeitig mit 6 (grau) beobachtbar ①	Fuß ②	Formunterscheidung ①	Muster nachzeichnen ②	Linien verfolgen ③	Figur-Grund-Wahrnehmung ①**	Gegenstand verfolgen ②**	Handtonus/Druck, gleichzeitig mit 4.1 ① und 4.1 ② beobachtbar	Ausmalen von Formen, gleichzeitig mit Mathematik – Formen ②

+ = vorhanden
− = nicht vorhanden
O = teils ja, teils nein

C 2.2 Aufgabenbeispiele Motorik

2.2.1 Taktil-kinästhetische Wahrnehmung

Bereich	Merkmale und Fähigkeiten
1. Taktil-kinästhetische Wahrnehmung	
1.1 Körperschema	① **Körperteile und Körper rechts/links**

Gewünschte Fähigkeit:

Das Kind sollte die rechten und linken Körperteile benennen können.

Beobachtung und Dokumentation:

1 oder 2 Lehrkräfte, 1 Kind und Klassenverband

Beobachtungsort: Sportunterricht

Material: 1 Gymnastikmatte, 1 Ball, 3 – 4 Bohnensäckchen

Beobachtungssituation und Arbeitsauftrag:

Spielsituation im Sportunterricht: Ein Schüler erhält einen Ball, alle Schüler laufen durch die Turnhalle. Wer mit dem Ball getroffen wird, ist verzaubert/verletzt. Mit dem Ball getroffene Schüler legen sich auf den Boden und werden von vier Kindern zu einer Gymnastikmatte getragen und darauf gelegt. Ein Sanitäter-Kind legt ein Bohnensäckchen (Eisbeutel genannt) nacheinander rechts und links auf die Beine und Arme des liegenden Kindes und lässt sich die Körperteile und ihre Lage benennen. Das „geheilte" Kind läuft weiter. Die Lehrkraft beobachtet und dokumentiert.

Die Überprüfung kann schneller von 2 Lehrkräften durchgeführt werden.

Folgende Zeichen werden verwendet: + Plus-Zeichen
                                                               O eine Null
                                                                 – Minus-Zeichen

Dokumentation im Beobachtungsbogen:

+	alles richtig
O	1 falsch
–	mehr als 1 falsch

Bereich	Merkmale und Fähigkeiten
1. Taktil-kinästhetische Wahrnehmung	
1.1 Körperschema	② **Raum-Lage-Körper**

Gewünschte Fähigkeit:

Das Kind soll die Raum-Lage-Begriffe (hinten, vorne, links und rechts) mit seinem Körper umsetzen. *(A. Ostermann, 2004, S. 58-60)*[34]

Beobachtung und Dokumentation:

1 Lehrkraft und 1 Kind

Beobachtungsort: Gruppenraum oder Flur vor dem Klassenraum

Material: Stuhl, Matte, Tuch o. Ä., Arbeitsblatt (Kopiervorlage 1, siehe D Anhang)

[34] siehe auch A. Ostermann, Lernvoraussetzungen von Schulanfängern, Persen, Horneburg 2.2004, S. 58-60

C 2.2 Aufgabenbeispiele Motorik

Beobachtungssituation und Arbeitsauftrag:

Die Lehrkraft steht mit dem Kind vor dem Tisch. Nacheinander zeigt sie ihm eines der vier Bilder, die anderen sind abgedeckt. Das Kind und die Lehrkraft sollen aus der gleichen Blickrichtung auf das Bild sehen.

Die Lehrkraft sagt beim ersten Bild: „Stelle dich bitte genauso zum Tisch, wie du es auf dem Bild siehst!"
Sie nennt keine Präpositionen wie „neben", „vor", „hinter" usw. Das Kind stellt sich mit seinem Körper so neben den Tisch, wie der Kreis auf dem Bild neben dem Rechteck erscheint. Es sieht die Lehrerin an.

Nach dem gleichen Muster wird mit den übrigen drei Bildern verfahren.

Kopiervorlage 1

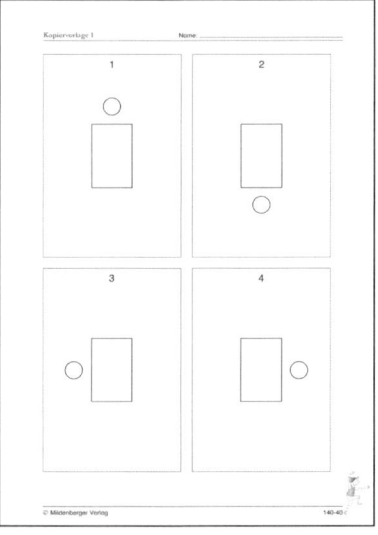

Dokumentation im Beobachtungsbogen:

+	alles richtig
O	1 falsch
−	mehr als 1 falsch

Die Überprüfung ist gleichzeitig wichtig für Sprache (verwechseln von Buchstaben, b/d, p/g) und Mathematik (mehr/weniger, Ordnungszahlen).

Bereich	Merkmale und Fähigkeiten
1. Taktil-kinästhetische Wahrnehmung	
1.2 Bilaterale Koordination	① **sicher gehen**

Gewünschte Fähigkeit:
Das Kind sollte sicher in einem Tempo gehen können, das der Situation entspricht.

Beobachtung und Dokumentation:
Klassenlehrer und alle Lehrkräfte der Klasse

Beobachtungsort:
Beobachtungen beim Verlassen der Klasse in die Pause, am Schulschluss, beim Erreichen des Schulhofs, in der Pause, auf der Treppe, im Flur usw.

C 2.2 Aufgabenbeispiele Motorik

Beobachtungssituation und Arbeitsauftrag:

Beobachtet wird die Angemessenheit der Bewegungen des Kindes: niemand wird angestoßen, die Bewegungen sind nicht ruckartig, die Geschwindigkeit entspricht der Situation, die Bewegungen erscheinen ausgewogen und sicher, stürmt nicht blind los usw.

Alternative:

Beobachtung im Sportunterricht: Wie verhält sich das Kind beim Betreten der Turnhalle? Wie bewegt sich das Kind bei Laufspielen in der Klein- oder Großgruppe unter den oben genannten Aspekten?

Dokumentation im Beobachtungsbogen:

+	richtig
–	falsch

Bereich	Merkmale und Fähigkeiten
1. Taktil-kinästhetische Wahrnehmung	
1.2 Bilaterale Koordination	② Körpermittellinie kreuzen

Gewünschte Fähigkeit:

Die rechte und die linke Körperhälfte sollen sich gleichmäßig harmonisch bewegen. Hände und Arme sollen die Körpermittellinie kreuzen. Beim Kreuzen und Strecken der Arme und Finger zeigt es sich, ob ein Kind den Tonus seiner Muskeln empfindet und steuern kann, deshalb ist die Fortsetzung der Übung eine Überprüfung zur Körperspannung.

Beobachtung und Dokumentation:

2 Lehrkräfte; 1 Lehrkraft spricht und demonstriert, die 2. Lehrkraft beobachtet und dokumentiert

Alternativ in einer Gruppe mit 4 – 5 Kindern:

Beobachtung und Dokumentation auch mit einer Lehrkraft möglich, wenn die Kinder in der gleichen Reihenfolge stehen, wie ihr Name auf dem Beobachtungsbogen erscheint.

Beobachtungsort: Im Flur vor der Klasse während der Frühstückspause, im Gruppenraum

Beobachtungssituation und Arbeitsauftrag:

Jeweils 4 – 5 Kinder, ausgewählt nach der Reihenfolge der Namen auf der Beobachtungsliste, werden von der Lehrkraft mit Handschlag begrüßt. Die Kinder begrüßen sich gegenseitig. Die Kinder stehen danach in der Reihenfolge der Namen nebeneinander mit dem Gesicht zur Lehrerin. Die L. steht den Kindern gegenüber, hebt die rechte Hand und winkt. Aufforderung an die Kinder: Winkt auch mit der rechten Hand, der Hand, mit der wir uns begrüßt haben. (Kontrolle und Korrektur durch die L.) Die L. sagt und handelt dabei: Wir legen die rechte Hand auf die linke Schulter und die linke Hand auf die rechte Schulter.

Kinder, die keine Probleme mit der Körpermittellinienkreuzung haben, legen die rechte Hand auf die linke Schulter, Kinder mit Problemen legen die rechte Hand auf die rechte Schulter, zögern, wirken unsicher, beginnen unsicher zu stehen, versuchen, die Bewegung zu wiederholen, oder meinen, die rechte Hand auf der rechten Schulter sei richtig.

Dokumentation im Beobachtungsbogen:

+	Arme gekreuzt
O	Arme gekreuzt nach Zögern, nach Korrektur richtig
–	rechte Hand auf rechte Schulter o. Ä.

Die Fortsetzung der Übung gibt eine Überprüfung der Körperspannung zu Motorik / Bereich 2.3 / **1 Körperspannung**

Nach der Überprüfung zur Kreuzung der Körpermittellinie (1.2 ② Körpermittellinie) wird die begonnene Handlung fortgesetzt: L. weiter (spricht und handelt): Wir legen die rechte Hand auf die linke Schulter und die linke Hand auf die rechte Schulter. An unseren Fingern werden jetzt Gummibänder befestigt. (L. bewegt dabei leicht die Fingerspitzen.) Die Gummibänder werden langsam angezogen und ziehen unsere Arme und Finger langsam lang nach vorne.

Die rechte und die linke Körperhälfte sollen sich gleichmäßig harmonisch bewegen beim Kreuzen der Körpermittellinie. Arme und Finger sollten parallel gestreckt bis in die Fingerspitzen sein.

Kinder, die eine Körperspannung aufbauen können, strecken die Arme und Finger bis in die Spitzen aus, ohne unsicher zu erscheinen. Kinder mit Problemen in der Körperspannung können die Arme nicht ohne Beugung in den Ellenbogen lang ausstrecken. Sie lassen die Finger mehr oder weniger gekrallt.

Dokumentation im Beobachtungsbogen:

+	Arme und Finger gestreckt
O	Arme gestreckt, Finger leicht gekrümmt
−	Arme krumm, Finger krumm

Bereich	Merkmale und Fähigkeiten
1. **Taktil-kinästhetische Wahrnehmung** 1.2 **Bilaterale Koordination**	③ **Hampelmann**

Gewünschte Fähigkeit:
Das Kind sollte die rhythmischen Bewegungen des Hampelmanns nachahmen können.

Beobachtung und Dokumentation:
1 oder 2 Lehrkräfte

Beobachtungsort:
Turnhalle, Klassenraum, Schulhof

Beobachtungssituation und Arbeitsauftrag:
Die Lehrkraft oder ein Kind führt die Hampelmannbewegung in der Klasse im Sitzkreis / in der Turnhalle einmal vor. Frage: Könnt ihr das Kunststück auch? Jeweils zwei Kinder führen, den Rücken einander zugekehrt, gleichzeitig die Hampelmannbewegung aus und der Gruppe vor; eine Lehrkraft dokumentiert.

Dokumentation im Beobachtungsbogen:

+	korrekt
−	falsch

C 2.2 Aufgabenbeispiele Motorik

Bereich	Merkmale und Fähigkeiten
1. Taktil-kinästhetische Wahrnehmung	
1.3 Taktiles Empfinden	① **Formwahrnehmung / Hautzeichnung**

Gewünschte Fähigkeit:
Hautberührungen sollte das Kind lokalisieren können.

Beobachtung und Dokumentation:
1 Lehrkraft

Beobachtungsort:
In der Frühstückspause an einem einzelnen Gruppentisch oder während der freien Arbeit

Beobachtungssituation:
Die Lehrkraft stellt sich hinter das Kind. Sie sagt dem Kind, dass es berührt werden wird, sich die berührte Stelle gut merken und sie dann mit dem Finger zeigen soll. Sie berührt mit einem stumpfen Gegenstand das Kind rechts und links an den Körperteilen mindestens an 6 verschiedenen Stellen.

Das Kind soll mit dem Finger zeigen, wo es berührt wurde. Die Berührungsstelle soll genau angegeben werden. *(siehe auch: A. Ostermann, 2004, S. 29 f.)*[35]

Dokumentation im Beobachtungsbogen:

+	alle Berührungspunkte gezeigt
O	2 Berührungspunkte nicht gezeigt
–	mehr als 2 Berührungspunkte nicht gezeigt

Bereich	Merkmale und Fähigkeiten
1. Taktil-kinästhetische Wahrnehmung	
1.3 Taktiles Empfinden	** ② **Differenzierungsvermögen**

Durchführung dann, wenn ein Kind die Hautzeichnungen nicht lokalisieren konnte oder Unterrichtsbeobachtungen ergaben, dass ein Kind körperliche Berührung als unangenehm empfindet.

Gewünschte Fähigkeit:
Das Kind sollte unterschiedliche Gegenstände tastend erkennen können.

Beobachtung und Dokumentation:
1 Lehrkraft und 1 oder 2 Kinder

Material:
1 oder 2 Säcke mit jeweils 6 – 8 Gegenständen, von denen jeweils zwei gleich sind (z.B. 2 Bohnensäckchen, 2 Stoffstückchen, 2 Bauklötze, 2 Steckwürfel oder fertige Tastsäcke aus dem Schulkindergartenbereich)

Beobachtung 1:
Formwahrnehmung

Beobachtung 2:
Wahrnehmung von Oberflächenstrukturen

[35] siehe auch: A. Ostermann, Lernvoraussetzungen von Schulanfängern, Persen, Horneburg 2.2004, S. 29 f.

Beobachtungssituation:

In einem Sack liegen mehrere Gegenstände in zweifacher Ausführung. Anweisung durch L.: Greife in den Sack, ertaste einen Gegenstand, sage mir, was es ist, und hole dann erst den Gegenstand heraus (Ausführung durch das Kind). Greife wieder in den Sack und versuche einen Gegenstand zu finden, der sich genauso anfühlt wie der erste Gegenstand. Hole ihn dann auch heraus *(V. Ledl, 2003, S. 78)*[36].

Dokumentation im Beobachtungsbogen

mit einem *Schrägstrich* zwischen Beobachtung 1 (Formwahrnehmung) und Beobachtung 2 (Wahrnehmung von Oberflächenstrukturen) in einem Feld, Differenzierungsvermögen

+	alle Gegenstände benannt / alle gleichen Gegenstände gefunden
O	1 Gegenstand nicht benannt / 1 Gegenstand doppelt nicht gefunden
–	2 und mehr Gegenstände nicht benannt / 2 und mehr Gegenstände doppelt nicht gefunden

2.2.2 Vestibuläre Wahrnehmung

Bereich	Merkmale und Fähigkeiten
2. Vestibuläre Wahrnehmung 2.1 Gleichgewicht	① **Einbeinstand, hüpfen**

Gewünschte Fähigkeit:

Das Kind soll ausgewogen im Einbeinstand stehen, dann hüpfen und dabei das Gleichgewicht halten. **Siehe vor der Ausführung auch Motorik / Bereich 2.3 / ② Mitbewegung des gesamten Körpers S. 43**

Beobachtung und Dokumentation: 1 Lehrkraft

Beobachtungsort: Turnhalle, Schulhof

Beobachtungssituation:

In der Turnhalle beim Sportunterricht, auf dem Schulhof oder in der Klassentür stellt sich eine Gruppe von fünf Schülern, während die anderen spielen oder malen, in der Reihenfolge der Namen auf. Auf ein Signal der Lehrkraft hin stellt sich ein Kind auf ein Bein, hüpft dann auf einem Bein eine bestimmte Strecke, z. B. Linie auf dem Hallenboden, den Flur usw. entlang. Die Hüpfer sollten zügig mit harmonischen Bewegungen unter Wahrung des Gleichgewichts erfolgen. Die Muskelspannung sollte locker sein, was an der Armhaltung (locker nach unten, krampfhaft zur Seite, nach oben) zu erkennen ist. Bitte auch beachten und mit kleinem l oder r festhalten, mit welchem Fuß der Schüler zuerst hüpft.

** Es ist auch interessant zu beobachten, ob die Hüpfer mit dem anderen Fuß genauso ausgeführt werden oder ob Unterschiede zwischen rechts und links bestehen. Das kann beobachtet werden, wenn die Schüler die Strecke mit dem jeweils anderen Fuß zurückhüpfen. Die Dokumentation kann im gleichen Kästchen mit einem Schrägstrich getrennt erfolgen. *(A. Ostermann, 2004, S. 40 f.)*[37]

Dokumentation im Beobachtungsbogen und l oder r hinzufügen:

+	18 – 20 Hüpfer, locker
O	15 und mehr Hüpfer
–	7 – 9 Hüpfer, verkrampft

---

[36] V. Ledl, Kinder beobachten und fördern, Jugend und Volk, Wien 2003, S. 78
[37] A. Ostermann, Lernvoraussetzungen von Schulanfängern, Persen, Horneburg 2.2004, S. 40 f.

C 2.2 Aufgabenbeispiele Motorik

Bereich	Merkmale und Fähigkeiten
2. **Vestibuläre Wahrnehmung** 2.1 Gleichgewicht	** ② **Treppe + Fußwechsel**

Durchführung dann, wenn ein Kind nicht oder nur verkrampft hüpfen konnte.

Gewünschte Fähigkeit:

Das Kind sollte eine Treppe mit dem rechten und linken Fuß abwechselnd von Stufe zu Stufe ersteigen können.

Beobachtung und Dokumentation: 1 Lehrkraft

Beobachtungsort: Treppe

Beobachtungssituation:

L. beobachtet einen Schüler beim Bewältigen einer Treppe mit mehreren Stufen im Gebäude – auf dem Weg zur Turnhalle, in die Pause, auf dem Weg zum Klassenraum usw.

Dokumentation im Beobachtungsbogen:

+	Fußwechsel
–	Nachholschritt

Bereich	Merkmale und Fähigkeiten
2. **Vestibuläre Wahrnehmung** 2.1 Gleichgewicht	③ **Balancieren über Linie/Balken**

Gewünschte Fähigkeit:

Das Kind sollte über eine Linie/einen Balken balancieren können.

Beobachtung und Dokumentation: 1 Lehrkraft

Beobachtungsort: Turnhalle

Material:

niedriger Schwebebalken oder umgedrehte Langbank (falls nicht möglich, kann auch über eine auf dem Boden markierte Linie gelaufen werden)

Beobachtungssituation:

Die Schüler stellen sich im Sportunterricht in der Reihenfolge ihrer Namen auf. Sie gehen nacheinander über den gesamten Balken. Das Kind sollte sicher und zügig über die Bank gehen und dabei leichte Ausgleichsbewegungen mit den Armen zur Stabilisierung ausführen.

Dokumentation im Beobachtungsbogen:

+	Geht zügig und sicher mit leichten Ausgleichsbewegungen der Arme
O	Zeigt heftige Ausgleichsbewegungen mit den Armen beim Gehen
–	Tritt neben die Bank

Die folgende Diagnoseaufgabe kann direkt im Anschluss durchgeführt werden.

Bereich	Merkmale und Fähigkeiten
2. Vestibuläre Wahrnehmung	
2.2 Vestibuläre Über-/Unterfunktion	① **Drehung**

Die Beobachtung kann direkt nach der Beobachtungsaufgabe Motorik/Bereich 2.1 / ③ **Balancieren über Linie/Balken** durchgeführt werden. Sie stellt einen gesteigerten Schwierigkeitsgrad dar.

Gewünschte Fähigkeit:

Das Kind sollte sicher über einen Balken gehen, sich nach wenigen Schritten drehen und rückwärts weitergehen können. Die Beobachtung gibt Auskunft über die Gleichgewichtswahrnehmung des Kindes.

Beobachtung und Dokumentation: 1 Lehrkraft

Beobachtungsort: Turnhalle

Material:

ein Schwebebalken oder eine umgedrehte Langbank (als Station in einem Bewegungsparcours)

Beobachtungssituation:

Die Kinder stehen in der Reihenfolge ihrer Namen in Gruppen von 4 bis 5 Kindern vor einer umgedrehten Langbank oder einem Schwebebalken in der Turnhalle. Die restlichen Kinder befinden sich an anderen Stationen eines Bewegungsparcours.

Die L. führt den Bewegungsablauf vor:

Aufstieg auf die Bank, 4 Schritte vorwärts, halbe Drehung, rückwärts bis zum Ende der Bank. Jeweils 4 Kinder werden beobachtet und ihre Ausführungen werden dokumentiert.

Dokumentation im Beobachtungsbogen:

+	Geht sicher, Arme zeigen leichte Ausgleichsbewegungen
O	heftige Ausgleichsbewegungen mit den Armen beim Gehen
–	Tritt neben den Balken

(siehe auch: A. Ostermann, 2004, S. 24 ff.) [38]

Bereich	Merkmale und Fähigkeiten
2. Vestibuläre Wahrnehmung	
2.2 Vestibuläre Über-/Unterfunktion	** ② **schaukelt gerne** ** ③ **schaukelt nicht**

Diese Überprüfung durchführen, falls sich ein Kind immer wieder heftig bewegt, vom Stuhl fällt, zappelt, mit anderen zusammenstößt, aus der Klasse in die Pause rennt, auf dem Schulhof beim Rennen oft mit anderen zusammenstößt, insgesamt sich übermäßig viel, heftig und unkontrolliert bewegt, im Sportunterricht oder auf dem Spielplatz die Schaukel meidet.

Beobachtung und Dokumentation:

2 Lehrkräfte im Sportunterricht oder 1 Lehrkraft an einer Schaukel auf dem Schulhof oder Spielplatz

Material:

Schaukel, aus zwei verknoteten Seilen oder 2 verbundenen Ringen

[38] siehe auch: A. Ostermann, Lernvoraussetzungen von Schulanfängern, Persen, Horneburg 2.2004, S. 24 ff.

C 2.2 Aufgabenbeispiele Motorik

Beobachtungssituation:

Das Kind sollte seinen Körper in eine Schaukelbewegung versetzen können. Die Schaukelbewegung sollte gleichmäßig, fließend und harmonisch sein.

Beim Schaukeln zeigt es sich, ob ein Kind eine Unterfunktion im Gleichgewichtsorgan hat; dann schaukelt es gerne, ausdauernd und hoch, erkennt keine Gefahren.

Hat es eine Überfunktion im Gleichgewichtsorgan, dann schaukelt es nicht gerne, es wird ihm beim Schaukeln evtl. übel. Es fällt ihm schwer, mehrere Schaukelbewegungen zu ertragen und verlässt die Schaukel schnell wieder. (V. Ledl, 2003, S. 44)[39]

Dokumentation im Beobachtungsbogen zu ** ① Unterfunktion:

+	normales, angemessenes Schaukelverhalten
−	schaukelt heftig, lange, will Schaukel nicht verlassen, besonders hoch, springt aus hoher Schaukel

Dokumentation im Beobachtungsbogen zu ** ② Überfunktion:

+	normales, angemessenes Schaukelverhalten
−	schaukelt ganz kurz, zeigt Unwohlsein, verlässt Schaukel nach 2 bis 3 Bewegungen

Bereich	Merkmale und Fähigkeiten
2. Vestibuläre Wahrnehmung	
2.3 Tonus / isolierte Bewegungen	② **Körperspannung**

Die Beschreibung der Aufgabenstellung findet sich auch in der Fortsetzung zu Motorik / Bereich 1.2 / ② **Körpermittellinie kreuzen, S. 36**

Die Feststellung der Körperspannung ist auch im Sportunterricht während des Spiels „Baumstammtransport" möglich.

Beobachtung und Dokumentation: 1 Lehrkraft im Sportunterricht

Material: Gymnastikmatten, 1 Station in einem Stationentraining

Beobachtungssituation:

4 – 5 Schüler liegen auf der Gymnastikmatte auf dem Rücken, ein Schüler (Baumstamm) legt sich mit dem Bauch und nach oben gestreckten Armen auf die Liegenden. Die unten liegenden Schüler drehen sich gleichzeitig in eine Richtung und transportieren dabei den „Baumstamm" weiter. Der Transport gelingt nur, wenn der oben liegende Schüler die Muskeln anspannt und sein Körper dann so weitergeschoben werden kann. Die Kinder wechseln die Position.

Dokumentation im Beobachtungsbogen:

+	Körper fest und Arme gestreckt, Transport gelungen
O	Körper fest, Arme abgewinkelt, wackelt
−	Körper beweglich, Arme abgewinkelt, kein Transport

[39] V. Ledl, Kinder beobachten und fördern, Jugend und Volk, Wien 2003, S. 44

C 2.2 Aufgabenbeispiele Motorik

Bereich	Merkmale und Fähigkeiten
2. Vestibuläre Wahrnehmung	
2.3 Tonus / isolierte Bewegungen	③ Mitbewegung des gesamten Körpers

Gewünschte Fähigkeit:

Bei Hüpfbewegungen sollten die Körperbewegungen des Kindes gleichmäßig und harmonisch ohne Verrenkungen der Gliedmaßen oder des ganzen Körpers bis zum Taumeln ablaufen. Die Beobachtung kann gleichzeitig mit Motorik / Bereich 2.1 / ① **Einbeinstand, hüpfen** unter den oben angegebenen Bedingungen erfolgen.

Die Art, wie der Körper beim Hüpfen mitbewegt wird, zeigt, ob das Kind die Anspannung der Muskeln steuern kann.

Situationsbeschreibung: siehe Motorik / Bereich 2.1 / ① **Einbeinstand, hüpfen**

Dokumentation im Beobachtungsbogen:

+	harmonische, zügige, raumgreifende Bewegungen
O	zeigt gelegentlich abweichende Bewegungen mit einem Arm oder beiden Armen
–	rudert heftig mit den Armen, schaukelt mit dem Körper, fällt fast um, stützt sich mit dem zweiten Bein ab

2.2.3 Seitigkeit / Lateralität

Bereich	Merkmale und Fähigkeiten
3. Seitigkeit / Lateralität	
3.1 rechts / links Bevorzugung	① Hand

Gewünschte Fähigkeit:

Das Kind nutzt entweder die rechte oder die linke Hand für Tätigkeiten und nicht gelegentlich auch die jeweils andere Hand.

Die Seitigkeit eines Menschen kann ausgeprägt rechts oder links sein. Es ist aber auch möglich, dass die Seitigkeit nicht eindeutig ausgeprägt ist.

Beobachtung und Dokumentation: 1 Lehrkraft, 1 Kind

Beobachtungssituation:

Die unterschiedlichsten Beobachtungssituationen sind möglich: bei der Handhabung einer Schere, beim Öffnen eines Fensters, beim Fangen eines Balls, eines Tuchs, alle Beobachtungssituationen, bei denen das Kind greift, zeichnet, malt, schneidet usw.

Besonders deutlich wird es beim Halten und Gebrauch einer Nagelbürste: Welche Hand bewegt sich, wird die andere Hand mitbewegt?

Dokumentation im Beobachtungsbogen:

R	nur rechte Hand
L	nur linke Hand
–	benutzt gelegentlich auch andere Hand / beide Hände in Bewegung

C 2.2 Aufgabenbeispiele Motorik

Bereich	Merkmale und Fähigkeiten
3. Seitigkeit/Lateralität	
3.1 rechts/links Bevorzugung	② **Fuß**

Wichtige Überprüfung, um genauere Aussagen über die **eindeutige** Bevorzugung von rechts oder links treffen zu können.

Gewünschte Fähigkeit:

Das Kind sollte entweder den rechten oder den linken Fuß für Tätigkeiten benutzen und nicht gelegentlich auch den jeweils anderen Fuß.

Beobachtung und Dokumentation: 1 Lehrkraft, Gruppen von 5 Kindern

Material: kurze Treppe

Beobachtungssituation:

Ein Kind geht eine Treppe mit einigen Stufen hinauf, geht ca. 3-4 Schritte, dreht um und geht die Treppe wieder herab. Dazu beobachtet man: Steigt das Kind die erste Stufe der Treppe mit dem gleichen Fuß herauf, mit dem es auch wieder die erste Stufe beim Herabsteigen betritt? Oder steigt es mit dem einen Fuß (z. B. rechts) die erste Stufe herauf und mit dem anderen Fuß (z. B. links) die erste Stufe herab?

Dokumentation im Beobachtungsbogen:

R	nur rechter Fuß
L	nur linker Fuß
–	abwechselnd rechter und linker Fuß

2.2.4 Visuelle Wahrnehmung

Bereich	Merkmale und Fähigkeiten
4. Visuelle Wahrnehmung	
4.1 visuelle Gliederung/visuelles Gedächtnis	① **Formunterscheidung**

Gewünschte Fähigkeit:

Das Kind soll eine bestimmte Form in einer Vielzahl von Formen erkennen können. Nur wenn es eine Form unter veränderten Bedingungen wiedererkennen kann, ist es in der Lage, Buchstaben mit geringen Unterschieden, Buchstabenverbindungen, Silben oder Wörter wiederzuerkennen. Es zeigt auch, ob ein Kind sich auf einer Buchseite orientieren kann.

Beobachtung und Dokumentation: 1 Lehrkraft, Klassenverband

Material: Buntstifte, Arbeitsblätter (Kopiervorlagen 2A und 2B, siehe D Anhang)

Beobachtungssituation:

Die Arbeitsblätter werden kopiert und Form A und B ausgeteilt. Immer zwei nebeneinander sitzende Schüler erhalten jeweils unterschiedliche Arbeitsblätter. Die Arbeitsanweisung wird mündlich erteilt: Schreibe deinen Namen oben auf das Blatt! Finde die oben im Bild zu sehende Form (z. B. Dreieck) in der Zeichnung darunter wieder, umrahme sie mit dem Buntstift und male sie aus.

Die Schüler umranden die gesuchten Formen im Formenverbund mit Buntstiften und malen sie aus. Es kann gleichzeitig beobachtet werden, ob der Schreibdruck des Kindes angemessen oder zu stark ist. Außerdem kann beobachtet werden, ob das Kind genau auf einer Linie malen und in Grenzen ausmalen kann. Weiter kann beobachtet werden, ob das Kind mit rechts oder links arbeitet (Händigkeit).

C 2.2 Aufgabenbeispiele Motorik

Kopiervorlage 2A

Kopiervorlage 2B

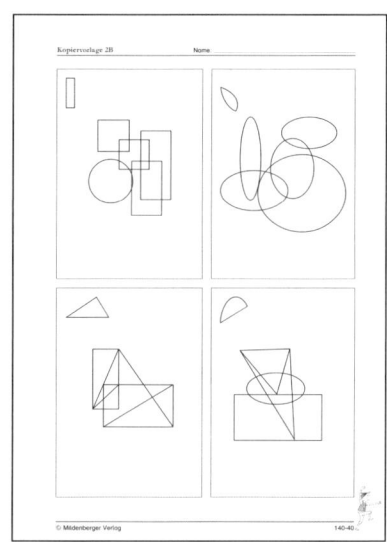

Dokumentation im Beobachtungsbogen:
Hinter das Zeichen kann R für Rechtshänder / L für Linkshänder eingetragen werden.

+	4 Formen gekennzeichnet
O	2 v. 3 Formen gekennzeichnet
–	weniger als 2 Formen gekennzeichnet

(siehe auch: A. Ostermann, 2004, S. 61-64)[40]

Bereich	Merkmale und Fähigkeiten
4. Visuelle Wahrnehmung	
4.1 visuelle Gliederung/visuelles Gedächtnis	② **Muster nachzeichnen**

Gewünschte Fähigkeit:
Zeichen sollen vom Kind wiedererkannt und in einer bestimmten Art wiedergegeben werden. Das Kind soll in der Lage sein, ein Muster nachzuzeichnen und Formen wiederzuerkennen. Die visuelle Wahrnehmung ist unter anderem zum Erlernen von Buchstaben und Zahlen wichtig.

Beobachtung und Dokumentation: 1 Lehrkraft, Klassenverband

Material: Bleistift oder Buntstifte, Arbeitsblätter (Kopiervorlagen 3A und 3B, siehe D Anhang)

Beobachtungssituation:
Kopiertes Arbeitsblatt an den Schüler geben mit dem Auftrag: Schreibe deinen Namen auf das Blatt.

1. Nimm den Bleistift in die rechte Hand. (Alle Kinder nehmen den Bleistift in die rechte Hand.) Die Hand, mit der wir uns begrüßen. (Alle Kinder halten die rechte Hand mit dem Bleistift hoch.) Zeichne das Muster genauso mit der rechten Hand in das rechte freie Punktraster.

2. Nimm den Bleistift in die linke Hand. (Alle Kinder nehmen den Bleistift in die linke Hand und halten die Hand mit dem Bleistift hoch.) Zeichne das Muster genauso mit der linken Hand in das linke freie Punktraster.

---
[40] siehe auch: A. Ostermann, Lernvoraussetzungen von Schulanfängern, Persen, Horneburg 2.2004, S. 61-64

C 2.2 Aufgabenbeispiele Motorik

Kopiervorlage 3 A

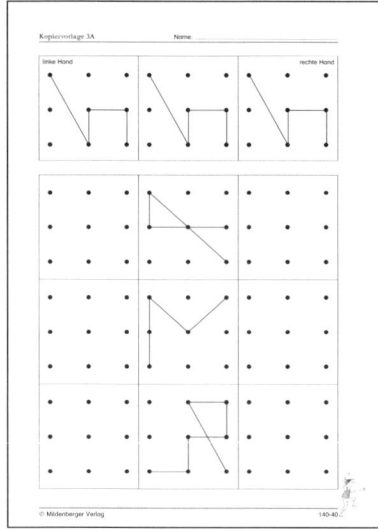

Kopiervorlage 3 B

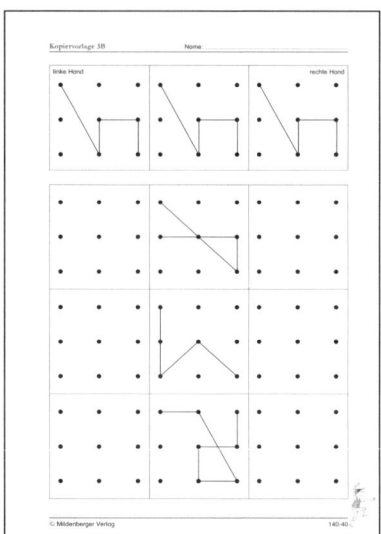

Dokumentation im Beobachtungsbogen:
Zusatzbeobachtung Rechts- oder Linkshänder mit r oder l im Feld vermerken.

+	alle Wiedergaben richtig, bessere Zeichnung mit kleinem l oder r kennzeichnen
O	eine Wiedergabe falsch, bessere Zeichnung mit kleinem l oder r kennzeichnen
–	mehr als eine Wiedergabe falsch, bessere Zeichnung mit kleinem l oder r kennzeichnen

(siehe auch: A. Ostermann, 2004, S. 51-56) [41]

Bereich	Merkmale und Fähigkeiten
4. Visuelle Wahrnehmung	
4.1 visuelle Gliederung/visuelles Gedächtnis	③ **Linien verfolgen**

Gewünschte Fähigkeit:
Das Kind sollte verschlungene Linien verfolgen können.

Beobachtung und Dokumentation: 1 Lehrkraft, Klassenverband

Material: Buntstifte, Arbeitsblätter (Kopiervorlagen 4 A und 4 B, siehe D Anhang)

Beobachtungssituation:

L.: Schreibe deinen Namen auf das Blatt. Zeichne den Weg des Käfers bis in das Haus mit dem Buntstift nach. Nimm für jeden Käfer eine andere Farbe. (L. legt die Farben für die Käfer fest.) Die Farben werden in einem Beispiel an die Tafel gemalt. Die Lehrkraft vermerkt auf dem Blatt des Kindes mit einem D, ob das Blatt während der Bearbeitung gedreht wurde.

Die Beobachtung des Liniendrucks und der Haltung des Stifts kann unter Handtonus / Druck auf dem Beobachtungsbogen vermerkt werden, entweder während der Schülerarbeit oder bei der Auswertung der Bögen.

[41] siehe auch: A. Ostermann, Lernvoraussetzungen von Schulanfängern, Persen, Horneburg 2.2004, S. 51-56

C 2.2 Aufgabenbeispiele Motorik

Kopiervorlage 4 A

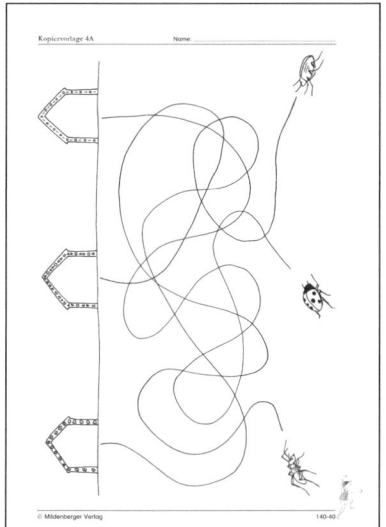

Kopiervorlage 4 B

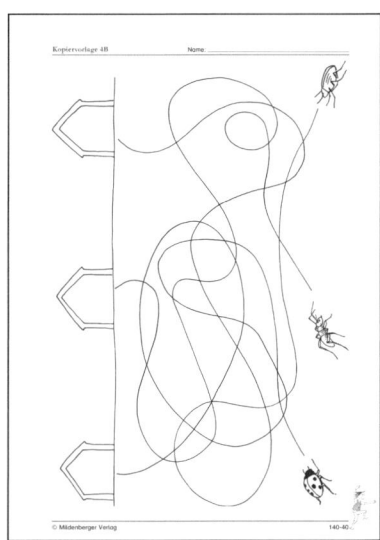

Dokumentation im Beobachtungsbogen:

+	Drei Linien richtig
O	Eine Linie richtig
–	Keine Linie richtig

(siehe auch: A. Ostermann, 2004, S. 42 ff.)[42]

Bereich	Merkmale und Fähigkeiten
4. Visuelle Wahrnehmung 4.2 visuelle Gliederung/visuelles Gedächtnis ** nur falls Probleme bei 4.1	** ① Figur-Grund-Wahrnehmung

Die folgenden Überprüfungen sollten nur durchgeführt werden, wenn die **vorangegangenen Überprüfungen negativ** ausfielen und der Verdacht besteht, dass das Kind seine Augenmuskeln nicht ausreichend kontrollieren kann. Das zeigt sich in einem häufigen Abschweifen des Blicks, flackernden Augen usw.

Gewünschte Fähigkeit:

Figuren müssen vom Kind in einem Mustergrund erkannt werden.

Beobachtung und Dokumentation: 1 Lehrkraft, 1 Kind

Material: Arbeitsblatt (Kopiervorlage 5, siehe D Anhang)

Beobachtungssituation:

L. gibt die Anweisung: Nenne mir alle Gegenstände, die du erkennen kannst. Bei der Durchführung hat es sich als für die Auswertung günstig erwiesen, vorher alle Gegenstände untereinander aufzuschreiben und für jeden erkannten Gegenstand ein Kreuz zu schreiben.

[42] siehe auch: A. Ostermann, Lernvoraussetzungen von Schulanfängern, Persen, Horneburg 2.2004, S. 42 ff.

C 2.2 Aufgabenbeispiele Motorik

Kopiervorlage 5

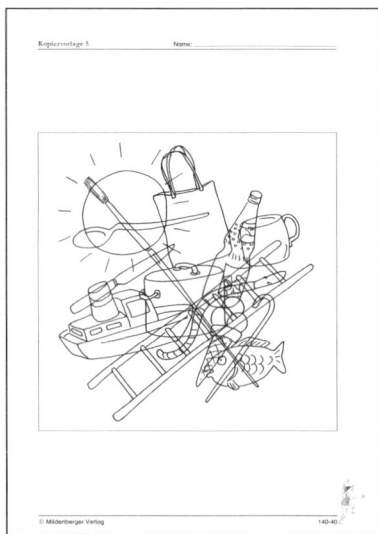

Dokumentation im Beobachtungsbogen:

+	1 Gegenstand nicht erkannt
O	Die Hälfte der Gegenstände wird erkannt
–	Weniger als 2 Gegenstände erkannt

(V. Ledl, 2003, S. 78)[43]

Bereich	Merkmale und Fähigkeiten
4. Visuelle Wahrnehmung 4.2 visuelle Gliederung/visuelles Gedächtnis ** nur falls Probleme bei 4.1	** ② **Gegenstand verfolgen**

Die folgenden Überprüfungen sollten nur durchgeführt werden, wenn die **vorangegangenen Überprüfungen negativ** ausfielen und der Verdacht besteht, dass das Kind seine Augenmuskeln nicht ausreichend kontrollieren kann. Das zeigt sich in einem häufigen Abschweifen des Blicks, flackernden Augen usw.

Gewünschte Fähigkeit:

Das Kind sollte einen Gegenstand ohne Augensprünge und ohne den Kopf zu bewegen mit den Augen verfolgen können.

Beobachtung und Dokumentation: 1 Lehrkraft, 1 Kind

Material: 1 Stift

Beobachtungssituation:

L. steht in Schrittlänge vor dem Kind. In der Hand hält sie einen Stift. Sie malt in Brusthöhe mit dem Stift einen aufsteigenden und wieder fallenden Bogen in die Luft. Dabei verfolgt L. die Augenbewegungen des Kindes. Es wird dabei beobachtet, ob die Augen des Kindes der Bewegung gleichmäßig folgen, ihr vorauseilen, ihr verzögert folgen oder ob die Augen dabei Sprünge zeigen.

[43] siehe auch: A. Ostermann, Lernvoraussetzungen von Schulanfängern, Persen, Horneburg 2.2004, S. 46-50
V. Ledl, Kinder beobachten und fördern, Jugend und Volk, Wien 2003, S. 173

Dokumentation im Beobachtungsbogen:

+	Augen folgen der Bewegung gleichmäßig ohne Kopfdrehung
O	leichtes Blinzeln oder gelegentliche Augensprünge
−	Blinzeln und Augensprünge und Kopf wird gedreht: Falls beim Kind alles beobachtet wird, sollten die Eltern einen Augenarzt aufsuchen.

(V. Ledl, 2003, S. 76 f.)[44]

2.2.5 Graphomotorik

Bereich	Merkmale und Fähigkeiten
5. Graphomotorik	① **Handtonus/Druck** ② **Ausmalen von Formen**

Gewünschte Fähigkeit:
Das Kind sollte den Druck seiner Hand so steuern können, dass es längere Zeit malen und schreiben kann, ohne zu ermüden. Es sollte Wörter in Linien schreiben können, ohne den Rand zu beschreiben.

Beobachtung und Dokumentation: 1 Lehrkraft, Klassenverband

Material: Arbeitsblätter (s. Auflistung bei Beobachtungssituation)

Beobachtungssituation:
Beim Bearbeiten der Arbeitsblätter zu 4.1 ① Formunterscheidung (KV 2A und 2B), 4.1 ② Muster nachzeichnen (KV 3A und 3B), 4.1 ③ Linien verfolgen (KV 4A und 4B) – und auch der Arbeitsblätter zu Sprache 4.2.5 ④ Anlaute (KV 9A und 9B) und Mathematik 5.2.7 Formen (KV 12) – zeigt sich der Schreibdruck an dem Abdruck des Stifts auf dem Papier, die Intensität des Farbauftrags und die Genauigkeit des Ausmalens in Linien.

Dokumentation im Beobachtungsbogen zu ① Handtonus / Druck:

+	Strichbreite normal, Farbauftrag normal, kein erkennbarer Abdruck des Stifts im Papier, Farbauftrag folgt der Linie
O	Strichbreite in der Norm, gelegentlich erkennbarer deutlicher Abdruck des Stifts auf dem Papier, Farbauftrag folgt überwiegend der Linie
−	Breiter Strich mit Abdruck des Stifts auf dem Papier, Farbstrich neben der Linie, Hand verkrampft, wird während der Arbeit geschüttelt

Dokumentation im Beobachtungsbogen zu ② Ausmalen von Formen:

+	Figuren werden ohne erkennbaren Druck unter Einhaltung der Begrenzungslinien ausgemalt
O	Ränder werden gelegentlich übermalt, der Farbauftrag ist überwiegend deckend, Abdrucklinien der einzelnen Striche sind nur gelegentlich in dem Papier erkennbar
−	Begrenzungslinien werden übermalt, der Farbauftrag ist nicht deckend, einzelne Farblinien werden mit starkem Druck aufgetragen

---

[44] V. Ledl, Kinder beobachten und fördern, Jugend und Volk, Wien, 2003, S. 76 f.

2.3 Förderbeispiel Motorik

Gleichgültig welche Defizite bei einem Kind festgestellt wurden, hat das Kind motorische Probleme, so müssen diese unbedingt zuerst durch Förderung vermindert werden. Die Förderung im Bereich „Allgemeines Verhalten" sollte immer parallel dazu erfolgen. Falls die Lehrkraft feststellt, die Förderung verläuft erfolgreich, so kann sie die geförderte Fähigkeit des Kindes mit Hilfe der Beobachtungssituation erneut überprüfen. Im Anschluss oder parallel im Unterricht kann mit der Förderung im Bereich Sprache und mit der Förderung im Bereich Mathematik begonnen werden.

Die Förderung der motorischen Fähigkeiten sollte mit der Schulung der taktil-kinästhetischen Wahrnehmung und der vestibulären Wahrnehmung beginnen. Nur wenn diese Vernetzungen im Gehirn sicher funktionieren, können andere Sinneswahrnehmungen erfolgreich ablaufen.

Die folgenden Förderbeispiele beginnen in der Regel mit einfachen Fördervorschlägen. Oft bauen die einzelnen Vorschläge aufeinander auf. In einigen Bereichen werden auch mehrere Fördervorschläge parallel genannt. Es wird immer nur ein kleiner Teil der möglichen Fördervorschläge genannt. Sie können jederzeit durch eigene erprobte Ideen ergänzt werden.

Die genannten **Lieder, Spiele, Reime und Zungenbrecher** befinden sich im gleichnamigen Verzeichnis **D Anhang Lieder, Spiele, Reime, Zungenbrecher (S. 144 ff)**.

Die Literaturhinweise geben die Seiten in den genannten Büchern an, auf denen sich ähnliche oder weiterführende Fördervorschläge befinden.

2.3.1 Taktil-kinästhetische Wahrnehmung

Bereich	Merkmale und Fähigkeiten
1. Taktil-kinästhetische Wahrnehmung	
1.1 Körperschema	① **Körperteile zeigen, rechts/links** ② **Raum-Lage-Körper**

Organisation: 1 Lehrkraft mit Teilgruppe oder Klasse

Förderort: Klassen- oder Gruppenraum, Turnhalle

Material: Bälle oder andere Gegenstände, Bohnensäckchen in der halben Kinderzahl

Durchführung:

1. Einfache Übungen im Klassenraum, die vor dem Unterricht, in einer Unterrichtspause oder in einer Fördergruppe möglich sind.

    a) Begrüßungsspiel*, dann L.: Die rechte Hand klopft auf das rechte Bein. Die rechte Hand wandert das Bein hinunter bis zum rechten Fuß, wandert hinauf und greift das rechte Ohr. (Ansage und Handlung wiederholen und mit anderen Körperteilen und der linken Körperhälfte ausführen.)

    b) Zur Entspannung, zur Konzentrationssteigerung, zur Förderung des Körpergefühls und der Muskelspannung kann zwischendurch das Gummimännchenspiel durchgeführt werden*.

2. Steigerung des Schwierigkeitsgrads:

    a) L. spricht und zeigt: Beide Hände klopfen den Kopf, den Bauch, die Nase, den Mund, den Po.

    b) L. spricht und zeigt: Die rechte Hand klopft das rechte Bein. Die rechte Hand greift auf die linke Schulter. Die freie linke Hand greift auf die rechte Schulter.

    Variationen: Oberarm, Unterarm, Oberschenkel, Unterschenkel, Knie, Fuß. Dazwischen die Bewegungen lösen, Hände ausschütteln. Mehrfach wiederholen.

* siehe D Anhang: Lieder, Spiele, Reime, Zungenbrecher, S. 145, S. 144

C 2.3 Förderbeispiele Motorik

3. Die folgenden Übungen können in einer Fördergruppe oder im Sportunterricht als eine Station im Stationstraining ausgeführt werden. Sie stellen eine Steigerung des Schwierigkeitsgrades dar, da jetzt nicht nur nachgeahmt wird.

   a) Kind liegt auf Boden, Partnerkind oder L. legt Bohnensäckchen auf Körperteile, Körperteile müssen genau mit rechts und links unter Angabe des Körperteils benannt werden, restliche Kinder der Gruppe sehen zu, helfen bei der Benennung.

   b) L. nennt Körperteile, Kind zeigt Körperteile rechts / links am eigenen Körper.

   c) L. gibt Bewegungsanweisung: Lege deine rechte Hand auf dein linkes Knie usw. – Kind führt Bewegung aus.

   a) Partnerarbeit: Die Partner stehen hintereinander. Ein Partner macht eine Bewegung vor, der Partner führt selber die gleiche Bewegung aus.

   b) Schwieriger: Die Partner stehen mit dem Gesicht zueinander: Ein Partner macht eine Bewegung vor, der Partner führt selber die gleiche Bewegung aus.

   c) Kind stellt sich in Positur, Partnerkind bildet Körperstellung nach.

4. Die folgenden Übungen stellen einen gesteigerten Schwierigkeitsgrad dar. Die Übungen werden auch auf den den Körper umgebenden Raum bezogen und nicht mehr nur auf den eigenen Körper.

   a) L. oder Partner des Kindes gibt an, wie Gegenstände vom Kind in Bezug auf einen Gegenstand / seinen Körper zu legen sind: Lege das Tuch vor den Stuhl / Matte / vor dich auf den Boden, auf den Stuhl / auf deinen Kopf, rechts neben den Stuhl / rechts neben dich / unter den Stuhl usw.

   b) Partnerkind stellt sich nach mündlicher Anweisung des Kindes vor, hinter, auf, unter, rechts neben, links neben einen Stuhl / Matte, anschließend Wechsel der handelnden Person.

   c) Kind zeigt eigenen Körperteil, Partnerkind zeigt entsprechenden Körperteil am eigenen Körper und nennt den Namen des Körperteils.

   d) Partnerarbeit, Bewegungen nach Anweisung des Partners ausführen: 1. die Partner stehen hintereinander, 2. die Partner stehen einander gegenüber. Jetzt das Roboterspiel: Ein Kind steuert das andere mit sprachlichen Befehlen wie 3 Schritte nach rechts, 2 Schritte nach links, 4 Schritte nach vorne, 1 Schritt nach hinten durch den Raum.

5. Die folgenden Übungsbeispiele können im Deutsch-, Mathematikunterricht oder im Unterricht der Fördergruppe ausgeführt werden.

   a) Partner- oder Gruppenarbeit: Beschreibung der Lage von Gegenständen und Personen im Raum mit Hilfe von Präpositionen / mit Hilfe von Rechts-, Linksangaben

   b) Einzelarbeit: Kästchen nach Anweisung auf Papier zeichnen (1 Kästchen in die Mitte, einen Kreis darunter, 2 Kästchen nach rechts, 3 Kästchen nach unten, kleines Männchen in die linke Ecke usw.) oder L.: Zeichne ein Bild: In die Mitte ein Quadrat, unter das Quadrat einen kleinen Kreis, rechts neben den kleinen Kreis ein großes Dreieck, über das große Dreieck ein Rechteck, oben links ein kleines Dreieck, unten links einen großen Kreis. Kontrolliere, ob jetzt auf dem Bild 6 Figuren zu sehen sind.

   c) Labyrinthe mit dem Stift auf Papier nachzeichnen.

6. Spielanregungen: Komm mit, lauf weg, Mein rechter/linker Platz ist frei*

---

* siehe D Anhang: Lieder, Spiele, Reime, Zungenbrecher, S. 146

C 2.3 Förderbeispiele Motorik

Bereich	Merkmale und Fähigkeiten
1. **Taktil-kinästhetische Wahrnehmung** 1.2 **bilaterale Koordination**	① sicher gehen ② **Körpermittellinie kreuzen** ③ **Hampelmann**

Organisation: 1 Lehrkraft, Teilgruppe oder Klasse

Förderort: Klassen- oder Gruppenraum, Turnhalle

Material: Stifte, Tapetenbahn, Kopien von Labyrinthen

Die grau gekennzeichneten Übungen wurden von mir mit der ganzen Klasse im Mathematikunterricht als Übungen zwischen den Teilen der Unterrichtsstunde oder am Ende der Stunde erprobt. Die Kinder der Klasse führten die Übungen gerne aus und arbeiteten bald ruhiger und konzentrierter. Dazu führte ich noch Übungen zur Körperspannung durch.

Durchführung:

1. Einfache Übungen im Klassenraum, die zum Teil vor dem Unterricht oder in einer Unterrichtspause möglich sind. Die Übungen stellen eine Förderung des Zusammenspiels der linken und rechten Gehirnhälfte dar. Die Übungen werden im ansteigenden Schwierigkeitsgrad genannt.

    a) Kinder begrüßen sich mit dem Begrüßungsspiel*. Dann L.: Die rechte Hand klopft auf das rechte Bein. Die rechte Hand wandert das Bein hinunter bis zum rechten Fuß, wandert hinauf und greift das rechte Ohr. (Ansage und Handlung wiederholen und mit anderen Körperteilen und der linken Körperhälfte ausführen.)

    b) Kinder begrüßen sich mit dem Begrüßungsspiel*. Dann L.: Die rechte Hand klopft das rechte Bein. Die rechte Hand greift an das linke Ohr. Die linke Hand klopft das linke Bein. Die freie linke Hand greift an das rechte Ohr. Hände lösen und parallel auf Oberschenkel klatschen. Wiederholen.

    c) Kind steht, reibt die Hände (nimmt Creme) und reibt mit der rechten Handfläche die linke Wange und mit der linken Handfläche die rechte Wange. Wiederholen. Dazu kann gesprochen werden: Ist das ein liebes Kind!

2. Übungen in der Turnhalle mit der ganzen Klasse oder in einer Fördergruppe durchführbar.

    a) Kinder bewegen sich wie Tiere: krabbeln auf Boden (kleine Hunde), watscheln in der Hocke wie die Enten.

    b) Kind sitzt auf Boden, klatscht mit beiden Händen auf Boden, klatscht in die Hände, greift mit der rechten Hand auf die linke Schulter, klatscht mit beiden Händen auf Boden, klatscht in die Hände, mit der linken Hand auf die rechte Schulter. Wiederholen.

    c) Kind sitzt auf Boden und führt rechte Hand zum linken Knie und linke Hand zum rechten Knie, lösen und mehrfach wiederholen, dann stehend wiederholen, dabei statt auf den Boden in die Hände klatschen.

    d) Kind sitzt auf Boden und führt rechten Ellenbogen zum linken Knie und umgekehrt. Wiederholen.

    e) Kind reibt mit rechter Hand linkes Bein und mit linker Hand rechtes Bein, dann: Fuß, Knie usw.

3. Übungen zur Über-Kreuz-Bewegung mit den Füßen, in der Turnhalle oder in der Fördergruppe durchführbar.

    a) Kind steht auf dem linken Bein, der rechte Fuß kreuzt linken Fuß vorne, dann linken Fuß neben rechten Fuß setzen. Wiederholen.

* siehe D Anhang: Lieder, Spiele, Reime, Zungenbrecher, S. 145

C 2.3 Förderbeispiele Motorik

b) Kind steht auf dem linken Bein, der rechte Fuß kreuzt den linken Fuß vorne, den linken Fuß neben den rechten Fuß stellen, rechter Fuß kreuzt linken Fuß hinten, linken Fuß neben rechten Fuß stellen. Wiederholen.

c) Kind steht auf dem rechten Bein, der linke Fuß kreuzt rechten Fuß vorne, rechter Fuß neben linken Fuß stellen. Wiederholen.

d) Kind steht auf dem rechten Bein, der linke Fuß kreuzt rechten Fuß vorne, rechter Fuß neben linken Fuß stellen, linker Fuß kreuzt rechten Fuß hinten, rechten Fuß neben linken Fuß stellen. Wiederholen.

e) Kind steht auf einem Bein, mal rechts, mal links und malt verschieden große Kreise, liegende Achten mit dem freien Fuß in die Luft.

f) Ausführung der Hampelmann-Bewegung

4. Spiele und Bewegungen, bei denen mit den Händen unterschiedliche Bewegungen ausgeführt werden oder die Hände über Kreuz bewegt werden:

a) L. gibt Klopfrhythmus mit Händen auf Tischplatte vor, Kinder klopfen Rhythmus

b) Pausenklatschspiele *siehe D Anhang: Lieder, Spiele, Reime, Zungenbrecher, S. 148*

c) Abschlussritual am Ende des Schultages *siehe D Anhang: Lieder, Spiele, Reime, Zungenbrecher, S. 144*

d) Kinder malen die große liegende Acht der „Carrerabahn" mit dem Bleistift auf eine Tapetenbahn, mit dem dicken Buntstift „fahren" die „Rennwagen" über die Bahn. Die Acht ist groß und liegt waagerecht, sodass die Körpermittellinie bei der Fahrt gekreuzt werden muss. *(weitere Hinweise: V. Ledl, 2003, S. 166-170)*[45]

Bereich	Merkmale und Fähigkeiten
1. Taktil-kinästhetische Wahrnehmung 1.3 taktiles Empfinden	① **Hautzeichnung / Formwahrnehmung** ② ****Differenzierungsvermögen**

Organisation: 1 Lehrkraft, Gruppe oder Klassenverband

Förderort: Gruppenraum, Klassenraum, Turnhalle

Material: Igelbälle, Bohnensäckchen, Schaumgummibälle, Tennisbälle, Tastsack

Durchführung:

1. Die folgenden Fördervorschläge bauen im Schwierigkeitsgrad aufeinander auf. Sie können im Klassenraum, in der Turnhalle im Klassenverband oder in der Fördergruppe durchgeführt werden. Sie eignen sich ebenfalls als Förderung im Bereich allgemeines Verhalten: 5 emotionaler Bereich und soziales Verhalten.

a) Partnerarbeit: 1 Kind sitzt auf Stuhl / liegt auf Gymnastikmatte, Partnerkind rollt Igelball oder Tennisball über Rücken und Oberarme / Arme, Beine des sitzenden Kindes, Kinder wechseln die Rollen.

b) Partnerarbeit: 1 Kind sitzt auf Stuhl / liegt auf Gymnastikmatte, Partnerkind rollt Igelball oder Tennisball über Rücken und Oberarme / Arme, Beine des sitzenden Kindes, Kind stoppt und sitzendes Kind sagt, wo es berührt wurde, Kinder wechseln die Rollen.

c) Partnerarbeit: 1 Kind sitzt auf Stuhl / liegt auf Gymnastikmatte, Partnerkind backt auf dem Rücken des sitzenden / liegenden Kindes Pizza: Handballen kneten auf Rücken Teig, Hände rollen ihn auf dem Rücken aus, streuen mit den Fingern und Fingerspitzen den Belag (Salami, Tomaten, Käse, Gewürze usw.) darauf, Kinder wechseln die Rollen.

---

[45] weitere Hinweise: V. Ledl, Kinder beobachten und fördern, Jugend und Volk, Wien 2003, S. 166-170

C 2.3 Förderbeispiele Motorik

d) Partnerarbeit: 1 Kind sitzt auf Stuhl / liegt auf Gymnastikmatte, Partnerkind schreibt schon bekannte Buchstaben und Zahlen auf den Rücken des sitzenden / liegenden Kindes, das sitzende / liegende Kind nennt den Buchstaben / die Zahl, Kinder wechseln die Rollen nach jedem Zug.

e) Berührungsspiel (Partnerarbeit): Ein Kind streckt die Hand aus. Das zweite Kind hält die ausgestreckte Hand mit einer Hand / der linken Hand fest und streichelt mit der zweiten Hand / der rechten Hand sanft über die Handfläche und spricht dazu: Da hast 'nen Taler, geh auf den Markt, kauf dir 'ne Kuh, Kälbchen dazu. Kälbchen hat ein Schwänzchen, und ein Dideldidltänzchen. *(Kinderlieder und Kinderreime, Verlag Lingen, 1980)*[46] Bei Dideldidltänzchen krabbeln die Finger der streichelnden Hand die ausgestreckte Handfläche.

2. Die folgenden Übungen sollten in einer kleinen Gruppe unter Beobachtung der Lehrkraft oder mit der Lehrkraft ausgeführt werden. Sie werden in steigendem Schwierigkeitsgrad genannt.

   a) Partnerarbeit: Gegenstände werden in einen Sack gegeben, 1 Kind ertastet den Gegenstand im Sack, benennt ihn, holt ihn heraus und das Partnerkind gibt die Rückmeldung: richtig oder falsch, Kinder wechseln nach jedem Zug die Rollen.

   b) Partnerarbeit: unterschiedliche Materialien wie Sandpapier, Federn, Papier, kleine Steine u. Ä. werden jeweils doppelt in einen Sack gegeben, 1 Kind ertastet das Material im Sack und holt jeweils zwei gleiche Materialien heraus, das Partnerkind gibt die Rückmeldung: richtig oder falsch, Kinder wechseln nach jedem Zug die Rollen.

   c) Partnerarbeit: mehrere von je zwei gleichen Gegenständen befinden sich in einem Sack, das Kind holt jeweils 2 gleiche Gegenstände aus dem Sack, Kontrolle durch den Partner, Kinder wechseln die Rollen, wenn 2 gleiche Gegenstände gezogen wurden. *(siehe auch: V. Ledl, 2003, S. 200 ff.)*[47]

2.3.2 Vestibuläre Wahrnehmung

Bereich	Merkmale und Fähigkeiten
2. Vestibuläre Wahrnehmung 2.1 Gleichgewicht	① **Einbeinstand** ** ② **Treppe + Fußwechsel** ③ **Balancieren Linie/Balken**

Organisation: 1 Lehrkraft, Gruppe oder Klassenverband

Förderort: Turnhalle, Pausenhof, Gruppenraum

Material:
Pedalos, Rollbretter, Hüpfseile, Dosenstelzen, Stelzen, Schaukelbretter, Reckstange, Bänke, Kreide

Durchführung:
Die folgenden Übungen werden in aufsteigendem Schwierigkeitsgrad aufgelistet. Je nach Ausstattung der Schule können sie ausgewählt werden. Ähnliche Übungen mit dem schuleigenen Material können sie ersetzen. Die Ausführung erfolgt im Sportunterricht oder in der Fördergruppe.

1. Kinder hüpfen mit geschlossenen Füßen im Schlusssprung vorwärts, rückwärts, seitwärts.

2. Kinder stehen auf einem Bein, abwechselnd rechts und links, möglichst mit wenigen Bewegungen der Arme.

3. 4 oder 5 Kinder stehen auf einem Bein, mit möglichst wenigen Bewegungen der Arme. L.: Wer schafft es, so lange ruhig zu stehen, wie meine Hand erhoben ist?

---
[46] In Kinderlieder und Kinderreime, Verlag Lingen, Köln 1980
[47] siehe auch: V. Ledl, Kinder beobachten und fördern, Jugend und Volk, Wien 2003, S. 200 ff.

C 2.3 Förderbeispiele Motorik

4. Kinder stehen auf einem Bein und bilden mit dem erhobenen Bein kleine und größere Kreise, Achten, Buchstaben, evtl. ein Muster, das der Partner erraten muss.

5. Kinder hüpfen auf einem Bein vorwärts, rückwärts, seitwärts (auch Muster hüpfen).

6. Hüpfkästchenspiele auf dem Schulhof werden mit L. durchgeführt.

7. Kinder laufen über eine Linie auf dem Boden oder einen Balken in der Turnhalle / auf dem Pausenhof in verschiedenen Bewegungsformen, z. B. langsam wie die Schnecke, schnell wie ein Düsenjäger, vorwärts und rückwärts, mit und ohne Drehung auf der Linie / dem Balken.

8. Kinder balancieren über verschiedene Gegenstände: z. B. ausgelegtes Seil, Langbank, umgedrehte Langbank, in die Sprossenwand eingehängte Langbank, Reckstange auf zwei Kästen.

9. Kinder hüpfen auf einem Kindertrampolin alleine oder zu zweit.

10. Kinder ziehen sich in Partnerarbeit auf Rollbrettern.

11. Kinder fahren auf dem Pedalo, zunächst mit Hilfe eines Partners, später alleine.

12. Kinder fahren auf dem Pedalo vorwärts und rückwärts.

13. Kinder stehen auf dem Schaukelbrett gerade.

14. Kinder stehen auf dem Schaukelbrett und fangen einen Ball.

15. Kinder gehen auf Dosenstelzen.

16. Kinder gehen auf Stangenstelzen.

17. Zwei Kinder schlagen ein Seil, das dritte Kind hüpft hinein.

18. L. erzählt eine Spielgeschichte, bei der Kinder unter Ausführung der obigen Bewegungsformen den Dschungel (Mattenlandschaft in der Turnhalle) durchqueren. *(siehe auch: V. Ledl, 2003, S. 202 f.)*[48]

Bereich	Merkmale und Fähigkeiten
2. Vestibuläre Wahrnehmung 2.2 Vestibuläre Über-/Unterfunktion	① **Drehung** ** ② **schaukelt gern** ** ③ **schaukelt nicht**

Organisation: 1 Lehrkraft

Förderort: Turnhalle, Pausenhof, Gruppenraum

Material: Trampolin, Schaukel, Pausenspielgeräte: Wackelbalken, Balancierseil

Durchführung:

1. Die folgenden Übungen sind im Sportunterricht oder als einzelne Stationen im Stationentraining durchzuführen.

    a) Kinder schwingen/schaukeln in den Ringen hängend und können, wenn sie wollen, den Boden berühren.

    b) 2 Seile werden verknotet und Kinder schaukeln in den Seilen.

    c) Kinder halten sich an einem Seil fest und schwingen an dem Seil von einer Langbank zur gegenüberstehenden, zwischen den Bänken liegen Matten; wer die Matte berührt, wird von den Krokodilen, die dort lauern, gebissen.

    d) Kinder rollen in Gruppen gemeinsam über eine Matte in Längsrichtung.

---

[48] siehe auch: V. Ledl, Kinder beobachten und fördern, Jugend und Volk, Wien 2003, S. 202 f.

C 2.3 Förderbeispiele Motorik

e) Kinder rollen vorwärts über den Kopf über eine Matte (Purzelbaum).

f) Kinder rollen unter einem Hindernis (Gymnastikmatte über 2 kleine Kästen, Bänke) hindurch.

g) „Baumstammtransport": 5 – 6 Kinder liegen auf dem Bauch mit ausgestreckten Händen dicht nebeneinander, 1 Kind legt sich mit dem Rücken auf die liegenden Kinder, die unten liegenden Kinder rollen gemeinsam gleichzeitig in eine Richtung und transportieren das oben liegende Kind, den „Baumstamm".

h) Kinder hüpfen auf dem Kindertrampolin alleine oder zu zweit.

2. Die folgenden Übungen stellen eine Steigerung des Schwierigkeitsgrades dar.

a) Kinder gehen über den Balken einer umgedrehten Langbank, die Bank liegt auf Gymnastikstäben und ist beweglich.

b) Kinder gehen über eine Langbank, die in der Mitte auf einer anderen umgedrehten Langbank ruht. Die Enden der Bank liegen auf einer Gymnastikmatte, die Bank wippt.

c) Kinder laufen über eine Langbank und drehen sich immer nach zwei Schritten um sich selbst.

d) Kinder laufen über eine Langbank, führen in der Mitte eine halbe Drehung aus und gehen rückwärts weiter.

e) Kinder laufen auf einer in die Kletterwand/Sprossenwand eingehängte Langbank hoch, steigen oben auf eine zweite gleich hoch eingehängte Langbank und rutschen die Bank hinunter.

f) Variation 1: die zweite Bank ist auf eine unterschiedliche Höhe eingehängt.

g) Variation 2: die zweite Bank hat einen kleinen Abstand zur ersten Bank.

3. Die Übungen eignen sich als Pausenspiele:

a) Kinder spielen mit Bällen auf Wackeltellern (auch als Pausen-, Spielplatzgerät).

b) Kinder laufen über einen Wackelbalken (Pausen-, Spielplatzgerät).

c) Kinder laufen über ein Balancierseil (Pausen-, Spielplatzgerät).

Bereich	Merkmale und Fähigkeiten
2. Vestibuläre Wahrnehmung	
2.3 Tonus/isolierte Bewegungen	① **Körperspannung** ② **Mitbewegung gesamter Körper**

Organisation: 1 Lehrkraft, Klassenverband oder Gruppe

Förderort: Klassenraum, Gruppenraum, Sporthalle

Durchführung:

1. Die Übungen können täglich vor dem Unterricht oder in einer Unterrichtspause nach ca. 20 Minuten Unterricht durchgeführt werden. Die zunächst beschriebene Übung hat sich als Konzentrations- und Entspannungsübung im Unterricht und im Förderunterricht sehr bewährt. Die Übungen dienen der bewussten Wahrnehmung des eigenen Körpers. Sie wurden von mir täglich im Unterricht angewendet.

    a) Wahrnehmungs- und Atemübung*

    b) Begrüßungsspiel mit Über-Kreuz-Bewegung und Körperspannung*

    c) Gummimännchen-Spiel*

* siehe D Anhang: Lieder, Spiele, Reime, Zungenbrecher, S. 144

2. Die folgenden Übungen sind zum Einsatz in der Fördergruppe oder im Sportunterricht geeignet. Sie fördern die bewusste Körperspannung. Die Übungen bauen im ansteigenden Schwierigkeitsgrad aufeinander auf.

   a) Die Kinder sitzen auf dem Boden mit ausgestreckten Beinen, die Fußspitzen werden angespannt, sodass sich die Fersen heben.

   b) Kinder stehen nebeneinander, die geballten Fäuste werden mit dem Handballen nach oben auf die Hüftknochen gelegt, die Fäuste schnellen abwechselnd mit einer schnellen Drehbewegung nach vorne, sodass der Handballen der Faust nach unten zeigt. Danach Gummimännchen-Spiel: Hände ausschütteln, Bewegungen wie ein Gummimännchen ausführen, d. h. mit dem ganzen Körper und allen Gliedern schlackern, auf Zuruf der L. in der Bewegung verharren mit möglichst angespannter Muskulatur, wiederholen.

   c) Das Kind klemmt einen Ball oder anderen Gegenstand unter den Arm / zwischen die Beine und läuft damit.

   d) Das Kind liegt auf dem Boden und führt Muskelanspannungsübungen mit Armen, Beinen, Füßen, Bauch, Po nach Art der Rückengymnastik durch.

   e) Kind steht möglichst ruhig und lange auf dem rechten / linken Bein.

   f) Wie bei e) beschrieben und zusätzlich: das Kind malt mit dem freien Fuß kleine und große Kreise, liegende Achten, Buchstaben, Zahlen in die Luft.

3. Die folgenden Übungen eignen sich für den Einsatz im Sportunterricht und können mit der ganzen Klasse durchgeführt werden.

   a) „Baumstammtransport": 5 – 6 Kinder liegen auf dem Bauch mit ausgestreckten Händen dicht nebeneinander, 1 Kind legt sich mit dem Rücken auf die liegenden Kinder und spannt alle Muskeln an, die unten liegenden Kinder rollen gleichzeitig in eine Richtung und transportieren das oben liegende Kind, den Baumstamm.

   b) Variation: Spiel in der Turnhalle, Material Gymnastikreifen, Reifen werden mit Lücken dazwischen ausgelegt. Kinder sind verzaubert und können nur mit beiden Beinen gleichzeitig hüpfen, auf Zeichen der L. retten sie sich in die Reifen, dort wird der Zauber gelöst. Variation: nur auf rechtem Bein hüpfen, Fortsetzung wie oben, nun auf linkem Bein hüpfen usw.

   c) Material Gymnastikseil, Seil liegt in Schlangenform auf Boden, Kind hüpft im Schlusssprung mit beiden Beinen / auf dem rechten Bein / auf dem linken Bein über das Seil.

   d) **Konzentrationsübung mit Stäben*

2.3.3 Seitigkeit / Lateralität

Bereich	Merkmale und Fähigkeiten
3. Seitigkeit / Lateralität	
3.1 rechts / links Bevorzugung	① Hand
	② **Fuß**

Eindeutig ausgeprägte linkshändige Kinder benötigen Hilfen zur Orientierung auf dem Blatt beim Schreiben / Lesen / Malen. Sie würden instinktiv die Schreib- und Leserichtung von rechts nach links wählen. Eine Orientierungshilfe kann ein Zeichensymbol (Klebestern / Klebebildchen / Pfeil an einer Heftklammer ö. Ä.) oben links auf der Heftseite sein. Es sollte immer das gleiche Symbol sein. An einer Heftklammer befestigt kann es die Leserichtung oben auf der Fibelseite oder dem Lesetext angeben und steht dem Kind immer zur Verfügung.

* siehe D Anhang: Lieder, Spiele, Reime, Zungenbrecher, S. 148

C 2.3 Förderbeispiele Motorik

Das Arbeitsblatt und das Schreibheft dieser Kinder sollte von Beginn an in einem leichten Winkel nach links gedreht vor das Kind gelegt werden. Eine verkrampfte Schreibhaltung kann so vermieden oder gemildert werden.

Das Kind sollte auf einem Eckplatz mit Bewegungsfreiheit zur linken Seite sitzen. So werden gegenseitige Störungen mit rechtshändigen Nachbarn vermieden.

Kinder, die z. B. die Treppe mit dem rechten Fuß beginnend hinaufgehen und sie nach der Wende mit dem linken Fuß beginnend herabsteigen, haben eine nicht eindeutig ausgeprägte Seitigkeit. Diese Kinder zeigen auch Auffälligkeiten bei der Überprüfung der bilateralen Koordination. Für alle Kinder, deren Lateralität nicht eindeutig ausgeprägt ist, gelten die gleichen Übungen zur Förderung wie für Kinder mit Störungen in der bilateralen Koordination (siehe Seite 52).

2.3.4 Visuelle Wahrnehmung

Bereich	Merkmale und Fähigkeiten
4. Visuelle Wahrnehmung	
4.1 visuelle Gliederung, visuelles Gedächtnis	① **Formunterscheidung**

Organisation: 1 Lehrkraft, Klassenverband oder Gruppe, 1 Kind

Förderort: Klassenraum, Gruppenraum

Material: Stifte, Tapetenbahnen, Arbeitsblätter (Kopiervorlagen 2A und 2B, siehe D Anhang)

Durchführung:

Die Übungen können mit der ganzen Klasse als Übungen zu verschiedenen Unterrichtsthemen, z. B. Einführung der Schreibung von Zahlen, Buchstaben, ausgeführt werden. Es ist auch möglich, diese Übungen in einer Fördergruppe gezielt in der beschriebenen Reihenfolge durchzuführen.

a) Das Kind malt Muster, Buchstaben, Zahlen usw. mit den Händen in die Luft und verfolgt die Bewegung mit den Augen.

b) Muster und Bewegungen werden mit beiden Händen gleichzeitig in die Luft gemalt und mit den Augen verfolgt (z. B. bei der Einführung der Buchstaben und Zahlen).

c) Eine Sammlung unterschiedlicher Gegenstände wird nach verschiedenen Merkmalen sortiert: Farbe, Größe, Art (im Rahmen des Sachunterrichts, Einführung eines neuen Buchstabens usw.).

d) Puzzle, auch selbst gemachte aus Kalenderblättern, Postkarten usw., werden gelegt.

e) Muster werden nach Vorlagen gelegt, auch Tangram-Figuren nach Vorlagen legen.

f) Bauen nach Vorlagen, z. B. mit Legosteinen.

g) Auf Arbeitsblättern
- kennzeichnet das Kind Unterschiede, die es findet;
- kennzeichnet das Kind Gemeinsamkeiten des Musters;
- kennzeichnet das Kind Formen, die es erkennt;
- verbindet das Kind Gegenstände;
- malt das Kind Figuren aus, in sich überschneidenden Figuren;
- ergänzt das Kind Muster und setzt sie fort;
- sucht das Kind Buchstaben und kennzeichnet sie *(V. Ledl, 2003, S.172-188)*[49];
- zeichnet das Kind Gegenstände in Punktbildern nach.

Zusätzlich sind Übungen am PC mit dem Wahrnehmungsprogramm von Eugen Träger (Unterschiede erkennen, erinnern)[50] möglich sowie die Durchführung von Spielen wie Memory, Differix, Schau genau usw. (Ravensburger Spiele)

---

[49] V. Ledl, Kinder beobachten und fördern, Jugend und Volk, Wien 2003, S.172-188
[50] Eugen Träger, PC-Spiel- und Lernprogramm Wahrnehmung, Vertrieb: Mildenberger Verlag, Offenburg

Bereich	Merkmale und Fähigkeiten
4. Visuelle Wahrnehmung	
4.1 visuelle Gliederung, visuelles Gedächtnis	② **Muster nachzeichnen** ③ **Linien verfolgen**

Organisation: Lehrkraft, Klassenverband oder Gruppe, 1 Kind

Förderort: Klassenraum, Gruppenraum

Material:
Stifte, Arbeitsblätter (Kopiervorlagen 3 A, 3 B, 4 A, 4 B und 5, siehe D Anhang)

Durchführung:

1. Das Kind kann während des Unterrichts oder im Förderunterricht selbstständig auf den Arbeitsblättern
   - Spuren verfolgen, nachspuren;
   - Wege in Labyrinthe zeichnen;
   - Punktemuster nachzeichnen;
   - Figuren in einem Mustergrund nachzeichnen;
   - einen Gegenstand in einem Punktmuster erkennen und in die Punkte zeichnen;
   - Buchstaben wiedererkennen und kennzeichnen;
   - Unterschiede auf zwei ähnlichen Abbildungen feststellen und markieren;
   - Muster in der richtigen Reihenfolge weiterzeichnen;
   - Figuren aus Büchern abzeichnen;
   - Buchstaben und Wörter abschreiben.

2. Das Kind bringt Gegenstände (Alltagsgegenstände, geometrische Formen, Legosteine, Bauklötze) nach Vorgabe in eine bestimmte Reihenfolge.

3. PC-Spiel- und Lernprogramm von Eugen Träger: Geisterjagd, Unterschiede, Gemeinsamkeiten, Punkte verbinden *(E. Träger / Mildenberger Verlag GmbH)*[51]

Bereich	Merkmale und Fähigkeiten
4. Visuelle Wahrnehmung	
4.2 Augenmuskelkontrolle	** ① **Figur-Grund-Wahrnehmung** ** ② **Gegenstand verfolgen**

Die beschriebenen Übungen sollten in Einzelförderung durchgeführt werden.

- Alle Übungen, bei denen ein Kind bewegliche Gegenstände mit den Augen verfolgt, ohne den Kopf zu bewegen.
- Alle Übungen, bei denen ein Kind Linien, Spuren mit den Augen verfolgt, ohne den Kopf zu bewegen.
- Ein Kind spielt mit einer Papprolle Fernrohr und beschreibt, was es sieht.

Bei starken oder anhaltenden Störungen sollten die Eltern einen Augenarzt aufsuchen.

Weitere Fördervorschläge: *(V. Ledl, 2003, S.172-188)*[52]

---

[51] Eugen Träger, PC-Spiel- und Lernprogramm Wahrnehmung, Vertrieb: Mildenberger Verlag, Offenburg
[52] V. Ledl, Kinder beobachten und fördern, Jugend und Volk, Wien 2003, S. 172-188

C 2.3 Förderbeispiele Motorik

2.3.5 Graphomotorik

Bereich	Merkmale und Fähigkeiten
5. Graphomotorik	
5.1 Graphomotorik	① **Handtonus / Druck**
	② **Ausmalen von Formen**

Organisation: 1 Lehrkraft und Gruppe oder Kind, Klassenverband

Förderort: Gruppenraum, Klassenraum

Material:
Knete, Stifte, Seidenpapier, Architektenpapier, Glanzpapier, Buntpapier, Zeitungspapier, Buchstabenstempel, Stempelkissen

Durchführung:

1. Die folgende Übung ist eine Einzelübung, die das betreffende Kind **täglich** ausführt. Es sollte mit ca. 2 Minuten begonnen werden. Je nach Fortschritt (Kräftigung der Fingermuskulatur) sollte die Zeit auf 5 Minuten gesteigert werden.

   - Das Kind erhält einen kleinen Klumpen Knete. Die Knete wird mit dem Daumen, dem Zeigefinger und dem Mittelfinger der Schreibhand gehalten. L: Knete nur mit den drei Fingern die Knete zu einem Bällchen, einer Rolle, einem Würfel usw.

2. Die nachfolgend beschriebenen Übungen können im Klassenraum in einer Unterrichtspause nach ca. 15 – 20 Minuten Unterricht im Klassenverband ausgeführt werden. Die Übungen sind für alle Kinder der 1. Klasse geeignet, um die Fingermuskulatur für den Schreibprozess zu kräftigen und die Fingerbeweglichkeit zu steigern. Sie können auch in der Fördergruppe geübt werden. Gleichzeitig erfolgt eine Förderung im Bereich Sprache: 4.3.1 Sprachfähigkeit, 4.3.3 Sprechbereitschaft, 4.3.4 Sprachgedächtnis, 4.3.5 Phonologische Bewusstheit.

   a) Fingerturnen mit Fingerspielen, die Kinder sitzen auf den Stühlen vor dem Tisch.

L.: Es tröpfelt.	*Die Fingerspitzen der Kinder berühren langsam, einzeln, nacheinander die Tischplatte.*
Es regnet.	*Die Fingerspitzen trommeln stark nacheinander auf die Tischplatte.*
Es gießt.	*Die Hände bewegen sich schnell auf und ab.*
Es blitzt.	*Die rechte Hand beschreibt eine Zickzackbewegung.*
Es donnert.	*Die Hände trommeln heftig auf die Tischplatte.*
Alle Kinder rennen ins Haus.	*Die Hände werden auf dem Rücken gekreuzt.*
Und warten und warten und warten.	*Die Hände liegen über den Augenbrauen, die Kinder schauen zum Fenster.*
Da scheint wieder die Sonne.	*Der rechte Zeigefinger zeigt zum Fenster.*

   Das Spiel ist gut geeignet zur Beruhigung einer unruhigen Klasse, als Pausenspiel nach einer anstrengenden Arbeit, zur Entspannung.[53]

   b) Weitere Fingerspiele*

[53] Vers traditionell, Bewegungen von der Autorin
* siehe D Anhang: Lieder, Spiele, Reime, Zungenbrecher, S. 145 / 146

3. a) Eine Kräftigung der Fingermuskulatur erfolgt durch das Spiel: Alle Vögel fliegen hoch …, beschrieben auf Seite 145.*

   b) Fingerhakeln mit verschiedenen Fingern in Partnerübung ausgeführt von sich gegenübersitzenden Partnern.

   c) Schwertransport mit beladenen Spielzeugkisten auf Teppichfliesen, die von zwei Partnern an befestigten Spielseilen hin- und hergezogen werden.

   d) Murmelfressen: Mit einem aufgeschnittenen Tennisball in Einzelarbeit, oder als Partnerarbeit um die Wette, mit dem „Maul" des Tennisballs Glaskugeln aufnehmen.[53a]

4. Die folgenden Übungen können im Kunstunterricht durchgeführt werden.

   a) Schiffchen falten aus einer Zeitungsseite, DIN-A4-Seite, DIN-A5-Seite

   b) Seidenpapier zu Kügelchen knüllen und in mit Bleistift vorgezeichnete Formen kleben (Blume, Baum, Haus usw.)

   c) Seidenpapier in Stückchen reißen und in Muster auf Architektenpapier kleben (Kirchenfenster, Mosaik usw.)

   d) Seidenpapier in Stückchen reißen, anfeuchten mit Borstenpinsel und mit Pinsel auf ausgeblasene Eier legen, trocknen lassen, ergibt Mosaikmuster

   e) Buntpapier/Glanzpapier in Stückchen reißen und damit Bilder gestalten

   f) Muster mit Buchstabenstempeln auf Papier stempeln

   g) Bilder und Figuren ausmalen, Figuren ausschneiden, z. B. Drachen

   h) Papiere in eine Schnur knoten, Drachenschwanz

   i) Schreibrichtungen und Schreibmuster auf Tapeten, Arbeitsblätter usw. schreiben und malen

---

[53a] Übungen zum Teil aus Sabine Pauli/Andrea Kisch Geschickte Hände, Verlag modernes lernen, Dortmund 2003; weitere Übungen sind dort zu finden.
* siehe D Anhang: Lieder, Spiele, Reime, Zungenbrecher, S. 145

Dokumentationsbögen, Aufgabenbeispiele und Förderbeispiele zum Thema

Allgemeines Verhalten

C 3.1 Dokumentationsbogen Allgemeines Verhalten

Klasse 1, Zeitraum Einschulung: Diagnosebogen Allgemeines Verhalten

Bereiche		Förderung	Aufgabenbeispiele		Merkmale/Fähigkeiten	empfohlene Auswahl
1. Lernbereitschaft		S. 79	Interesse, Lesen usw. zu lernen, Neugierverhalten, S. 66	Schülerverhalten im Unterricht beobachtet in 4-5 Wochen	① Lerninteresse	**1.**
		S. 79	meldet sich oft, S. 66		② Mitarbeit	
		S. 80	Arbeitsplatz, Stifte, S. 67		③ Ordnungssinn	
2. Arbeitsverhalten		S. 81	Beginn nach Arbeitsauftrag, S. 68		① Arbeitsbeginn	**2.**
		S. 81	trödelt nicht, arbeitet zügig, S. 69		② Arbeitstempo	
		S. 82	Arbeitsziel selbstständig erreicht, S. 69		③ Arbeitsziel erreicht	
3. Selbstständigkeit		S. 82	An- und Ausziehverhalten, S. 70		① Selbstständigkeit	**3.**
					** ② sucht selbst Hilfe	
4. Konzentration und auditive Figur-Grund-Wahrnehmung		S. 83	Geschichte vorlesen + Störgeräusche, dann Bild zum Inhalt malen, S. 71		① hört zu trotz Geräuschen von außen	**4.**
		S. 85	Aufmerksamkeit nur auf eigene Tätigkeit, S. 72		② nur eigene Tätigkeit, nicht andere	
		S. 85	beschäftigt sich 15-20 Min. ohne Pause, S. 72		③ Arbeitsdauer	
		S. 85	nimmt Arbeit nach Unterbrechung auf, S. 73		④ arbeitet weiter	
		S. 85	falls 2, 3, 4 nein: Weitere Beobachtungen, z.B. Gesprächskreis, S. 73		** ⑤ aufmerksam beim Vorlesen	
					** ⑥ aufmerksam beim Gespräch	
					** ⑦ aufmerksam: Sport/Musik/Kunst	
5. Emotionaler Bereich		S. 86 ff	Kommentare im Unterricht, S. 74	Schülerverhalten im Unterricht und in der Pause beobachtet über 3-4 Monate von 2-3 Lehrern	① selbstsicher	**5.**
					② bewertet Neues +/−	
5. Sozialverhalten			Schuldzuweisungen, S. 75		③ Kontakt zu L, S, L+S	
					④ Verträglichkeit	
					⑤ beliebt	
5. Konfliktverhalten			Aufstellen in Reihe, Gruppenarbeit, S. 76		⑥ Vermeidung von Konflikten +/−	
			Frühstückspause, S. 76		⑦ Lösung von Konflikten o. L.	
			Gespräch nach Konflikten, S. 76		⑧ einsichtig bei Konflikten	
5. Selbstkontrolle			Wutausbrüche, Tränen, S. 77		⑨ beherrscht	**6.**
			Essen/Trinken im Unterricht		⑩ schiebt Bedürfnisse auf	
			Versehentliche Kontakte zu Mitschülern, S. 77		⑪ Frustrationstoleranz	
6. Kontakte		S. 86 ff	Regeln einhalten, S. 78		① teamfähig	**7.**
			Umgang mit Mitschülern, S. 78		② hilfsbereit	

Klasse 1, Zeitraum Einschulung: Beobachtungsbogen Allgemeines Verhalten

Legende:
- **+** = vorhanden
- **−** = nicht vorhanden
- **O** = teils ja, teils nein

Merkmale:

① Lerninteresse
② Mitarbeit
③ Ordnungssinn
① Arbeitsbeginn
② Arbeitstempo
③ Arbeitsziel erreicht

Selbstständigkeit
①
② sucht selbst Hilfe

① hört zu trotz Geräuschen von außen
② nur eigene Tätigkeit, nicht andere
③ Arbeitsdauer
④ arbeitet weiter
⑤ aufmerksam beim Vorlesen
⑥ aufmerksam beim Gespräch
⑦ aufmerksam: Sport/Musik/Kunst

① selbstsicher
② bewertet Neues +/−
③ Kontakt zu L, S, L+S
④ Verträglichkeit
⑤ beliebt
⑥ Vermeidung von Konflikten +/−
⑦ Lösung von Konflikten o. L.
⑧ einsichtig bei Konflikten
⑨ beherrscht
⑩ schiebt Bedürfnisse auf
⑪ Frustrationstoleranz

① teamfähig
② hilfsbereit

65

C 3.2 Aufgabenbeispiele Allgemeines Verhalten

3.2.1 Lernbereitschaft

Bereich	Merkmale und Fähigkeiten
1. Lernbereitschaft	① **Lerninteresse**

Gewünschte Fähigkeit:
Das Kind sollte die angebotenen Unterrichtsinhalte mit Interesse und Neugier aufnehmen.

Beobachtung und Dokumentation: 1 Lehrkraft

Beobachtungsort: Klassenraum

Beobachtungssituation und Arbeitsauftrag:
Die Kinder werden bis zum Monat Dezember insgesamt fünfmal aufgefordert, für den Unterricht etwas mitzubringen. Das können Puppen oder Figuren, Blätter, Kastanien, Spielzeug, Bilder aus Katalogen oder Zeitungen, ausgeschnittene Buchstaben usw. sein. Das Material muss einen Bezug zum Unterrichtsgeschehen haben und muss anschließend im Unterricht verwendet werden. Hat das Kind etwas mitgebracht, so erhält es ein kleines Plus-Zeichen in seinem Feld auf dem Beobachtungsbogen.

Nach Absprache im Team sollten die Aufträge an die verschiedenen Lehrkräfte der einzelnen Unterrichtsfächer verteilt werden, die das Verhalten dann auf dem Beobachtungsbogen mit **Bleistift** dokumentieren. Nach dem unten stehenden Schlüssel schreibt die Klassenleitung im Beobachtungsbogen farbig folgenden Eintrag:

Dokumentation im Beobachtungsbogen farbig über den Bleistifteintragungen:

+	farbig	4 und mehr Plus-Zeichen mit Bleistift
O	farbig	3 Plus-Zeichen mit Bleistift
–	farbig	2 und weniger Plus-Zeichen mit Bleistift

Bereich	Merkmale und Fähigkeiten
1. Lernbereitschaft	② **Mitarbeit**

Gewünschte Fähigkeit: Das Kind sollte regelmäßig aktiv im Unterricht mitarbeiten.

Beobachtung und Dokumentation: 1 Lehrkraft

Beobachtungsort: Klassenraum

Beobachtungssituation und Arbeitsauftrag:
Jeweils 1 Woche / 5 Tage lang werden die Kinder an einem bestimmten Tisch oder 6 Kinder der Klasse genauer beobachtet. Für diese Kinder kann am Ende **einer** Unterrichtsstunde des Tages eine Lehrkraft (1 Zeichen pro Tag)

- ein Plus-Zeichen (**+**) mit Bleistift für aktive Beteiligung im Unterricht durch Meldung in das Feld des Kindes auf dem Beobachtungsbogen eintragen,
- eine Null (**O**), falls die Beteiligung nicht angemessen war,
- ein Minus-Zeichen (**–**), falls die Beteiligung nicht erfolgte.

Da im Laufe der Woche mehrere Lehrkräfte die Kinder unterrichten, sind am Ende der Woche die Beobachtungsergebnisse verschiedener Personen auf dem Bogen mit **Bleistift** vermerkt. Am Ende der Woche stehen in einem Feld eines beobachteten Kindes 5 Zeichen.

C 3.2 Aufgabenbeispiele Allgemeines Verhalten

Eine Klasse von 30 Schülern kann so in 5 Wochen hinsichtlich der Mitarbeit beobachtet und dokumentiert werden.

Es können auch andere Absprachen im Team getroffen werden, die die Beobachtungszeit verkürzen. Beispiel: Pro Unterrichtsstunde wird eine andere Gruppe beobachtet, ca. 4 Gruppen pro Tag (24 Kinder), die Beobachtung ist in einer Woche durchgeführt.

Dokumentation im Beobachtungsbogen farbig über den Bleistifteintragungen:

+	farbig am Ende der Woche über die Bleistiftzeichen	In einer Woche 4 und mehr +, kein –, 1 O
O	farbig am Ende der Woche über die Bleistiftzeichen	In einer Woche 1 – und sonst nur + und O
–	farbig am Ende der Woche über die Bleistiftzeichen	2 und mehr – in beliebiger Kombination

Bereich	Merkmale und Fähigkeiten
1. Lernbereitschaft	③ **Ordnungssinn**

Gewünschte Fähigkeit:
Das Kind sollte seinen Arbeitsplatz, seine Materialien und seine Tasche in Ordnung halten können.

Beobachtung und Dokumentation: 1 Lehrkraft

Beobachtungsort: Klassenraum

Material: Schülertisch, Schüleretui, Schülertasche

Beobachtungssituation und Arbeitsauftrag:
Jeweils 1 Woche lang werden die Kinder an einem bestimmten Tisch oder 6 Kinder in der Klasse genauer beobachtet. Für diese Kinder kann am Ende des Schulmorgens eine Lehrkraft ein Plus-Zeichen mit Bleistift in das Feld des Kindes auf dem Beobachtungsbogen eintragen, wenn das Kind alle folgenden Bedingungen erfüllte:

- Ordnung auf dem Tisch während der Arbeit,
- ein aufgeräumtes Etui am Ende der Unterrichtsstunde,
- eine aufgeräumte Tasche am Ende des Schulmorgens.

Wurden nur zwei Teile aufgeräumt hinterlassen, so erhält das Kind eine Null (O).

Wurde nichts aufgeräumt, sondern nur weggesteckt oder irgendwie weggestopft, so erhält das Kind ein Minus-Zeichen.

Da im Laufe der Woche mehrere Lehrkräfte die Kinder unterrichten, sind am Ende der Woche die Beobachtungsergebnisse verschiedener Personen auf dem Bogen mit **Bleistift** vermerkt. Am Ende der Woche stehen in dem Feld eines beobachteten Kindes 5 Zeichen.

Eine Klasse von 30 Schülern kann so in 5 Wochen hinsichtlich des Ordnungssinns beobachtet und dokumentiert werden.

Es können auch andere Absprachen im Team getroffen werden, die die Beobachtungszeit verkürzen. Beispiel: Pro Unterrichtsstunde wird eine andere Gruppe beobachtet, ca. 4 Gruppen pro Tag (24 Kinder), die Beobachtung ist in einer Woche durchgeführt.

C 3.2 Aufgabenbeispiele Allgemeines Verhalten

Dokumentation im Beobachtungsbogen:

+	farbig am Ende der Woche über die Bleistiftzeichen	In einer Woche 4 und mehr +, kein –, 1 O
O	farbig am Ende der Woche über die Bleistiftzeichen	In einer Woche 1 – und sonst nur + und O
–	farbig am Ende der Woche über die Bleistiftzeichen	2 und mehr – in beliebiger Kombination

3.2.2 Arbeitsverhalten

Bereich	Merkmale und Fähigkeiten
2. Arbeitsverhalten	① **Arbeitsbeginn**

Gewünschte Fähigkeit:

Das Kind sollte nach Erteilung des Arbeitsauftrags seine Arbeit ohne zu zögern beginnen.

Beobachtung und Dokumentation: 1 Lehrkraft, ca. 4 – 6 Kinder

Beobachtungsort: Klassenraum

Beobachtungssituation und Arbeitsauftrag:

Jeweils 1 Woche lang werden die Kinder an einem bestimmten Tisch oder 6 Kinder in der Klasse genauer beobachtet. Für diese Kinder kann am Ende einer Unterrichtsstunde des Tages eine Lehrkraft

- ein Plus-Zeichen (**+**) mit Bleistift in das Feld des Kindes auf dem Beobachtungsbogen eintragen für den sofortigen Beginn der Arbeit nach Erteilung des Arbeitsauftrags, ohne mit dem Nachbarn zu sprechen, ohne zu warten, bis der Nachbar mit der Arbeit begonnen hat, ohne nochmals bei der Lehrerin nachzufragen;

- ein Minus-Zeichen (**–**), falls das Kind vor Beginn der Arbeit trödelt und extra aufgefordert werden muss, die Arbeit zu beginnen, oder vorher mit dem Nachbarn spricht oder wartet, bis der Nachbar mit der Arbeit beginnt, oder das Kind bei der Lehrerin nachfragt;

- eine Null (**O**), falls das Kind nach kurzem Gespräch mit dem Nachbarn die Arbeit zügig anfängt.

Da im Laufe der Woche mehrere Lehrkräfte die Kinder unterrichten, sind am Ende der Woche die Beobachtungsergebnisse verschiedener Personen auf dem Bogen mit **Bleistift** vermerkt. Am Ende der Woche stehen in dem Feld eines beobachteten Kindes 5 Zeichen.

Eine Klasse von 30 Schülern kann so in 5 Wochen beobachtet und dokumentiert werden.

Es können auch andere Absprachen im Team getroffen werden, die die Beobachtungszeit verkürzen. Beispiel: Pro Unterrichtsstunde wird eine andere Gruppe beobachtet, ca. 4 Gruppen pro Tag (24 Kinder), die Beobachtung ist in einer Woche durchgeführt.

Dokumentation im Beobachtungsbogen:

+	farbig am Ende der Woche über die Bleistiftzeichen	In einer Woche 4 und mehr +, kein –, 1 O
O	farbig am Ende der Woche über die Bleistiftzeichen	In einer Woche 1 – und sonst nur + und O
–	farbig am Ende der Woche über die Bleistiftzeichen	2 und mehr – in beliebiger Kombination

C 3.2 Aufgabenbeispiele Allgemeines Verhalten

Bereich	Merkmale und Fähigkeiten
2. Arbeitsverhalten	② **Arbeitstempo**
	③ **Arbeitsziel erreicht**

Gewünschte Fähigkeit: Das Kind sollte seine Arbeit in der dafür vorgesehenen Zeit beenden.

Beobachtung und Dokumentation: 1 Lehrkraft

Beobachtungsort: Klassenraum

Material: Schreib- oder Rechenhefte, Arbeitsblatt (Kopiervorlage 18, siehe D Anhang), Arbeitshefte

Beobachtungssituation und Arbeitsauftrag:

In den Fächern Deutsch, Mathematik und Sachunterricht erhalten die Kinder in jeweils einer Unterrichtsstunde einen schriftlichen Arbeitsauftrag, der sich aus dem Unterricht ergibt. Die Lösung der Aufgabe erfolgt auf einer kopierten Seite (Kopiervorlage 18). Oben auf der Seite befindet sich ein Eintragungsfeld für den „Namen" des Kindes, ein Feld „Zeit" und ein Feld „fertig/nicht fertig". Die Kinder tragen ihren Namen auf dem Zettel ein. Alle Kinder beginnen auf ein Signal der Lehrkraft hin gleichzeitig die Arbeit. Die Kinder werden aufgefordert, die fertige Arbeit bei der Lehrkraft auf das Pult zu legen. L. trägt die benötigte Zeit ein und vermerkt, ob die Arbeit fertig wurde oder nicht.

Ebenso erhalten die Kinder einen Auftrag zur Anfertigung einer Arbeit im Kunstunterricht, die in einer Unterrichtsstunde beendet werden kann. Die Kinder versehen die Arbeit mit ihrem Namen, die Lehrerin vermerkt auf der Rückseite, nach welcher Zeit die Arbeit am Pult abgegeben wird und ob sie fertig ist oder nicht.

Auf dem Beobachtungsbogen trägt die Lehrkraft für jedes Fach ein Bleistiftzeichen ein.

② **Arbeitstempo:**

- ein Plus-Zeichen (+) mit Bleistift in das Feld des Kindes auf dem Beobachtungsbogen für eine in der vorgesehenen Zeit beendete Arbeit;
- ein Minus-Zeichen (−), falls das Kind die Arbeit nicht beendet und ca. die Hälfte der Arbeit noch fehlt;
- eine Null (O), falls dem Kind noch wenige Wörter oder Aufgaben oder nur ein geringer Teil der begonnenen Arbeit fehlt.

③ **Arbeitsziel erreicht:**

- ein Plus-Zeichen (+) mit Bleistift für eine fertig gestellte Arbeit, die den Anforderungen der Aufgabe entspricht,
- eine Null (O) mit Bleistift, falls die Aufgabe fertig gestellt wurde, aber nicht den Anforderungen der Aufgabe entspricht;
- ein Minus-Zeichen (−) mit Bleistift für eine nicht fertig gestellte Arbeit (Kopiervorlage 18).

C 3.2 Aufgabenbeispiele Allgemeines Verhalten

Kopiervorlage 18

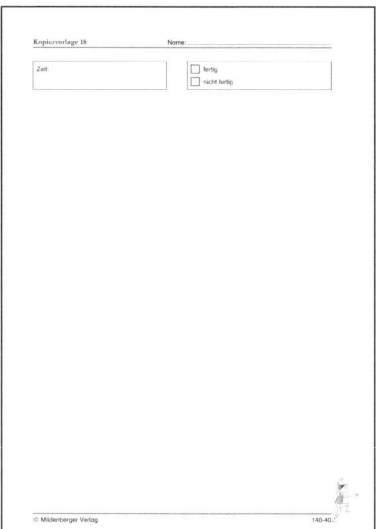

Dokumentation im Beobachtungsbogen:

+	farbig am Ende der Woche über die Bleistiftzeichen	3 + und mehr, andere Zeichen in beliebiger Kombination
O	farbig am Ende der Woche über die Bleistiftzeichen	Kein –, andere Zeichen in beliebiger Kombination
–	farbig am Ende der Woche über die Bleistiftzeichen	2 und mehr – andere Zeichen beliebig

3.2.3 Selbstständigkeit

Bereich	Merkmale und Fähigkeiten
3. Selbstständigkeit	① **Selbstständigkeit**
	** ② **sucht selbst Hilfe**

Gewünschte Fähigkeit:

Das Kind sollte sich alleine vor und nach dem Sportunterricht in ca. sieben Minuten umkleiden können. Das Kind sollte alleine am Ende des Schulmorgens seine Jacke und sonstige Kleidungsstücke anziehen und schließen können. (Selbstständigkeit zeigt sich auch im Umgang mit Arbeitsmaterialien wie Büchern, Mappen, Heften, Werkzeug usw. im Unterricht.)

Beobachtung und Dokumentation: 1 Lehrkraft

Beobachtungsort: Umkleideraum Turnhalle / Flur vor dem Klassenraum / Klassenraum

Beobachtungssituation und Arbeitsauftrag:

Die Lehrkraft vermerkt für die Kinder,

- die bis 7 Minuten nach dem Betreten des Umkleideraums in die Sporthalle kommen, ein Plus-Zeichen (+) mit Bleistift auf dem Beobachtungsbogen,

- die bis 9 Minuten nach dem Betreten des Umkleideraums in die Sporthalle kommen, eine Null (O) mit Bleistift auf dem Beobachtungsbogen,

- die 10 Minuten und später nach dem Betreten des Umkleideraums in die Sporthalle kommen, ein Minus-Zeichen (−) mit Bleistift auf dem Beobachtungsbogen.

Die Beobachtung sollte fünfmal durchgeführt werden, da die Kinder Kleidungsstücke tragen, für die sie unterschiedlich lange für das Aus- bzw. Anziehen benötigen.

(Es kann auch beobachtet werden, wie das Kind mit seinen Schulgegenständen umgeht – z. B. das Kind räumt seine Tasche am Ende des Schulmorgens ein.)

Unter **② **sucht selbst Hilfe** sollte ein − Eintrag vorgenommen werden, falls Schüler im oder nach dem Unterricht oder Sportunterricht Mitschüler oder die Lehrkraft bitten, ihnen zu helfen, oder Hilfe suchen bei Schwierigkeiten, ohne zu versuchen, selber Lösungen zu finden.

Dokumentation im Beobachtungsbogen:

+	farbig am Ende der Woche über die Bleistiftzeichen	4 und mehr +, kein −, 1 O
O	farbig am Ende der Woche über die Bleistiftzeichen	1 − und sonst nur + und O
−	farbig am Ende der Woche über die Bleistiftzeichen	2 und mehr − in beliebiger Kombination mit anderen Zeichen

3.2.4 Konzentration und auditive Figur-Grund-Wahrnehmung

Bereich	Merkmale und Fähigkeiten
4. Konzentration und auditive Figur-Grund-Wahrnehmung	① **Hört zu**

Gewünschte Fähigkeit:
Das Kind sollte trotz Störungen von außen sich auf die Stimme der Lehrkraft konzentrieren können.

Beobachtung und Dokumentation: 2 Lehrkräfte, Klassenverband

Beobachtungsort: Klassenraum, Sitzkreis

Material:
Vorlesetext, Dauer nicht länger als ca. 10 Minuten; Kassettenrekorder vor dem Klassenraum, in den ein Band mit Geräuschen eingelegt ist, Buntstifte, weiße DIN-A4-Blätter.

Beobachtungssituation und Arbeitsauftrag:
Kinder sitzen auf den Plätzen. L.: Holt Buntstifte heraus und legt sie auf den Tisch. L. teilt ein weißes DIN-A4-Blatt aus. L.: Schreibt euren Namen auf das Blatt. Lasst alles liegen und setzt euch in den Sitzkreis.

L.: Ich lese euch eine Geschichte von der kleinen Katze vor. Ihr sollt genau zuhören. Malt gleich die Katze und alle, die sie getroffen hat, auf euer Blatt. Es können heute während des Vorlesens draußen Geräusche zu hören sein oder jemand kommt in die Klasse. Hört trotzdem genau zu. L. liest die Geschichte* vor.

Während L. liest, stellt eine 2. Lehrkraft den Kassettenrekorder mit Geräuschen an: z. B. zwei Personen unterhalten sich in Zimmerlautstärke vor der Tür auf dem Flur, Straßengeräusche, technische Geräusche, Staubsauger usw. erklingen. Die Dauer der Störgeräusche muss nicht der ganzen Länge der Geschichte entsprechen.

---
* siehe D Anhang: Lieder, Spiele, Reime, Zungenbrecher, S. 149

C 3.2 Aufgabenbeispiele Allgemeines Verhalten

L.: Setzt euch auf eure Plätze und malt die Katze und alle, die sie getroffen hat.

Mögliche Zusatzaufgabe für fertige Schüler: Schreibt die Namen dazu! Schreibt dazu, was die Tiere tun! Malt das ganze Bild bunt an!

Dokumentation im Beobachtungsbogen:

+	6 oder 5 Figuren richtig, plus richtige Farbe
O	4 Figuren, plus richtige Farbe oder 5 oder 6 Figuren richtig, aber falsche Farbe
–	2 Figuren oder weniger richtig

Bereich	Merkmale und Fähigkeiten
4. Konzentration und auditive Figur-Grund-Wahrnehmung	② nur eigene Tätigkeit ③ Arbeitsdauer ④ arbeitet weiter

Gewünschte Fähigkeit:

Das Kind sollte sich für ca. 20 Minuten nur mit seiner eigenen Arbeit beschäftigen und nicht die Arbeiten der Mitschüler kommentieren oder ihnen Hinweise geben. Die eigene Arbeit sollte nach einer Störung durch die Lehrkraft direkt weitergeführt werden.

Beobachtung und Dokumentation: 1 Lehrkraft, Klassenverband

Beobachtungsort: Klassenraum

Material: Schreib- oder Rechenhefte, Arbeitsblätter, Arbeitshefte

Beobachtungssituation und Arbeitsauftrag:

In den Fächern Deutsch, Mathematik und Kunst erhalten die Kinder in jeweils einer Unterrichtsstunde einen schriftlichen Arbeitsauftrag, der sich aus dem Unterricht ergibt und ca. 15 bis 20 Minuten dauert, bis er bearbeitet ist (Stillarbeit). Die Lehrkraft stört das Kind in dieser Zeit mit **einer** Zwischenfrage. In einer Unterrichtsstunde werden jeweils 6 Kinder „gestört" und beobachtet.

Zu ② nur eigene Tätigkeit:

Die Lehrkraft vermerkt

- ein Plus-Zeichen (+) mit **Bleistift** auf dem Beobachtungsbogen, falls sich das Kind nur mit der eigenen Aufgabe beschäftigt und die Nachbarn nicht beachtet;
- eine Null (O), falls das Kind am Anfang und/oder am Ende der Arbeit Kontakt zu den Mitschülern aufnimmt;
- ein Minus-Zeichen (–), falls das Kind vor, während und nach der Arbeit Kontakt zu den Mitschülern aufnimmt.

Zu ③ Arbeitsdauer:

Die Lehrkraft vermerkt

- ein Plus-Zeichen (+) mit **Bleistift** auf dem Beobachtungsbogen, falls sich das Kind 10 Minuten oder länger nur mit der eigenen Aufgabe beschäftigt und die Mitschüler nicht beachtet;
- eine Null (O), falls das Kind sich ca. 7 – 8 Minuten nur mit der eigenen Arbeit beschäftigt;

C 3.2 Aufgabenbeispiele Allgemeines Verhalten

- ein Minus-Zeichen (−), falls sich das Kind ca. 5 Minuten oder weniger nur mit der eigenen Arbeit beschäftigt.

Zu ④ arbeitet weiter:

Die Lehrkraft vermerkt

- ein Plus-Zeichen (+) mit **Bleistift** auf dem Beobachtungsbogen, falls das Kind nach der Unterbrechung direkt weiterarbeitet;
- eine Null (O), falls das Kind sich nach der Unterbrechung kurz mit seinem Material oder den Mitschülern beschäftigt und dann weiterarbeitet;
- ein Minus-Zeichen (−), falls das Kind nach der Unterbrechung nur nach Aufforderung weiterarbeitet.

Dokumentation im Beobachtungsbogen
zu 2 nur eigene Tätigkeit
zu 3 Arbeitsdauer
zu 4 arbeitet weiter

+	farbig über Bleistifteintrag	3 + Zeichen
O	farbig über Bleistifteintrag	O und + Zeichen
−	farbig über Bleistifteintrag	2 und mehr − Zeichen

Bereich	Merkmale und Fähigkeiten
4. Konzentration und auditive Figur-Grund-Wahrnehmung	**Aufmerksamkeit:** ** ⑤ **beim Vorlesen** ** ⑥ **beim Gespräch** ** ⑦ **bei Sport, Kunst**

Falls für das Kind in den obigen Beobachtungen ② nur eigene Tätigkeit, ③ Arbeitsdauer und ④ arbeitet weiter ein Minus-Zeichen (−) eingetragen wurde, kann beobachtet werden, ob das Kind in bestimmten Situationen aufmerksam ist. So kann festgestellt werden, ob das Kind sich in einem bestimmten Unterrichtsbereich konzentriert und dort besonders interessiert ist.

Gewünschte Fähigkeit: Das Kind sollte sich konzentrieren können.

Beobachtung und Dokumentation: 1 Lehrkraft

Beobachtungsort: Alle Unterrichtsituationen in jeder möglichen Umgebung

Beobachtungssituation und Arbeitsauftrag:

Falls die Lehrkraft durch eine längere Beobachtung im Unterricht feststellt, in welcher Unterrichtsituation das Kind sich konzentrieren kann, sollte das auf dem Bogen vermerkt werden. Die auf dem Diagnosebogen genannten Fächer sind als Vorschläge zu sehen und können durch eigene Angaben ersetzt werden.

Dokumentation im Beobachtungsbogen:

+	Aufmerksamkeit ja
−	Aufmerksamkeit nein

C 3.2 Aufgabenbeispiele Allgemeines Verhalten

3.2.5 Emotionaler Bereich / Sozialverhalten / Konfliktverhalten / Selbstkontrolle

Das soziale und emotionale Verhalten des Schülers sollte in einer Langzeitbeobachtung über ca. 5 Monate von allen Lehrkräften der Klasse beobachtet werden.

Bereich	Merkmale und Fähigkeiten
5. Emotionaler Bereich	① selbstsicher
	② bewertet Neues +/–

Gewünschte Fähigkeiten:
Das Kind vertritt seine eigene Meinung. Es zeigt ein lockeres, entspanntes Umgehen mit neuen Situationen und Gelassenheit gegenüber neuen Anforderungen.

Beobachtung und Dokumentation: alle Lehrkräfte der Klasse

Beobachtungsort:
Alle Orte, an denen der Umgang der Kinder miteinander und das Verhalten einzelner Kinder beobachtbar ist.

Beobachtungssituation und Arbeitsauftrag:

Zu ① selbstsicher:
Überforderte Kinder besitzen oft eine geringere Stabilität im emotionalen Bereich. Die emotionale Befindlichkeit der Kinder zeigt sich in ihrem Verhalten in der Gruppe beim Auftreten von Konflikten, in Pausengesprächen mit der Lehrkraft. Selbstsichere Kinder sind nicht albern, vertreten ihre Position ruhig und gelassen, zeigen keine Gefühlsausbrüche wie Wut, Zorn, Weinen, Ängstlichkeit.

Zu ② bewertet Neues +/–:
Die Reaktionen des Kindes auf die neue Lernumgebung „Schule" zeigen, ob Neues positiv oder negativ bewertet wird. Es wird ab dem Ende der ersten Schulwoche in der Klasse ein Kind gesucht, das

1. die Tasche der Lehrkraft vom Flur holt,
2. die Tasche der Lehrkraft aus dem Lehrerzimmer holt,
3. vom Hausmeister einen Lappen, Kreide holt bzw. Zettel im Sekretariat abholt,
4. und weitere ähnliche Aufträge je nach Situation der Schule.

Der Weg wird beschrieben, der Auftrag genannt und vom Kind wiederholt.

L. fragt: Wer kann mir ... holen? Für jeden Auftrag wird durch Nachfragen und Ausführen überprüft, ob das Kind sich die Handlung wirklich zutraut. Gleichzeitig können Beobachtungsergebnisse für den Bereich Sprache notiert werden. Es kann Folgendes überprüft werden: Kann das Kind

1. einen Ich-Satz formulieren? Zum Beispiel: L.: Sage mir, was du tun sollst. Kind: Ich hole die Tasche vom Flur. Ich frage den Hausmeister nach ... / Dokumentation im Beobachtungsbogen Sprache, 1 Sprachfähigkeit, ⑦ Satzbildung;
2. einen von L. formulierten Satz wiederholen? Dokumentation Sprache, 4 Auditives Sprachgedächtnis, Notation: S für Satz zusätzlich eintragen in Spalte: ① Wörter wiederholen;
3. im richtigen Sprechrhythmus und der richtigen Silbenbetonung der deutschen Sprache sprechen? Dokumentation Sprache, 1 Sprachfähigkeit, ③ Sprechrhythmus;
4. den Satz grammatisch richtig bilden? Dokumentation Sprache, 1 Sprachfähigkeit, ⑩ Grammatik.

Falls dokumentierbares Verhalten beobachtet werden kann, sollte es in den Beobachtungsbogen eingetragen werden.

Zu ① selbstsicher:
Dokumentation im Beobachtungsbogen:

+	ja, selbstsicher / ruhig und gelassen
O	gelegentlich sicher
–	unsicher / Gefühlsausbrüche, Albernheit

Zu ② bewertet Neues +/–:
Dokumentation im Beobachtungsbogen:

+	führt Aufträge aus
O	zögert, führt Auftrag nach Zuspruch aus
–	weigert sich Aufträge auszuführen

Das soziale und emotionale Verhalten des Schülers sollte in einer Langzeitbeobachtung über ca. 5 Monate beobachtet werden.

Bereich	Merkmale und Fähigkeiten
5. Soziales Verhalten	③ **Kontakte** ④ **Verträglichkeit** ⑤ **Beliebtheit**

Gewünschte Fähigkeit:
Das Kind sollte kontaktfreudig und verträglich sein. Seine Mitschüler sollten es anerkennen.

Beobachtung und Dokumentation: alle Lehrkräfte der Klasse

Beobachtungsort: Alle Orte, an denen der Umgang der Kinder miteinander und das Verhalten einzelner Kinder beobachtbar ist.

Beobachtungssituation und Arbeitsauftrag:
Zu ③ Kontakte:
Die Kontaktfähigkeit eines Kindes zeigt sich in seiner Kontaktaufnahme mit den Lehrkräften in Gesprächen, Fragen usw. Seine Beziehungen zu den anderen Kindern zeigen sich in Pausen- und Frühstücksgesprächen und in einem gemeinsamen Schulweg, außerdem bei Gruppen- und Partnerarbeit im Unterricht sowie in Pausen- und Sportspielen.

Zu ④ Verträglichkeit:
Vor dem Unterricht in der Klasse, in der Pause, während des Sportunterrichts kann beobachtet werden, ob ein Kind verträglich ist. Ein verträgliches Kind wird selten beschuldigt werden, andere Kinder zu beleidigen, körperlich zu berühren oder zu verletzen. Gegen das verträgliche Kind wird es kaum Schuldzuweisungen geben.

Zu ⑤ Beliebtheit:
Im Sportunterricht, beim Spiel in Gruppen oder bei der Bildung von Arbeitsgruppen in der Klasse kann beobachtet werden, ob ein Kind bei den Mitschülern beliebt ist. Man wird gerne mit ihm zusammenarbeiten. Neben einem beliebten Kind wird jedes andere Kind ohne Protest am Tisch sitzen oder mit ihm einen Unterrichtsgang unternehmen.

C 3.2 Aufgabenbeispiele Allgemeines Verhalten

Dokumentation im Beobachtungsbogen in der entsprechenden Spalte:

+	ja
O	gelegentlich
–	nein

Das soziale und emotionale Verhalten des Schülers sollte in einer Langzeitbeobachtung über ca. 5 Monate beobachtet werden.

Bereich	Merkmale und Fähigkeiten
5. Konfliktverhalten	⑥ **Vermeidung von Konflikten** ⑦ **Lösung von Konflikten** ⑧ **einsichtig bei Konflikten**

Gewünschte Fähigkeit:
Das Kind sollte Konflikte vermeiden und falls welche auftreten, selber Lösungsmöglichkeiten entwickeln. Wurde ein Konflikt ausgetragen, sollte das Kind seine eigene Rolle im Konflikt beurteilen können.

Beobachtung und Dokumentation: alle Lehrkräfte der Klasse

Beobachtungsort:
Alle Orte, an denen der Umgang der Kinder miteinander und das Verhalten einzelner Kinder beobachtbar ist.

Beobachtungssituation und Arbeitsauftrag:

Zu ⑥ Vermeidung von Konflikten:

Beim Aufstellen in der Reihe mit einem Partner, beim Betreten der Turnhalle, während des Sportunterrichts und der Gruppen- und Partnerarbeit, auf dem Schulhof und während der Frühstückspause kann beobachtet werden, ob ein Kind Konflikte vermeidet, sie sucht oder provoziert durch Körperkontakte, Umgang mit Gegenständen und verbalen Äußerungen.

Zu ⑦ Lösung von Konflikten:

Ist es in der Pause auf dem Schulhof, während des Unterrichtsgangs, im Unterricht, in der Frühstückspause oder auf dem Weg von und zur Schule zu Konflikten gekommen, so kann aus der Kontaktaufnahme mit der Lehrkraft und aus den Äußerungen der Kinder und Eltern entnommen werden, ob die beteiligten Kinder den Konflikt selber lösen konnten oder Hilfe benötigten.

Zu ⑧ einsichtig bei Konflikten:

In Gesprächen mit den beteiligten Kindern zur Problemlösung nach Konflikten zeigt es sich, ob die beteiligten Kinder einsichtig sind hinsichtlich ihres Verhaltens und es kritisch beurteilen können oder ob sie auf ihrem Standpunkt strikt beharren.

Dokumentation im Beobachtungsbogen in der entsprechenden Spalte:

+	ja
O	gelegentlich
–	nein

Das soziale und emotionale Verhalten des Schülers sollte in einer Langzeitbeobachtung über ca. 5 Monate beobachtet werden.

Bereich	Merkmale und Fähigkeiten
5. Selbstkontrolle	⑨ **beherrscht**
	⑩ **schiebt Bedürfnisse auf**
	⑪ **Frustrationstoleranz**

Gewünschte Fähigkeit: Das Kind sollte sich beherrschen und Bedürfnisse aufschieben können.

Beobachtung und Dokumentation: alle Lehrkräfte der Klasse

Beobachtungsort:
Alle Orte, an denen der Umgang der Kinder miteinander und das Verhalten einzelner Kinder beobachtbar ist.

Beobachtungssituation und Arbeitsauftrag:

Zu ⑨ beherrscht:
Zeigt ein Kind Enttäuschung durch Tränen, zeigt es Wutausbrüche, drängt es in den Vordergrund, wenn etwas verteilt wird, greift es unter Aufmerksamkeit heischenden Worten nach verteilten Gegenständen oder Blättern, so ist es ein Zeichen dafür, dass es sich nicht beherrschen kann.

Zu ⑩ schiebt Bedürfnisse auf:
Wenn ein Kind im Unterricht häufig zur Toilette muss, plötzlich isst oder trinkt oder fragt, ob dieses möglich sei, ist es ein Anzeichen dafür, dass das Kind seine Bedürfnisse noch nicht aufschieben kann.

Zu ⑪ Frustrationstoleranz:
Reagiert ein Kind gelassen und nicht heftig auf unabsichtliche Berührungen und Stöße durch zufällige und heftige Bewegungen der Mitschüler, so besitzt das Kind Frustrationstoleranz. Das gleiche gilt auch für Situationen am Gruppentisch, wenn Gegenstände vom Tisch fallen, ein Radiergummi ohne Bitten benutzt wird usw.

Dokumentation im Beobachtungsbogen in der entsprechenden Spalte:

+	ja
O	gelegentlich
–	nein

C 3.2 Aufgabenbeispiele Allgemeines Verhalten

3.2.6 Kontakte

Das soziale und emotionale Verhalten des Schülers sollte in einer Langzeitbeobachtung über ca. 5 Monate von allen Lehrkräften der Klasse beobachtet werden.

Bereich	Merkmale und Fähigkeiten
6. Kontakte	① **teamfähig**
	② **hilfsbereit**

Gewünschte Fähigkeit:
Das Kind sollte in der Gruppe arbeiten können und gegenüber den Bedürfnissen der Mitschüler rücksichtsvoll und hilfsbereit sein.

Beobachtung und Dokumentation: alle Lehrkräfte der Klasse

Beobachtungsort:
Alle Orte, an denen der Umgang der Kinder miteinander und das Verhalten einzelner Kinder beobachtbar ist.

Beobachtungssituation und Arbeitsauftrag:

Zu ① teamfähig:
Das teamfähige Kind hält Regeln ein, die eine Zusammenarbeit in der Gruppe ermöglichen, z.B.: Material für alle zur Verfügung halten, eine gemäßigte Lautstärke einhalten, sich am vereinbarten Ort aufhalten, die Spielregeln im Sportunterricht beachten usw. Das Verhalten kann während der Arbeits- und Aufräumphasen im Unterricht beobachtet werden.

Zu ② hilfsbereit:
Im Umgang mit den Mitschülern der Tischgruppe zeigt sich die Hilfsbereitschaft eines Kindes. Sie zeigt sich auch, wenn Arbeitsmittel verteilt und aufgeräumt werden müssen. Hilfsbereitschaft kann auch im Umgang mit eigenem Material wie Stiften und Radiergummis beobachtet werden, falls ein Mitschüler darum bittet. Es kann auch beim Aufräumen beobachtet werden.

Dokumentation im Beobachtungsbogen in der entsprechenden Spalte:

+	ja
O	gelegentlich
–	nein

Für den gesamten Bereich des allgemeinen Verhaltens gibt der Tagesablauf eines Kindes in einer Wochenspanne eine gute Beobachtungsgrundlage. Dazu wird in einem Stundentakt vom Aufstehen bis zum Zubettgehen der Tagesablauf des Kindes für 7 Wochentage von der Lehrkraft in einem Stundenplan aufgeschrieben. Die Informationen einschließlich Fernsehzeiten erhält sie vom Kind und evtl. als Ergänzung von den Eltern.

3.3 Förderbeispiele Allgemeines Verhalten

Die Förderung im Bereich allgemeines Verhalten sollte immer parallel zu anderen notwendigen Förderungen erfolgen und so früh wie möglich beginnen. Sie findet in der Regel im Klassenverband statt. Es sollen Erscheinungen verändert werden, die sich im Umgang der Personen miteinander zeigen. Die Fördermaßnahmen müssen sorgfältig vorbereitet werden, denn es ist immer die ganze Gruppe in ihrem Verhalten zu berücksichtigen und die Maßnahmen betreffen fast immer mehrere Mitglieder der Gruppe oder die ganze Gruppe. *(Luckfiel und Braun, 2004, S. 76 f.)*[54], *(V. Ledl, 2003, S. 215 f.)*[55] Die Förderung wird wirksamer, wenn sich alle Mitarbeiter im Team in ihrem Verhalten und ihren Reaktionen absprechen.

Die folgenden Förderbeispiele beginnen in der Regel mit einfachen Fördervorschlägen. Oft bauen die einzelnen Punkte aufeinander auf. In einigen Bereichen werden auch mehrere Fördervorschläge parallel aufgeführt. Es wird immer nur ein kleiner Teil möglicher Fördervorschläge genannt. Sie können jederzeit durch eigene erprobte Ideen ergänzt werden. Die Literaturhinweise geben die Seiten in den genannten Büchern an, auf denen sich ähnliche oder weiterführende Fördervorschläge befinden.

3.3.1 Lernbereitschaft

Bereich	Merkmale und Fähigkeiten
1. Lernbereitschaft	① **Lerninteresse**
	② **Mitarbeit**

Organisation: Klassenverband, Gruppe; alle Lehrkräfte, die das Kind unterrichten

Förderort: Klassenraum, Gruppenraum, Turnhalle, alle Unterrichtsorte

Material: Arbeitsmaterial der Klasse

Durchführung:

1. Gespräch mit den Eltern, um die Einstellung der Eltern zur Schule zu erfahren, Eltern zum Unterrichtsbesuch ermutigen, Eltern zur Mithilfe im Unterricht anregen, Gespräche mit den Eltern über die Interessen des Kindes führen. (Die Einstellung der Eltern zur Schule und ihre eigenen Erfahrungen mit Schule spiegeln sich oft in dem Verhalten der Kinder. Verändern die Eltern ihre Einstellung zur Schule positiv, so zeigt sich das nach meiner Beobachtung auch im Verhalten der Kinder.)
2. Gespräch mit dem Kind über seine Interessen führen, die Interessen möglichst im Unterricht aufgreifen.
3. Sitzplatz des Kindes im Klassenraum so wählen, dass es einen ungehinderten Blick zur Lehrkraft hat.
4. Falls das Kind sich bei irgendeinem Thema beteiligt oder für irgendetwas Interesse zeigt, das Kind zu weiteren Aktivitäten ermutigen.
5. Aufgaben so umgestalten, dass sie vom Kind selbstständig gelöst werden können.
6. Aufgaben im Klassenverband oder als Hausaufgabe für dieses Kind verringern, falls es überfordert ist. (Den Eltern muss die Verringerung/Vereinfachung der Aufgaben für das Kind bekannt sein. Es entsteht sonst ein falscher Eindruck von der Leistungsfähigkeit des Kindes.) Die Beiträge dieses Kindes sind besonders zu beachten und gewünschtes Verhalten ist sofort durch Lob zu verstärken.

---

[54] Luckfiel und Braun, in R. Christiani (Hrsg.): Schuleingangsphase neu gestalten, Cornelsen, Berlin 1.2004, S. 76 f.
[55] V. Ledl, Kinder beobachten und fördern, Jugend und Volk, Wien 2003, S. 215 f.

C 3.3 Förderbeispiele Allgemeines Verhalten

Bereich	Merkmale und Fähigkeiten
1. Lernbereitschaft	③ **Ordnungssinn**

Organisation:
Klassenverband, Gruppe; 1 Lehrkraft (alle Lehrkräfte, die das Kind/die Klasse unterrichten, verhalten sich möglichst gleich)

Förderort: Klassenraum, Gruppenraum, Turnhalle, alle Unterrichtsorte

Material: alle Unterrichtsmaterialien und persönlichen Gegenstände des Kindes

Durchführung:

1. Alle Gegenstände der Kinder, auch Stifte und Kleidung, von den Eltern beschriften lassen, falls diese fehlt, die Beschriftung mit wasserfestem Stift selber nachholen.
2. Gespräch mit allen Kindern über die Materialorganisation in der Klasse.
3. Würdigung der Schulausstattung der Kinder, Gespräch über den Verwendungszweck der Gegenstände.
4. Die für den Unterricht verwendeten Materialien wie Schreibgeräte, Hefte und Bücher usw. werden vor Beginn des Unterrichts nach Verabredung in einem festen Muster auf und unter dem Tisch bereitgelegt. Die Lage der Materialien wird gemeinsam kontrolliert.
5. Namensschilder zum Kleiderhaken kleben.
6. Turnbeutel usw. an einem festen Platz, beispielsweise am Schülerhaken aufbewahren.
7. Feste Aufräumzeit am Ende der Stunde berücksichtigen, Zeit am Ende von Stunden mit Schneide-, Mal- und Bastelarbeiten großzügig bemessen.
8. Feste Aufräumzeit am Ende des Schulmorgens, vor dem Schlussritual*. Alle Gegenstände vom Boden aufheben, die im Bereich der Tischgruppe liegen. Wichtig: Tischgruppe ist **gemeinsam** verantwortlich! Dann folgt immer die Lehrerfrage: Seht euch um! Meint ihr, dass unsere Klasse aufgeräumt ist und wir unseren Schlussvers sprechen können?
9. Vom Boden aufgelesene Gegenstände nimmt L. mit und deponiert sie auf oder im Pult. Der Besitzer kann sie abholen. (Evtl. nachfragen, ob dem Kind etwas fehlt.)
10. L. hebt Kleidungsstücke vor der Klasse vom Boden auf, nimmt sie mit in die Klasse und lässt sie **immer wieder von den Kindern** aufhängen, ebenso im Umkleideraum der Turnhalle.
11. Falls keine Änderung bei bestimmten Kindern eintritt: Ein Gespräch mit den Eltern über das Aufräumverhalten des Kindes im eigenen häuslichen Bereich führen und Verabredung von Elternverhalten treffen.
12. Falls keine Änderung erfolgt, erneutes Elterngespräch mit dem Hinweis der Verpflichtung zur Unterstützung der Schule bei ihrem Erziehungsauftrag.

Es ist besonders wichtig, dass bestehende Verabredungen von allen Lehrkräften der Klasse eingehalten werden.

* siehe D Anhang: Lieder, Spiele, Reime, Zungenbrecher, S. 144

3.3.2 Arbeitsverhalten

Bereich	Merkmale und Fähigkeiten
1. Arbeitsverhalten	① **Arbeitsbeginn** ② **Arbeitstempo** ③ **Arbeitsziel erreicht**

Organisation:
Klassenverband, Gruppe; 1 Lehrkraft (alle Lehrkräfte, die das Kind/die Klasse unterrichten, verhalten sich möglichst gleich)

Förderort: Klassenraum, Gruppenraum, Turnhalle, alle Unterrichtsorte

Material:
zwischen L. und Kind verabredete Gebärden und Zeichen, selbst erstellte und gestaltete Zeichen wie: Finger auf Mund = Ruhe; durchgestrichener Mund = Stillarbeit

Durchführung:

Zu ① Arbeitsbeginn:

1. Stummes Zeichen der L.: linker Zeigefinger über die Lippen, rechte Hand erhoben. L. wartet, bis alle Schüler schweigen und L. ansehen; danach Aufforderung an die Schüler: Legt eure Hände hinter die Ohren (L. demonstriert) und hört genau zu. *Die halbrund hinter die Ohren gelegten Hände verstärken die sprechende Stimme, gleichzeitig sind sie ein Zeichen, dass es jetzt besonders wichtig ist, zuzuhören.* L. erteilt Arbeitsanweisung zum verwendeten Material. Die Schüler beschäftigen sich nach der Erteilung des Arbeitsauftrags mit dem Unterrichtsmaterial.

2. L.: Nennt leise den Namen des Schülers, der Material vor sich liegen hat und/oder mit der Arbeit beginnt, nennt weitere Namen, bis alle Schüler einer Tischgruppe Material ausliegen haben, nennt dann die Tischgruppen und lobt sie, nennt weiter alle, die fertig sind, bis alle Kinder das Material vor sich liegen haben und/oder arbeiten.

3. L. fordert Schüler auf, die Hände hinter die Ohren zu legen, erklärt den Arbeitsauftrag und lässt ihn von einem Schüler wiederholen, bittet um Rückfragen und klärt sie, bittet um Ruhe bei Stillarbeit oder beschreibt eine der Arbeitsform entsprechende Lautstärke. Dann beginnen **alle** Schüler die Arbeit.

Es können andere Vorgehensweisen gewählt werden, die sich in der Praxis ähnlich bewährt haben wie das oben genannte Vorgehen, um einen gemeinsamen Arbeitsbeginn aller Schüler zu bewirken.

Es ist besonders wichtig, dass bestehende Verabredungen von allen Lehrkräften der Klasse eingehalten werden.

Zu ② Arbeitstempo:

1. Vor Beginn der Arbeit wird auf der Klassenuhr gezeigt, bei welcher Zeigerstellung die Arbeit beendet sein sollte. Es kann die Anfangszeit, der Zeitraum und die Endzeit dazu genannt werden. Die Kinder entwickeln bei diesem Vorgehen ein Zeitgefühl. In der Einführungsphase sollten die Kinder nach ca. 7 Minuten auf die Uhr und die verstrichene Zeit aufmerksam gemacht werden, falls es die Arbeit nicht zu stark unterbricht.

2. Während der Arbeit können die Kinder aufgefordert werden, auf die Lautstärke im Klassenraum zu hören. Die Kinder sollten dann berichten, ob Arbeitsumgebung und Lautstärke für sie angenehm zum Arbeiten sind.

C 3.3 Förderbeispiele Allgemeines Verhalten

3. Mit den Eltern sehr langsam arbeitender Kinder sollte ein Gespräch geführt werden über das Verhalten des Kindes bei allen häuslichen Arbeiten. Diese Kinder sollten von den Eltern klare überschaubare Anweisungen erhalten, bis zu welchem Ereignis/welcher Zeit ein häuslicher Auftrag (z. B. Zimmer aufräumen, Zähne putzen) beendet sein sollte. Die Einhaltung der Zeitgrenzen muss von den Eltern überprüft werden. Bei einer Verhaltensänderung des Kindes sollten die Zeitgrenzen von den Eltern angepasst werden. Eine dauerhafte Veränderung des Schülerverhaltens gelingt nur mit der Unterstützung der Eltern.

4. Sehr langsam arbeitenden Kindern sollte der Umfang der Aufgaben verringert werden. (Den Eltern muss die Verringerung / Vereinfachung der Aufgaben für das Kind bekannt sein. Es entsteht sonst ein falscher Eindruck von der Leistungsfähigkeit des Kindes.)

5. Zu Hause langsam arbeitende Kinder sollten weniger Hausaufgaben erhalten. Sollte sich in Gesprächen mit den Eltern ergeben, dass die Kinder sich während der Hausaufgabenzeit mit anderen Dingen als den Hausaufgaben beschäftigen oder sich nicht konzentrieren, können die Eltern den Kindern einen Wecker oder Kurzzeitmesser mit der eingestellten Hausaufgabenzeit hinstellen. Gleichzeitig sollte den Lehrkräften eine Rückmeldung über das Verhalten des Kindes gegeben werden.

6. Lehrer und Eltern können bei andauernden Problemen mit der Hausaufgabenzeit folgende Verabredung treffen: Ist die vorgesehene Zeit erreicht und die Hausaufgaben sind nicht fertig, so vermerken die Eltern dieses unter der Arbeit des Kindes. Das Kind erhält Reaktionen der Eltern auf sein Verhalten (nimmt an diesem Tag nicht an seinen Sport- oder Spielverabredungen teil, bleibt im Haus und beschäftigt sich dort, keine Fernsehsendungen usw.). Die Lehrerin lässt sich am nächsten Tag vom Kind erklären, weshalb die Hausaufgaben nicht gemacht wurden. Das Kind wird aufgefordert, die fehlende Hausaufgabe nachzuliefern. Bei diesem Vorgehen muss sicher sein, dass das Kind nicht mit der Art und dem Umfang der Hausaufgaben überfordert ist.

Zu ③ Arbeitsziel erreicht:

1. Erreicht ein Kind trotz der oben genannten Maßnahmen häufiger sein Arbeitsziel in einem Fach nicht, so sollte für dieses Kind der Arbeitsumfang verringert werden. (Den Eltern muss die Verringerung / Vereinfachung der Aufgaben für das Kind bekannt sein. Es entsteht sonst ein falscher Eindruck von der Leistungsfähigkeit des Kindes.)

2. Erreicht ein Kind sein Arbeitsziel nicht, so könnte das auch ein Anzeichen dafür sein, dass dem Kind Voraussetzungen aus anderen Bereichen fehlen, z. B. Leseverständnis im Bereich Mathematik.

3. Zeigt sich das Verhalten, Arbeitsziel nicht erreicht, in allen Fächern über einen längeren Zeitraum, so könnte es in Verbindung mit anderen Auffälligkeiten ein Zeichen für eine Lernbehinderung sein, die von Sonderpädagogen zu überprüfen ist.

3.3.3 Selbstständigkeit

Bereich	Merkmale und Fähigkeiten
3. Selbstständigkeit	① Selbstständigkeit ** ② sucht Hilfe

Organisation:
Klassenverband, Gruppe; 1 Lehrkraft (alle Lehrkräfte, die das Kind/die Klasse unterrichten, verhalten sich möglichst gleich)

Förderort: Klassenraum, Gruppenraum, Turnhalle, alle Unterrichtsorte

Material: Bänder, Schleifenbänder, Bastelmaterial

Durchführung:

Zu ① Selbstständigkeit:

1. Die Kinder ziehen sich bei Schulschluss täglich **alleine** ihre Jacken an und schließen sie **selbstständig**. Die Hilfe abholender Mütter wird nicht mehr benötigt. Siehe Schulschluss-Ritual*

2. Täglich wird vor dem Schulschluss der Schulranzen korrekt eingeräumt, die Zeit dazu ist zunächst bei der Unterrichtsplanung zu berücksichtigen.

3. Es werden Dienste eingerichtet, die von Kindern eigenverantwortlich ausgeübt werden, z. B. Kakaodienst, Blumen gießen, Zettel austeilen (Chefsystem) usw.

4. Mit den Eltern sollte ein Gespräch über das häusliche Verhalten des Kindes geführt werden. Das Kind sollte innerhalb des Haushalts für einen bestimmten Bereich verantwortlich sein, z. B. seine Kleidungsstücke, Jacke, Mütze, Schal aufräumen; Wasser und Saft für die Getränke zu Mittag holen, Bio-Müll entsorgen usw.

5. Übungen zum Schleifebinden im Rahmen einer Bastelarbeit, z. B. Halsschleife für ausgeschnittene Katze, Knoten und Schleifen für einen Drachenschwanz usw.

Zu ** ② sucht Hilfe:

1. Das Kind sollte aufgefordert werden, zunächst sein Problem alleine zu lösen und erst nach Hilfe zu fragen, wenn das Vorhaben nicht gelingt. Lösungshilfen werden dem Kind genannt.

2. Die Hilfen sollten möglichst von Mitschülern geleistet werden, damit das Kind erkennt, dass die Handlung auch von ihm erwartet werden kann.

3. Falls der Eindruck entsteht, das Kind bittet um Hilfe, um Zuwendung und Aufmerksamkeit zu erhalten, sollte es durch Lob bestärkt werden, wenn es die Handlung/Aufgabe alleine gelöst hat.

Es ist besonders wichtig, dass bestehende Verabredungen von allen Lehrkräften der Klasse eingehalten werden.

3.3.4 Konzentration und auditive Figur-Grund-Wahrnehmung

Bereich	Merkmale und Fähigkeiten
4. Konzentration und auditive Figur-Grund-Wahrnehmung	① Hört zu

Die Fördervorschläge sind gleichzeitig eine Förderung im Bereich C 3 Allgemeines Verhalten, C 4 Sprache und teilweise im Bereich C 2 Motorik, C 2.2.5 Graphomotorik

Organisation:

Klassenverband oder Gruppe; 1 Lehrkraft (möglichst alle Lehrkräfte, die das Kind/die Klasse unterrichten, spielen in ihrem Unterricht ebenfalls die Spiele)

Förderort: Klassenraum, Gruppenraum

---

* siehe D Anhang: Lieder, Spiele, Reime, Zungenbrecher, S. 144

C 3.3 Förderbeispiele Allgemeines Verhalten

Durchführung:

1. Die folgenden Spielvorschläge können von allen in der Klasse unterrichtenden Lehrkräften mehrmals in der Woche mit allen Kindern im Klassenverband am Anfang einer Stunde oder nach ca. 20 Minuten Unterricht gespielt werden. Die Kinder werden so daran gewöhnt, auf den Klang der Stimmen aufmerksam zu reagieren. Die Zahlen geben die Steigerung des Schwierigkeitsgrades an. Die Klasse/Gruppe sitzt an Tischen:

    a) L.: Legt eure Arme gekreuzt auf den Tisch, legt euren Kopf auf die Arme, schließt die Augen. Alle Kinder schlafen. Alle Kinder wachen nur auf und heben den Kopf, wenn sie das Wort … hören. L. nennt „falsche" Wörter, ähnliche Wörter und dazwischen das „richtige" Wort. Kinder reagieren wie oben beschrieben.

    b) L.: Legt eure Arme gekreuzt auf den Tisch, legt euren Kopf auf die Arme, schließt die Augen. Alle Kinder schlafen. Alle Kinder wachen nur auf und heben den Kopf, wenn sie das Wort … hören. L. nennt mehrere Sätze, die das Wort nicht enthalten, und Sätze, die das Wort enthalten. Kinder reagieren wie oben beschrieben.

    c) Legt eure Arme gekreuzt auf den Tisch, legt euren Kopf auf die Arme, schließt die Augen. Alle Kinder schlafen. Alle Kinder wachen nur auf und heben den Kopf, wenn sie das Wort … hören. L. nennt Sätze, die das Wort enthalten, und Sätze, die das Wort in Zusammensetzungen enthalten. Ebenso werden mehrfach Sätze ohne das Wort genannt. Beispiel: Haus, aber auch Kinderhaus, Haushalt … Kinder reagieren wie oben beschrieben.

    d) Legt eure Arme gekreuzt auf den Tisch, legt euren Kopf auf die Arme, schließt die Augen. Alle Kinder schlafen. Alle Kinder heben den Kopf nur, wenn sie das Wort … hören. L. erzählt/liest eine Geschichte vor, die das Wort mehrfach enthält, auch in Zusammensetzungen.

2. Spiel „Alle Vögel fliegen hoch" in Abwandlungen* – gleichzeitige Kräftigung der Fingermuskulatur, Förderung Bereich C 2 Motorik, C 2.2.5 Graphomotorik.

3. Sprechspiel: Schlapp hat den Hut verloren …*.

4. Erzählsituation
   Erzählsätze im Sitzkreis mit Erzählstein: Ein Kind erhält den Stein und beginnt mit einem Satz oder einem kurzen Bericht, ist es fertig, so ruft es das nächste Kind auf und gibt den Stein weiter. Es darf nur ein Kind aufgerufen werden, das noch nicht gesprochen hat. Die Runde ist beendet, wenn jedes Kind einmal gesprochen hat. Die Kinder gewöhnen sich rasch an das Verfahren und achten mit darauf, dass jedes Kind spricht. Sie rufen sich dann auch im Unterricht gegenseitig auf und achten besser auf die Beiträge der Mitschüler. (Gleichzeitige Förderung zu C 4 Sprache, C 4.2.1 Sprachfähigkeit, ① Artikulation, ② Sprechsicherheit, ③ Sprechrhythmus, ④ Satzbildung)

5. Steigerung des Schwierigkeitsgrads durch Lautstärke und Bewegung
   Turnhalle: L. und Kinder hocken auf dem Boden, patschen mit den Händen auf den Boden: Knall, knall, knall, wir fliegen jetzt ins All! Alle Kinder fliegen mit ausgebreiteten Armen laufend durch die Turnhalle. L. hebt beide Arme hoch und setzt sich in die Hocke. Alle Kinder stoppen. L.: Wir landen jetzt im Froschland. Die Bewegung wird nicht von L. demonstriert. Alle Kinder hüpfen wie die Frösche, bis L. wieder in die Hocke geht. Weiter wie am Anfang beschrieben, unterschiedliche Bewegungsformen können genannt werden.

6. Auch: PC-Spiel- und Lernprogramm von Eugen Träger: „Geräusche hören" *(E. Träger / Mildenberger Verlag GmbH)*[56]

---

[56] Eugen Träger, PC-Spiel- und Lernprogramm Wahrnehmung, Vertrieb: Mildenberger Verlag, Offenburg
* siehe D Anhang: Lieder, Spiele, Reime, Zungenbrecher, S. 145
* siehe D Anhang: Lieder, Spiele, Reime, Zungenbrecher, S. 145

C 3.3 Förderbeispiele Allgemeines Verhalten

Bereich	Merkmale und Fähigkeiten
4. Konzentration	② nur eigene Tätigkeit ③ Arbeitsdauer ④ **Arbeitet weiter** ** ⑤ **aufmerksam beim Vorlesen** ** ⑥ **aufmerksam beim Gespräch** ** ⑦ **aufmerksam bei Sport/Kunst**

Organisation:

Klassenverband, Gruppe; 1 Lehrkraft (möglichst alle Lehrkräfte, die das Kind / die Klasse unterrichten)

Förderort: Klassenraum, Gruppenraum

Durchführung:

Zu ② nur eigene Tätigkeit:

Es kann jeweils der nächste Vorschlag angewendet werden, wenn der vorangehende nicht die gewünschte Wirkung erzielt.

1. Arbeitsaufträge vom Kind wiederholen lassen.
2. Gemeinsamer Arbeitsbeginn nach Atemübung mit Konzentrations-, Wahrnehmungs- und Atemübung. siehe D Anhang: Lieder, Spiele, Reime, Zungenbrecher, S. 144
3. Arbeitsplatz neben einem ruhigen Kind.
4. Ungestörten Arbeitsplatz für das Kind wählen, möglichst Einzelplatz.
5. Schwierigkeitsgrad der Aufgaben verringern.
6. Nach ca. 15 Minuten Arbeitsphase alle Kinder aufstehen lassen und das Gummimännchen-Spiel spielen lassen. siehe D Anhang: Lieder, Spiele, Reime, Zungenbrecher, S. 144
7. Oder nach ca. 15 Minuten Arbeitsphase alle Kinder aufstehen lassen und Gymnastikübungen durchführen: Kinder stehen auf, stellen sich hinter den Stuhl, legen die Fingerspitzen auf die Schultern, strecken die Arme nach vorne geradeaus und spannen dabei die Arme bis in die Fingerspitzen an, die Bewegung wird viermal wiederholt. Die Kinder legen die Fingerspitzen auf die Schultern, strecken die Arme zur Seite geradeaus und spannen dabei die Arme bis in die Fingerspitzen an, die Bewegung wird viermal wiederholt. Die Kinder legen die Fingerspitzen auf die Schultern, strecken die Arme nach oben links geradeaus und spannen dabei die Arme bis in die Fingerspitzen an, die Bewegung wird viermal wiederholt. Die Kinder legen die Fingerspitzen auf die Schultern, strecken die Arme nach oben rechts gerade aus und spannen dabei die Arme bis in die Fingerspitzen an, die Bewegung wird viermal wiederholt. (Die Übung kann auch rhythmisch zu Pop-Musik ausgeführt werden.)
8. Variation: Bewegungen wie oben und dazu rhythmisch in den Knien wippen.

Zu ③ Arbeitsdauer und zu ④ arbeitet weiter:

1. Einzelarbeit. Spiele wie Differix, Schau genau, *Memory, Puzzle (Ravensburger Spiele)*, auch *V. Ledl, 2003, S. 182 f.*[57], oder Aufgaben aus dem aktuellen Unterricht/Arbeitsblätter *(V. Ledl, 2003, S. 178 ff.)*[58] auswählen. Die Spiele werden dem Kind erklärt und in ca. 7 bis 10 Minuten von ihm ausgeführt. Dabei wird darauf bestanden, dass die Zeit eingehalten wird. (Evtl. Sanduhr für das Kind hinstellen und die Arbeitsdauer im Verhältnis zum rinnenden Sand erklären. Die Konzentrationszeit festhalten, falls die Konzentrationszeit länger ist, das Kind länger arbeiten lassen.) Danach geht das Kind bis zum Fenster / zur Tür / einmal durch die Klasse / macht Entspannungsübungen (siehe oben) je nach Verabredung und Persönlichkeit des Kindes. Anschließend arbeitet das Kind weiter.

---

[57] V. Ledl, Kinder beobachten und fördern, Jugend und Volk, Wien 2003, S. 182 f.
[58] V. Ledl, Kinder beobachten und fördern, Jugend und Volk, Wien 2003, S. 178 ff.

C 3.3 Förderbeispiele Allgemeines Verhalten

2. Das gleiche Verfahren bei Arbeiten im Klassenverband durchführen.
3. Kann das Kind 10 Minuten konzentriert arbeiten, die Arbeitszeit langsam erhöhen.

Zu ** ⑤ / ** ⑥ / ** ⑦ / **Aufmerksamkeit in besonderen Situationen:**

Es muss das Ziel sein, diese Hilfen zu verringern, bis die gewünschte Aufmerksamkeit im Unterricht erreicht ist.

Das Interesse des Kindes in einem beobachteten Bereich sollte genutzt werden, um die Aufmerksamkeit in anderen Bereichen zu erhöhen. Zum Beispiel:

1. Malt das Kind gerne, so sollte es Muster unter fertige Aufgaben in sein Heft zeichnen.
2. Ist seine Aufmerksamkeit im Sport besser, so sollte es sich nach Absprache auf einem festgelegten Bereich im Klassenraum oder im Flur gelegentlich während des Unterrichts bewegen können.
3. Hört es gerne Geschichten, so kann eine Geschichte nach einigen erledigten Arbeiten angeboten werden.

Anmerkung zu ⑤ bis ** ⑦:

In einem Elterngespräch sollten die Interessen des Kindes besprochen werden, ebenso die Zu-Bett-Geh-Zeit, das Schlafverhalten, das Fernseh-Verhalten, der Umgang mit Computerspielen, mögliche Ängste des Kindes und das Verhalten des Kindes vom Aufstehen bis zum Schulbesuch. Die besonderen Vorlieben des Kindes sollten mit den Eltern erörtert werden.

Je nach Gesprächsverlauf sollte gemeinsam mit den Eltern versucht werden, Störfaktoren für die Aufmerksamkeit des Kindes abzubauen.

3.3.5 Emotionaler Bereich / Sozialverhalten / Konfliktverhalten / Selbstkontrolle

Bereich	Merkmale und Fähigkeiten
5. Emotionaler Bereich, Sozialverhalten, Konfliktverhalten, Selbstkontrolle	① bis ⑪

Der gesamte Bereich ist als Einheit zu sehen.

Organisation:

Klassenverband, Gruppe; 1 Lehrkraft (alle Lehrkräfte der Klasse, in erster Linie die Klassenleitung)

Förderort: Alle Orte, die zur Lernumgebung gehören, auch Unterrichtsgänge usw.

Durchführung:

1. **Kennenlern-Spiele:** Diese Spiele sollten länger als 4 Wochen gespielt werden. Die Erfahrung hat gezeigt, dass einige Kinder der 1. Klasse im Monat Mai des ersten Schuljahres nicht die Namen aller Mitschüler kannten, obwohl die Spiele in den ersten Wochen immer wieder durchgeführt wurden.

   Zum Beispiel im Stuhlkreis:
   - Mein rechter Platz ist frei ...*
   - Ich heiße ... und werfe den Ball zu ...
   - Kinder betrachten sich gegenseitig. Ein Kind steht auf, dreht sich um und nennt Merkmale eins Kindes: Grüner Pullover, lange Haare, rosa Schleife, Brille ... Die sitzenden Kinder raten den Namen des beschriebenen Kindes.

* siehe D Anhang: Lieder, Spiele, Reime, Zungenbrecher, S. 146

- Ein Kind beschreibt ein besonders nettes Verhalten eines anderen Kindes an diesem Schulmorgen im Klassenraum, ohne dessen Namen zu nennen. Die anderen Kinder raten den Namen.
- Alle an der Schule üblichen Spiele dieser Art.

2. Interaktionsspiele (Klassenraum / Gruppenraum / Turnhalle)

- Begrüßungsspiel: Kinder gehen durcheinander und geben sich die rechte Hand*
- Kinder gehen durcheinander und begrüßen sich und die Lehrkraft mit Handschlag und nennen dabei den Namen des Begrüßten (z. B.: Guten Morgen, Susi! Wie geht es dir heute? Auf Wiedersehen!).
- Kinder gehen durcheinander, während Musik erklingt oder L. klatscht, beim Verstummen des Geräuschs haken sich zwei Kinder ein und gehen weiter, gehen mit um die Schultern gelegten Armen weiter, gehen drei Kinder als Zug weiter, tragen zwei Kinder ein drittes auf den verschränkten Händen usw.

3. Sportspiele

- Alle Sportspiele, bei denen jeweils 2 oder 3 zufällig nebeneinander stehende Kinder gemeinsam eine Handlung ausführen. Zum Beispiel sagt L.: Knall, knall, knall, jetzt fliegen wir ins All!* L. klopft dazu auf den Boden oder in die Hände oder auf ein Tamburin. Die Kinder hocken auf dem Boden. Alle Kinder fliegen mit ausgebreiteten Armen durch die Turnhalle/über den Schulhof. L. hebt die Arme, alle Schüler stoppen. L.: Wir landen jetzt in dem Land, in dem zwei Lebewesen nur zusammen auf zwei Beinen hüpfen können. Jeweils 2 Schüler versuchen zusammen zu hüpfen. Variationen: Land, in dem immer drei Kinder hintereinander laufen und sich dabei auf die Schulter fassen; Land, in dem zwei Kinder ein drittes auf den verschränkten Händen tragen usw.
- Kindergruppen stehen in 4 Ecken, die von Linien auf dem Turnhallenboden gebildet werden, in einer bestimmten Reihenfolge. Auf ein Zeichen von L. wechseln jeweils 2 Gruppen die Position. Der Wechsel erfolgt entweder über die Diagonale oder entlang der Seitenlinie. Es wird zur Bedingung gemacht, dass niemand mit einem anderen zusammenstoßen darf. Die Gruppe, die als Erste in der richtigen Reihenfolge genau auf der Linie steht, hat gewonnen. (Dabei wird auch geübt, auf Zeichen von L. zu reagieren, ohne dass L. spricht.)
- Roboterspiel: Ein Kind steuert ein anderes mit sprachlichen Befehlen wie 3 Schritte nach rechts, 2 Schritte nach links, 4 Schritte nach vorne, 1 Schritt nach hinten durch den Raum …
- Weitere Spiele siehe D Anhang: Lieder, Spiele, Reime, Zungenbrecher (S. 144 f.)

4. Konfliktverhalten

- Gefühle, Trauer, Wut, Freude usw. von einzelnen Kindern oder Gruppen als Pantomime darstellen und von den Mitschülern erraten lassen. Dabei die Gesprächbereitschaft zur Aufarbeitung von Konflikten nutzen.
- Kinder erzeugen Lautfolgen, die den Eindruck von Freundlichkeit, Zärtlichkeit, Trauer, Zorn usw. hervorrufen. (Gleichzeitig Förderung zu 4 Sprache, 4.2.1 Sprachfähigkeit, ③ Sprechrhythmus.)
- Bei aufgetretenen Konflikten sollten beide Parteien die Vorgänge im Sitzkreis schildern und die Gefühle des beteiligten Partners beschreiben.

- siehe D Anhang: Lieder, Spiele, Reime, Zungenbrecher, S. 145
- Knall, knall, knall, wir fliegen jetzt ins All. Sportgeschichten, Mildenberger Verlag, Offenburg. Zu beziehen (Downloadmöglichkeit) bei www.school-scout.de.

C 3.3 Förderbeispiele Allgemeines Verhalten

- Aufgetretene Konflikte sollten direkt nach dem Auftreten mit den Beteiligten besprochen werden. Den beteiligten Kindern sollte die Gelegenheit geboten werden, sich alleine – ohne die Lehrkraft – zu einigen.
- Probleme, die die Klassengemeinschaft betreffen, sollten gemeinsam im Sitzkreis besprochen werden. Gemeinsam sollten Lösungen gefunden werden. Nach einer gemeinsam festgelegten Zeit sollte wieder im Sitzkreis besprochen werden, ob eine Veränderung eingetreten ist.
- Gemeinsam sollte im Sitzkreis besprochen werden, was geschieht, wenn unerwünschtes Verhalten eines Schüler – trotz Besprechung im Sitzkreis – immer wieder auftritt.

Die gemeinsam besprochene Reaktion sollte von allen Lehrkräften erfolgen, wenn das Verhalten wieder auftritt.

Mit den Lehrkräften der parallelen Klasse sollte vorab geklärt werden, dass ein Kind, das wiederholt besprochene Regeln nicht einhält, am Unterricht der parallelen Klasse teilnimmt, während die eigene Klasse z. B. einen Unterrichtsgang unternimmt.

3.3.6 Kontakte

Bereich	Merkmale und Fähigkeiten
6. Kontakte	① **teamfähig**
	② **hilfsbereit**

Organisation:

Klassenverband, Gruppe; 1 Lehrkraft (alle Lehrkräfte der Klasse, in erster Linie die Klassenleitung)

Förderort: Alle Orte, die zur Lernumgebung gehören, auch Unterrichtsgänge

Durchführung:

1. Die positiv formulierten Klassenregeln (Schulregeln) und ihre Beachtung an jedem ersten Montag im Monat (oder an einem anderen regelmäßig wiederkehrenden Termin) als Thema im Stuhlkreis behandeln. Dabei nennen die Kinder das richtige Verhalten mit Beispielen und begründen die Einschränkungen.

2. Patenschüler der 4. Klassen sollten den Schülern der 1. Klasse helfen, mit den Schulregeln vertraut zu werden. Das gilt besonders für das Verhalten auf dem Schulhof.

3. Die Tischgruppe, die ein gewünschtes Verhalten bei der Gruppenarbeit, beim Aufräumen, beim Bereitstellen von Material zeigt, erhält einen Wanderpreis (kleine Figur, Bärchen, Zwerg o. Ä.). Die Häufigkeit der Preisverleihung wird an der Seitentafel festgehalten. Nach einer vereinbarten Anzahl erhält die Tischgruppe Hausaufgabenfrei.

4. An jedem ersten Montag (oder an einem anderen festen Termin) bringt ein Mitschüler für ein anderes Kind dessen Lieblingsfrühstück mit. Die Namen können durch Los ermittelt werden oder die Kinder bringen das Frühstück für den Nebenmann mit. Das Frühstück wird für den Partner auf einer Serviette, die L. bereitstellt, „angerichtet". Die Vorlieben des Partners müssen während der vorangegangenen 3 Frühstückspausen durch Beobachtung, nicht im Unterricht durch Befragung, ermittelt werden.

5. An jedem Freitag wird die Jacke des Tischnachbarn am Ende des Schulmorgens in die Klasse geholt. Dem Nachbarn wird in die Jacke geholfen und die Jacke wird ihm geschlossen. Nachdem jeder selber den Ranzen aufsetzt, wird der Schlussvers gesprochen, dann verabschieden sich die Kinder mit Handschlag voneinander und danach von der Lehrerin. Der Name dessen, für den die Jacke geholt werden

C 3.3 Förderbeispiele Allgemeines Verhalten

muss, steht bereits am Vortag fest. (Gleichzeitig Förderung in den Bereichen: 2 Motorik: 3 Selbstständigkeit, 4 visuelle Wahrnehmung; 3 Allgemeines Verhalten: 5 soziales Verhalten, 6 Kontakte, 4 Sprache: Sprachgedächtnis, Artikulation, Sprechrhythmus, Verse.)

6. **Variation:** Ein Mädchen holt eine Jacke für einen Jungen, ein Junge holt eine Jacke für ein Mädchen.

   Variation: Eine Tischgruppe holt die Jacken für eine andere Tischgruppe;

   Variation: Das Los bestimmt den Namen desjenigen, für den die Jacke geholt werden muss.

   Variation: Mit Hilfe eines Abzählverses bestimmen zwei Kinder, welches Kind zuerst die Jacke für das andere Kind holt.

Dokumentationsbögen, Aufgabenbeispiele und Förderbeispiele zum Thema

Sprache

C 4.1 Dokumentationsbögen Sprache

Klasse 1, Zeitraum Einschulung: Diagnosebogen Sprache

Bereiche	Förderung	Aufgabenbeispiele		Merkmale/Fähigkeiten	empfohlene Auswahl
1. Sprachfähigkeit	S. 109	Vokale und Umlaute, Konsonanten, pf+, S. 94		① Artikulation	1.
	S. 110	Fließend, S. 94		② Sprechsicherheit	
	S. 111	Satzmelodie, Sitzkreis, S. 95		③ Sprechrhythmus	2.
	S. 112	Beobachtung Gesprächsrunde, S. 96		④ Wortschatz altersgemäß	
	S. 112	Gegenstände benennen, erzählen, S. 97		** ⑤ Wortschatz aktiv + Sprachfähigkeit	
	S. 112	Gegenstände zeigen nach Aufforderung, S. 97		** ⑥ Wortschatz passiv, handelnd	
	S. 112	Beobachtung Gesprächsrunde, S. 98		⑦ Satzbildung	3.
	S. 113	z. B. Apfel / Birnen = Obst, S. 98		⑧ Oberbegriffe	
	S. 113	z. B. Gemüse = Kohl, Erbsen, S. 99		⑨ Unterbegriffe	
	S. 114	Verbform / Plural / Artikel, S. 99		⑩ Grammatik	
	S. 114	Geschichte nacherzählen, S. 100		⑪ Nacherzählung	
2. Anweisungsverständnis	S. 115	nach Arbeitsauftrag, S. 100		① Anweisung direkt ausführen	
	S. 115	Bild malen zu mehrteiliger Anweisung (Überprüfung ganze Klasse), S. 101		② Anweisung verstehen	4.
3. Sprechbereitschaft	S. 116	Beobachtung im Unterricht, S. 102		① Unterrichtsbeiträge oft	
	S. 116	S. 102		** ② zuhören	
4. auditive Wahrnehmung Sprachgedächtnis	S. 117	Wörter vorsprechen und wiederholen, S. 103		① Wörter wiederholen	5.
	S. 117	Abzählvers nachsprechen, S. 103		② Verse	
	S. 118	sinnlose Silben hören und erkennen, S. 104		③ Silben wiedererkennen	
5. Kenntnis der Begrifflichkeit / Phonologische Bewusstheit	S. 119	alles schreiben, was möglich ist, S. 105	Alle 4 Bereiche sind mit der ganzen Klasse in 1 Stunde überprüfbar	① Vorkenntnisse	6.
	S. 119	Reime erkennen, S. 105		② Reime	6.
	S. 120	Wörter in Silben gliedern, S. 106		③ Silben bestimmen	6.
	S. 120	Anfangslaut zu Bildern hören, S. 107		④ Phoneme	6.
6. außerschulische Förderung	S. 121	Gesprächskreis, Gespräch über Alltagssituation, S. 94, S. 108		① Stammeln, Stottern	

Klasse 1, Zeitraum Einschulung: Beobachtungsbogen Sprache

Legende		
+ = vorhanden		
− = nicht vorhanden		
O = teils ja, teils nein		

Name	① Artikulation	② Sprechsicherheit	③ Sprechrhythmus	④ Wortschatz altersgemäß	** ⑤ Wortschatz aktiv + Sprachfähigkeit	** ⑥ Wortschatz passiv, handeln	⑦ Satzbildung	⑧ Oberbegriffe	⑨ Unterbegriffe	⑩ Grammatik	⑪ Nacherzählung	① Anweisung direkt ausführen	② Anweisung verstehen	① Unterrichtsbeiträge oft	** ② zuhören	① Wörter wiederholen	② Verse	③ Silben wieder erkennen	① leeres Blatt	② Reime	③ Silben bestimmen	④ Phoneme	① Stammeln, Stottern	

4.2 Aufgabenbeispiele Sprache

4.2.1 Sprachfähigkeit

Bereich	Merkmale und Fähigkeiten
1. Sprachfähigkeit	① **Artikulation**

Gewünschte Fähigkeit:

Das Kind sollte deutlich und klar sprechen und dabei die Laute korrekt in der richtigen Tonhöhe, Lautstärke und Klangfarbe bilden. Es sollten beim Sprechen auch Unterschiede zwischen d und t, b und p, g und k und anderen ähnlich klingenden Lauten erkennbar sein.

Beobachtung und Dokumentation: 1 Lehrkraft (alle Lehrkräfte der Klasse)

Beobachtungsort: Sitzkreis, Klassenraum, Einzelgespräche

Material: Erzählstein, Wimmelbild (siehe auch Buchempfehlung S. 151, 152)

Beobachtungssituation und Arbeitsauftrag:

Erzählkreis: Jedes Kind bekommt den Erzählstein und berichtet von einem Erlebnis (Erlebnisse am Wochenende/am Nachmittag/mit dem Klassenplüschtier/der Klassenpuppe usw.).

L. achtet jeweils besonders auf die Bildung der Laute von ca. 4 – 5 Kindern, die nebeneinander sitzen. Die Kindernamen sollten nacheinander auf dem Beobachtungsbogen stehen. Die Aussprache von Vokalen und Konsonantenverbindungen wie: pf, schw, schm, sp, st, tz usw. werden besonders beobachtet.

Oder: Einzelgespräch L./Kind. L. fordert das Kind auf zu erzählen, was auf einem Bild zu sehen ist (z. B. auf einem Bild von *Ali Mitgutsch*[59]). Scheint die Aussprache des Kindes undeutlich zu sein, so kann das Kind gebeten werden, mehrsilbige Wörter nachzusprechen, z. B. Schwimmbadparkplatz, Katzenkrallen, Dosenpfand, Bratkartoffeln usw.

Dokumentation im Beobachtungsbogen: Das Kind spricht

+	Vokale und Konsonantenverbindungen deutlich und korrekt
O	eine Konsonantenverbindung nicht deutlich und korrekt
–	mehrere Vokale und/oder Konsonantenverbindungen nicht deutlich und korrekt

Wird bei dieser Beobachtung festgestellt, dass das Kind stammelt oder stottert, sollte sofort mit den Eltern gesprochen werden. Es ist zu klären, ob bereits eine Förderung durch einen Logopäden erfolgte oder noch erfolgt. Falls nein, sollte die Lehrkraft eine außerschulische Förderung anraten. Die Dokumentation, Eintrag STA (für Stammeln) oder STO (für Stottern), erfolgt in Punkt Außerschulische Förderung auf dem Beobachtungsbogen.

Bereich	Merkmale und Fähigkeiten
1. Sprachfähigkeit	② **Sprechsicherheit**

Gewünschte Fähigkeit:

Das Kind sollte ohne Stockungen mit fließendem Luftstrom sprechen. Es sollte sich verständlich machen können, ohne Gesten und Zeichen benutzen zu müssen. Dabei sollte das Kind entspannt und nicht ängstlich erscheinen.

[59] Ali Mitgutsch, Rundherum in meiner Stadt, Verlag O. Maier, Ravensburg 1968, ders., Bei uns im Dorf, Verlag O. Maier, Ravensburg 1970

C 4.2 Aufgabenbeispiele Sprache

Beobachtung und Dokumentation: 1 Lehrkraft (alle Lehrkräfte der Klasse)

Beobachtungsort: Sitzkreis, Klassenraum, Einzelgespräche

Material: Erzählstein, Wimmelbild

Beobachtungssituation und Arbeitsauftrag:

Klassenverband im regelmäßig stattfindenden Erzählkreis: Jedes Kind bekommt einen Erzählstein und berichtet von einem Erlebnis (Erlebnisse am Wochenende / am Nachmittag / mit dem Klassenplüschtier / der Klassenpuppe usw.).

L. achtet jeweils besonders auf die Sprechweise von ca. 4 – 5 Kindern. Die Kindernamen sollten nacheinander auf dem Beobachtungsbogen stehen. Das Kind sollte mit fließendem Luftstrom sprechen. Aus seinen verbalen Äußerungen sollten seine Mitteilungen ohne Nachfragen zum Verständnis entnommen werden können.

Oder: Einzelgespräch L. / Kind. L. fordert das Kind auf zu erzählen, was auf einem Bild zu sehen ist (z. B. auf einem Bild von *Ali Mitgutsch*[60]). Das Kind sollte mit fließendem Luftstrom sprechen. Aus seinen verbalen Äußerungen sollten seine Mitteilungen ohne Nachfragen zum Verständnis entnommen werden können.

Dokumentation im Beobachtungsbogen: Das Kind spricht

+	längere Zeit fließend und leicht verständlich
O	zunächst eine verständliche Sprache, benutzt bei Erläuterungen Zeichen
−	kurze Zeit, abgehackt, unsicher mit unklaren Erzählabsichten und/oder benutzt Zeichen

Bereich	Merkmale und Fähigkeiten
1. Sprachfähigkeit	③ **Sprechrhythmus**

Bei den folgenden Beobachtungssituationen sollte immer die Fähigkeit des Kindes, vollständige Sätze und Fragen bilden zu können, mit beobachtet werden. Diese Dokumentation erfolgt auf dem Beobachtungsbogen, wie in ⑦ Satzbildung beschrieben.

Gewünschte Fähigkeit:

Das Kind sollte im Sprechrhythmus der deutschen Sprache mit betonten und unbetonten Silben sprechen können. Dabei sollte der Inhalt des Gesagten für die Zuhörer leicht verständlich sein.

Beobachtung und Dokumentation: 1 Lehrkraft (alle Lehrkräfte der Klasse)

Beobachtungsort: Sitzkreis, Klassenraum, Einzelgespräche

Material: Erzählstein, Wimmelbild

Beobachtungssituation und Arbeitsauftrag:

Erzählkreis: Jedes Kind bekommt einen Erzählstein und berichtet von einem Erlebnis (Erlebnisse am Wochenende / am Nachmittag / mit dem Klassenplüschtier / der Klassenpuppe usw.). L. achtet jeweils besonders auf die Sprechweise von ca. 4 – 5 Kindern. Die Kindernamen sollten nacheinander auf dem Beobachtungsbogen stehen. Das Kind spricht mit betonten und unbetonten Silben im Sprechrhythmus der deutschen Sprache. Der gewählte Sprechrhythmus lässt die Zuhörer das Gesagte richtig und leicht verstehen.

---

[60] Ali Mitgutsch, Rundherum in meiner Stadt, Verlag O. Maier Ravensburg 1968, ders., Bei uns im Dorf, Verlag O. Maier, Ravensburg 1970

C 4.2 Aufgabenbeispiele Sprache

Oder: Einzelgespräch L./Kind: L. fordert das Kind auf zu erzählen, was auf einem Bild zu sehen ist (Wimmelbild von *Ali Mitgutsch*[61]). Das Kind sollte im Sprechrhythmus der deutschen Sprache sprechen. Der gewählte Sprechrhythmus lässt den Zuhörer das Gesagte richtig und leicht verstehen.

Dokumentation im Beobachtungsbogen:

+	Richtiger Wechsel von betonten und unbetonten Silben, wie im Deutschen gebräuchlich
−	Sprechrhythmus entspricht nicht dem normalen Rhythmus in der deutschen Sprache

Bereich	Merkmale und Fähigkeiten
1. Sprachfähigkeit	④ **Wortschatz, altersgemäß**

Bei den folgenden Beobachtungssituationen sollte immer die Fähigkeit des Kindes, vollständige Sätze und Fragen bilden zu können, mit beobachtet werden. Diese Dokumentation erfolgt auf dem Beobachtungsbogen, wie in ⑦ Satzbildung beschrieben.

Gewünschte Fähigkeit:
Das Kind sollte sich mit treffenden Wörtern, ohne auf allgemeine Bezeichnungen auszuweichen, verständigen können.

Beobachtung und Dokumentation: 1 Lehrkraft, 4 – 5 Kinder oder 1 Kind

Beobachtungsort: Gruppenraum

Material: Wimmelbild oder Bilderbücher *(Ali Mitgutsch, 1968)*[62]

Beobachtungssituation und Arbeitsauftrag:
Ein Kind wird aufgefordert, zu einem Bild zu sprechen. Zusätzlich stellt L. Fragen zu einigen Gegenständen, z. B.: Was kann man damit sonst noch machen? Kennst du noch andere Fahrzeuge, …? L. stellt Fragen, die das Kind anregen sollen, möglichst viele synonyme/ähnliche Begriffe zu verwenden.

Das Kind wird aufgefordert, sich möglichst genau zu Einzelheiten der Bilder zu äußern.

Dokumentation im Beobachtungsbogen:

+	Kind kann sich differenziert ausdrücken mit unterschiedlichen Worten zu einem Gegenstand, kann verschiedene Verben zum Gegenstand nennen
O	Kind kann ähnliche Gegenstände nennen, aber nur wenige Verben dazu
−	Kind spricht mit einem oder zwei Worten von einem Gegenstand und wechselt dann zum nächsten

[61,62] Ali Mitgutsch, Rundherum in meiner Stadt, Verlag O. Maier, Ravensburg 1968, ders., Bei uns im Dorf, Verlag O. Maier, Ravensburg 1970

C 4.2 Aufgabenbeispiele Sprache

Bereich	Merkmale und Fähigkeiten
1. Sprachfähigkeit	** ⑤ **Wortschatz, aktiv**

Die Überprüfung sollte bei den Kindern durchgeführt werden, deren Leistungen in der Überprüfung ④ Wortschatz, altersgemäß zweifelhaft oder nicht befriedigend waren.

Bei den folgenden Beobachtungssituationen sollte immer die Fähigkeit des Kindes, vollständige Sätze und Fragen bilden zu können, mit beobachtet werden. Diese Dokumentation erfolgt auf dem Beobachtungsbogen, wie in ⑦ Satzbildung, S. 98, beschrieben.

Gewünschte Fähigkeit:

Das Kind soll über einen altersgemäßen aktiven Wortschatz verfügen. Es sollte die Gegenstände auf gezeigten Bildern richtig benennen können.

Beobachtung und Dokumentation: 1 Lehrkraft, 4 – 5 Kinder oder 1 Kind

Beobachtungsort: Gruppenraum

Material: Wimmelbild oder Bilderbücher *(z. B. Ali Mitgutsch, 1968)*[63]

Beobachtungssituation und Arbeitsauftrag:

L. zeigt auf Gegenstände und fordert das Kind auf, die Namen der Gegenstände zu nennen.

Dokumentation im Beobachtungsbogen:

+	Kind kann alle gezeigten Gegenstände benennen und dazu sprechen
O	Kind kann die meisten gezeigten Gegenstände benennen
–	Kind kann nur wenige Gegenstände benennen und nicht dazu sprechen

Bereich	Merkmale und Fähigkeiten
1. Sprachfähigkeit	** ⑥ **Wortschatz, passiv, handelnd**

Die Überprüfung sollte, wie unter ** ⑤ Wortschatz, aktiv beschrieben, durchgeführt werden.

Gewünschte Fähigkeit:

Das Kind sollte über einen altersgemäßen passiven Wortschatz verfügen und Gegenstände nach ihrer Benennung zeigen können.

Beobachtung und Dokumentation: 1 Lehrkraft, 1 Kind

Beobachtungsort: Gruppenraum

Material: Wimmelbild oder Bilderbücher *(z. B. Ali Mitgutsch, 1968)*[64]

Beobachtungssituation und Arbeitsauftrag:

Die Lehrkraft nennt den Namen eines Gegenstands und fordert das Kind auf, das zugehörige Bild zu zeigen.

Dokumentation im Beobachtungsbogen:

+	Kind kann alle benannten Gegenstände zeigen
O	Kind kann die meisten benannten Gegenstände zeigen
–	Kind kann nur wenige benannte Gegenstände zeigen

[63,64] Ali Mitgutsch, Rundherum in meiner Stadt, Verlag O. Maier, Ravensburg 1968, ders., Bei uns im Dorf, Verlag O. Maier, Ravensburg 1970

C 4.2 Aufgabenbeispiele Sprache

Bereich	Merkmale und Fähigkeiten
1. Sprachfähigkeit	⑦ **Satzbildung**

Gewünschte Fähigkeit: Das Kind sollte in vollständigen verständlichen Sätzen sprechen können.

Beobachtung und Dokumentation:
1 Lehrkraft und jeweils 4 Kinder im Gesprächskreis, aber auch alle Lehrkräfte der Klasse in allen Gesprächssituationen mit den Kindern der Klasse

Beobachtungsort: Sitzkreis, Gesprächsrunde, Gesprächsbeiträge im Klassenverband, Gespräche in der Frühstückspause usw.

Material: Bilder, Bilderbücher, Kuscheltiere, Erzählstein u. Ä., aber auch ohne Material möglich

Beobachtungssituation und Arbeitsauftrag:
Siehe Merkmale und Fähigkeiten 4 Wortschatz, altersgemäß bis ** ⑨ Unterbegriffe, parallel wurde die Fähigkeit zur Satzbildung beachtet.

Außerdem Beobachtungen in allen Gesprächen, die von einer Lehrkraft mit dem Kind geführt werden.

Dokumentation im Beobachtungsbogen:

+	Kind spricht in vollständigen verständlichen Sätzen, zum Teil mehrteilig
O	Kind spricht in einfachen aber verständlichen Sätzen
–	Kind spricht in Einzelbegriffen oder Teilsätzen

Bereich	Merkmale und Fähigkeiten
1. Sprachfähigkeit	** ⑧ **Oberbegriffe**

Gewünschte Fähigkeit: Das Kind sollte den Oberbegriff zu mehreren Gegenständen nennen können.

Beobachtung und Dokumentation: 1 Lehrkraft, 1 Kind

Beobachtungsort: Gruppenraum

Material: Wimmelbild, Bilderbuch *(Ali Mitgutsch, 1968)*[65]

Beobachtungssituation und Arbeitsauftrag:

L. zeigt auf alle Personen, die zu einer Familie gehören und lässt ihre Bezeichnung nennen (Vater, Mutter, Kind). L.: Kannst du mir sagen, wie man alle diese Personen gemeinsam nennt?

L. zeigt auf verschiedene Kleidungsstücke und lässt das Kind deren Namen nennen. L.: Alle diese Stücke haben einen gemeinsamen Namen. Kannst du ihn mir nennen?

L. zeigt auf Werkzeuge und lässt das Kind ihre Namen nennen. Kannst du mir sagen, wozu alle diese Geräte gehören?

Es können drei beliebige andere Beispiele gewählt und die Beobachtung mit entsprechendem Bildmaterial durchgeführt werden.

Dokumentation im Beobachtungsbogen:

+	3 Oberbegriffe
O	2 Oberbegriffe
–	1/0 Oberbegriffe

[65] Ali Mitgutsch, Rundherum in meiner Stadt, Verlag O. Maier, Ravensburg 1968, ders., Bei uns im Dorf, Verlag O. Maier, Ravensburg 1970

C 4.2 Aufgabenbeispiele Sprache

Bereich	Merkmale und Fähigkeiten
1. Sprachfähigkeit	** ⑨ **Unterbegriffe**

Gewünschte Fähigkeit:
Das Kind sollte die zu einem Oberbegriff gehörenden Gegenständen benennen können.

Beobachtung und Dokumentation: 1 Lehrkraft, Klassenverband

Beobachtungsort: Klassenraum

Material: Buntstifte, Arbeitsblätter (Kopiervorlagen 6A und 6B, siehe D Anhang)

Beobachtungssituation und Arbeitsauftrag:
Kreise alle **Gemüsesorten** rot, alle **Möbel** gelb, alle **Gartengeräte** grün und alle **Obstsorten** orange ein!

Kopiervorlage 6 A   Kopiervorlage 6 B

Dokumentation im Beobachtungsbogen:

+	4 Zuordnungen richtig
O	3 Zuordnungen richtig
–	2 und weniger Zuordnungen richtig

Bereich	Merkmale und Fähigkeiten
1. Sprachfähigkeit	** ⑩ **Grammatik**

Gewünschte Fähigkeit:
Das Kind sollte die Verben, die Pluralbildung und die Artikel richtig verwenden.

Beobachtung und Dokumentation:
1 Lehrkraft und jeweils 4 Kinder im Gesprächskreis, aber auch alle Lehrkräfte der Klasse in allen Gesprächssituationen mit den Kindern der Klasse

Beobachtungsort:
Sitzkreis, Gesprächsrunde, Gesprächsbeiträge im Klassenverband, Gespräche in der Frühstückspause usw.

C 4.2 Aufgabenbeispiele Sprache

Material: ohne Material in der Gesprächsrunde, auch mit Bildmaterial in Einzelbeobachtung möglich

Beobachtungssituation und Arbeitsauftrag:

Beobachtungen in allen Gesprächen, die von einer Lehrkraft mit dem Kind geführt werden.

(Genaue Hinweise siehe unter 4 Wortschatz, altersgemäß, S. 96)

Das Kind wird gebeten, sich möglichst genau zu Einzelheiten der Bilder zu äußern.

Beobachtung auch mit dem Auftrag bei Überprüfung ⑪ Nacherzählung möglich.

Dokumentation im Beobachtungsbogen:

+	Kind verwendet die Artikel, Pluralformen und Verben richtig
O	Kind verwendet nur die Artikel und die Verben richtig
–	Kind verwendet die Artikel überwiegend falsch, alles andere falsch

Bereich	Merkmale und Fähigkeiten
1. Sprachfähigkeit	** ⑪ Nacherzählung

Gewünschte Fähigkeit:

Das Kind sollte eine kurze, gegliederte Vorlesegeschichte in der richtigen Reihenfolge wiedergeben können.

Beobachtung und Dokumentation: 1 Lehrkraft, 1 Kind

Beobachtungsort: Gruppenraum

Material:

Vorlesegeschichte, Dauer ca. 3 – 4 Minuten, ca. 8 Inhaltsteile, z. B. Der kleine Tiger *(Hull u. Butler, 1984)*[66]

Beobachtungssituation und Arbeitsauftrag:

L. stellt die Aufmerksamkeit des Kindes her. Das Kind wird gebeten, das, was jetzt vorgelesen wird, gleich zu erzählen. L. liest die Geschichte einmal vor. Kind erzählt die Geschichte nach.

Dokumentation im Beobachtungsbogen:

+	Alle Inhaltsteile wiedergegeben oder ein Inhaltsteil fehlt
O	5 Inhaltsteile wiedergegeben
–	2 Inhaltsteile wiedergegeben

4.2.2 Anweisungsverständnis

Bereich	Merkmale und Fähigkeiten
2. Anweisungsverständnis	① Anweisungen ausführen

Durchführung der Beobachtung wie bei C 3 Allgemeines Verhalten, C 3.2.2 Arbeitsverhalten, S. 68, ① Arbeitsbeginn / Dokumentation unterschiedlich

Gewünschte Fähigkeit: Das Kind sollte eine Anweisung zur Handlung in seiner Bedeutung verstehen und direkt ausführen können.

[66] D. Hull, J. Butler, Der kleine Tiger, Delphin Verlag, München 1984

C 4.2 Aufgabenbeispiele Sprache

Beobachtung und Dokumentation: 1 Lehrkraft, ca. 4 – 6 Kinder

Beobachtungsort: Klassenraum

Beobachtungssituation und Arbeitsauftrag:

Jeweils 1 Woche (**5 Tage**) lang werden die Kinder an einem bestimmten Tisch oder 6 Kinder in der Klasse genauer beobachtet. Für diese Kinder kann am Ende **einer** Unterrichtsstunde **eines** Tages eine Lehrkraft

- ein Plus-Zeichen (**+**) mit **Bleistift** in das Feld des Kindes auf dem Beobachtungsbogen eintragen für den sofortigen Beginn der Arbeit nach Erteilung des Arbeitsauftrags, ohne mit dem Nachbarn zu sprechen, ohne zu warten, bis der Nachbar mit der Arbeit begonnen hat, ohne nochmals bei der Lehrerin nachzufragen;

- ein Minus-Zeichen (**–**) eintragen, falls das Kind vor Beginn der Arbeit mit dem Nachbarn gesprochen oder gewartet hat, bis der Nachbar mit der Arbeit begonnen hat, oder das Kind bei der Lehrerin nachfragt.

Da im Laufe der Woche mehrere Lehrer die Kinder unterrichten, können am Ende der Woche die Beobachtungsergebnisse mehrer Personen auf dem Bogen vermerkt sein.

Eine Klasse von 30 Schülern kann so in 5 Wochen beobachtet und dokumentiert werden.

Dokumentation im Beobachtungsbogen:

+	farbig über Bleistiftzeichen	4 und mehr +
–	farbig über Bleistiftzeichen	4 und mehr –

Bereich	Merkmale und Fähigkeiten
2. Anweisungsverständnis	② **Anweisungen verstehen**

Gewünschte Fähigkeit: Das Kind sollte Arbeitsanweisungen direkt in Handlung umsetzen können.

Beobachtung und Dokumentation: 1 Lehrkraft, Klassenverband

Beobachtungsort: Klassenraum

Material: Leeres DIN-A4-Blatt ohne Linien, Bleistift

Beobachtungssituation und Arbeitsauftrag:

L. gibt jedem Kind ein Blatt. L.: Holt euren Bleistift heraus und schreibt euren Namen oben auf das Blatt. Malt auf das Blatt, was ich sage.

L.: Malt einen Baum. – Pause – Der Baum hat 4 Äpfel und eine Leiter. – Pause – Die Sonne scheint. – Pause – Drei Äpfel sind vom Baum gefallen und liegen neben einer Bank. (A. Ostermann, 2004, S. 98)[67]

Dokumentation im Beobachtungsbogen:

+	alle Gegenstände in richtiger Anzahl auf dem Blatt
O	ein Gegenstand fehlt
–	2 und mehr Gegenstände fehlen

---

[67] A. Ostermann, Lernvoraussetzungen von Schulanfängern, Persen, Horneburg 2.2004, S. 98

C 4.2 Aufgabenbeispiele Sprache

4.2.3 Sprechbereitschaft

Bereich	Merkmale und Fähigkeiten
3. Sprechbereitschaft	① **Unterrichtsbeiträge/Gesprächsbereitschaft** ** ② **zuhören**

Gewünschte Fähigkeit:
Das Kind sollte durch Meldung und Aufmerksamkeit seine Gesprächsbereitschaft zeigen. Wenn Mitschüler sprechen, sollte es verstehend zuhören können.

Beobachtung und Dokumentation:
1 Lehrkraft (und alle Lehrkräfte der Klasse an verschiedenen Tagen), ca. 4 – 6 Kinder

Beobachtungsort: Klassenraum / Gesprächskreis

Beobachtungssituation und Arbeitsauftrag:
Jeweils 1 Woche (5 Tage) lang werden die Kinder an einem bestimmten Tisch oder 6 Kinder in der Klasse von einer Lehrkraft genauer beobachtet. Für diese Kinder kann am Ende einer Unterrichtsstunde eines Tages eine Lehrkraft eintragen:

Zu ① Unterrichtsbeiträge/Gesprächsbereitschaft:

- ein Plus-Zeichen (+) mit **Bleistift** in das Feld des Kindes auf dem Beobachtungsbogen für häufigeres Aufzeigen und aktive passende Beiträge im Unterricht;
- eine Null (O) mit **Bleistift**, falls das Kind gelegentlich aufzeigt und einen passenden Beitrag zum Unterricht leisten kann;
- ein Minus-Zeichen (–) mit **Bleistift**, falls das Kind nicht aufzeigt und bei Aufforderung einen Beitrag zum Unterricht leisten kann.

Falls die obige Überprüfung ein – Zeichen ergibt, können weitere Überprüfungen durchgeführt werden.

Zu ** ② zuhören:

- ein Plus-Zeichen (+) mit **Bleistift**, wenn das Kind gelegentlich aufzeigt – und wenn es nicht aufzeigt, auf Nachfrage von L. richtige Beiträge liefert;
- ein Minus-Zeichen (–) mit **Bleistift**, wenn das Kind nicht aufzeigt und auf Nachfrage von L. falsche Beiträge liefert.

Dokumentation im Beobachtungsbogen:

+	farbig über Bleistiftzeichen	4 und mehr +
O	farbig über Bleistiftzeichen	3 und weniger + oder O
–	farbig über Bleistiftzeichen	4 und mehr –

C 4.2 Aufgabenbeispiele Sprache

4.2.4 Auditive Wahrnehmung/Sprachgedächtnis

Bereich	Merkmale und Fähigkeiten
4. Auditive Wahrnehmung/ Sprachgedächtnis	① **Wörter wiederholen**

Gewünschte Fähigkeit: Das Kind sollte 4 Wörter aus dem Gedächtnis wiederholen können.

Beobachtung und Dokumentation: 2 Lehrkräfte bzw. 1 Kind und 1 Lehrkraft

Beobachtungsort: Gruppenraum, Flur

Material: 4 Wörter: Fenster, Schule, Fahrrad, Kissen

Beobachtungssituation und Arbeitsauftrag:

1. Lehrkraft beobachtet das Kind im Gruppenraum oder auf dem Flur. 2. Lehrkraft unterrichtet im Klassenraum und schickt immer das nächste Kind heraus, wenn das überprüfte Kind die Klasse betritt. Die Kinder sollten in der Reihenfolge geschickt werden, wie sie namentlich auf der Liste stehen.

L.: Höre genau zu und wiederhole die Wörter, die ich spreche. L. spricht die Wörter einmal in der obigen Reihenfolge vor und das Kind wiederholt die Wörter. Die Aufgabe ist gelöst, wenn alle Wörter genannt werden, die Reihenfolge ist gleichgültig.

L. notiert das Ergebnis sofort auf dem Beobachtungsbogen.

Dokumentation im Beobachtungsbogen:

+	4 Wörter richtig
O	3 Wörter richtig
–	2 und weniger Wörter richtig

(A. Ostermann, 2004, S. 95)[68]

Bereich	Merkmale und Fähigkeiten
4. Auditive Wahrnehmung/ Sprachgedächtnis	② **Verse**

Gewünschte Fähigkeit: Das Kind sollte einen kurzen Abzählvers nachsprechen können.

Beobachtung und Dokumentation: 2 Lehrkräfte bzw. 1 Lehrkraft und 1 Kind

Beobachtungsort: Gruppenraum, Flur

Beobachtungssituation:

1. Lehrkraft beobachtet das Kind im Gruppenraum oder auf dem Flur. 2. Lehrkraft unterrichtet im Klassenraum und schickt immer das nächste Kind heraus, wenn das überprüfte Kind die Klasse betritt. Die Kinder sollten in der Reihenfolge geschickt werden, wie sie auf der Liste stehen.

L.: Höre genau zu und wiederhole, was ich dir vorspreche. L. spricht den Vers (z. B.: Eine kleine Maus saust ins Haus, saust wieder raus und du bist aus! – siehe *) einmal vor und Kind wiederholt. L. notiert das Ergebnis sofort auf dem Beobachtungsbogen.

Dokumentation im Beobachtungsbogen:

+	richtig
–	falsch

[68] A. Ostermann, Lernvoraussetzungen von Schulanfängern, Persen, Horneburg 2.2004, S. 95
* siehe D Anhang: Lieder, Spiele, Reime, Zungenbrecher, S. 147

C 4.2 Aufgabenbeispiele Sprache

Bereich	Merkmale und Fähigkeiten
4. Auditive Wahrnehmung/ Sprachgedächtnis	③ **Silben wiedererkennen**

Gewünschte Fähigkeit:
Das Kind sollte beim auditiven Vergleich zweier sinnloser Silben sagen können, ob sie gleich oder ungleich sind.

Beobachtung und Dokumentation: 2 Lehrkräfte bzw. 1 Lehrkraft und 1 Kind

Beobachtungsort: Gruppenraum, Flur

Material: Liste sinnloser Silben (am Ende des Aufgabenbeispiels)

Beobachtungssituation und Arbeitsauftrag:

1. Lehrkraft beobachtet das Kind im Gruppenraum oder auf dem Flur.
2. Lehrkraft unterrichtet im Klassenraum und schickt immer das nächste Kind heraus, wenn das überprüfte Kind die Klasse betritt.

Die Kinder sollten in der Reihenfolge geschickt werden, wie sie namentlich auf der Liste stehen.

L.: Höre genau zu und sage, wenn die Silben sich gleich anhören, *gleich*, wenn sie sich ungleich anhören, *ungleich. (siehe auch A. Ostermann, 2004, S. 96)*[69]

Dokumentation im Beobachtungsbogen:

+	10 richtig
O	2 oder weniger falsch
–	3 oder mehr falsch

Die praktische Ausführung hat ergeben, dass es zur leichteren Beobachtung zweckmäßig ist:

1. die Silben auf ein DIN-A4-Blatt im Querformat mit Kästchen zu schreiben,
2. die Schülernamen rechts oben daneben zu schreiben,
3. das Ergebnis für jedes Silbenpaar daneben zu vermerken,
4. die addierten Ergebnisse darunter zu schreiben und
5. das Ergebnis in den Beobachtungsbogen einzutragen.

10 Silben: ran – ram,   blo – blo,   tum – tom,   lis – lis,
            kra – gra,   res – ris,   bit – pit,   lan – lan,
            dro – tro,   pal – pal

4.2.5 Kenntnisse der Begrifflichkeit/phonologische Bewusstheit
(siehe auch Füssenich u. Löffler, 2003)[70]

Es hat sich als sinnvoll erwiesen, die Überprüfungen 1 – 4 nacheinander in einer Unterrichtsstunde durchzuführen. Da nicht alle Kinder gleichzeitig mit den einzelnen Überprüfungen fertig sind, können die Schüler zwischen den Aufgaben ein beliebiges Blatt zum Ausmalen erhalten. Dieses Blatt kann auch für die Überprüfung 2.2 Motorik: 2.2.5 Graphomotorik – ① Handtonus/Druck genutzt werden. Die Kinder können auch die Überprüfungsblätter ausmalen.

[69] siehe auch A. Ostermann, Lernvoraussetzungen von Schulanfängern, Persen, Horneburg 2.2004, S. 96
[70] siehe auch Iris Füssenich/ Cordula Löffler, Überprüfung des Entwicklungsstands im Erwerb des alphabetischen Schreibens, in: Praxis Grundschule, Heft 3/2003

C 4.2 Aufgabenbeispiele Sprache

Bereich	Merkmale und Fähigkeiten
5. Kenntnisse der Begrifflichkeit / phonologische Bewusstheit	① **Vorkenntnisse**

Gewünschte Fähigkeit: Das Kind sollte seinen Entwicklungsstand im Umgang mit Schrift darlegen.

Beobachtung und Dokumentation: 1 Lehrkraft, Klassenverband

Beobachtungsort: Klassenraum

Material: leere DIN-A4-Blätter, Ausmalblatt

Beobachtungssituation und Arbeitsauftrag:
Jedes Kind erhält ein Blatt. L.: Schreibe deinen Namen auf das Blatt, wenn du es kannst, sonst melde dich, dann helfe ich dir. Schreibe alle Buchstaben und Wörter auf, die du schreiben kannst.

Dokumentation im Beobachtungsbogen:

+	Buchstaben, eigener Name, Wörter als Schriftbild auswendig gelernt / z. B. Papa, Mama, Oma und weitere Wörter selbst konstruiert aus Buchstaben
O	Buchstaben, eigener Name, Wörter als Schriftbild auswendig gelernt / z. B. Papa, Mama, Oma
–	Keine erkennbaren Buchstaben, Kritzeleien oder gar nichts geschrieben

Während die Kinder „schreiben", kann gleichzeitig beobachtet werden:

- Beginnt das Kind die Arbeit zügig?
  Beobachtungsbogen: C 3 Allgemeines Verhalten, 3.2.2 Arbeitsverhalten / ① Arbeitsbeginn

- Arbeitet das Kind zügig auf seinem Zettel?
  Beobachtungsbogen: C 3 Allgemeines Verhalten, 3.2.2 Arbeitsverhalten / ② Arbeitstempo

- Malt oder schreibt das Kind Buchstaben und Wörter vom Nachbarzettel ab?
  Beobachtungsbogen: C 3 Allgemeines Verhalten, 3.2.2 Arbeitsverhalten /
  ③ Arbeitsziel selbstständig erreicht

- Wie hält das Kind den Stift?
  Beobachtungsbogen: C 2 Motorik, 2.2.5 Graphomotorik / ① Handtonus / Druck

Bereich	Merkmale und Fähigkeiten
5. Kenntnisse der Begrifflichkeit / phonologische Bewusstheit	② **Reime**

Gewünschte Fähigkeit: Das Kind sollte Endreime erkennen können.

Beobachtung und Dokumentation: 1 Lehrkraft

Beobachtungsort: Klassenverband

Material: Arbeitsblätter (Kopiervorlagen 7 A 1 + 7 A 2 und 7 B 1 + 7 B 2, siehe D Anhang)

Beobachtungssituation und Arbeitsauftrag:
Immer zwei nebeneinander sitzende Schüler erhalten zwei Arbeitsblätter Silben, A1 + A2, bzw. zwei Arbeitsblätter Silben, B1 + B2. Am ersten Beispiel, das auf beiden Arbeitsblättern gleich ist, wird die Arbeitsweise erklärt.

C 4.2 Aufgabenbeispiele Sprache

L: Nenne die Namen der abgebildeten Gegenstände. Welche Gegenstände klingen am Ende gleich? Welcher Gegenstand klingt am Ende anders? Kreuze den Gegenstand, der nicht gleich klingt, in der Reihe darunter an. Eis wird angekreuzt. Bearbeite genauso die weiteren Reihen.

Falls notwendig kann eine weiteres Beispiel an der Tafel erklärt werden.

Die Bedeutung aller Bilder sollte vor Beginn der Einzelarbeit geklärt werden.

Die Schüler füllen die Arbeitsblätter selbstständig ohne weitere Erklärungen aus.

Kopiervorlage 7A1 (7A2 mit weiteren Motiven)   Kopiervorlage 7B1 (7B2 mit weiteren Motiven)

Dokumentation im Beobachtungsbogen:

+	8 – 9 richtig von 10
O	5 – 8 richtig
–	4 und weniger

Bereich	Merkmale und Fähigkeiten
5. Kenntnisse der Begrifflichkeit/ phonologische Bewusstheit	③ **Silben**

Gewünschte Fähigkeit: Das Kind sollte Wörter in Silben gliedern können.

Beobachtung und Dokumentation: 1 Lehrkraft

Beobachtungsort: Klassenverband

Material: Arbeitsblätter (Kopiervorlagen 8A und 8B, siehe D Anhang) für 2 Gruppen

Beobachtungssituation und Arbeitsauftrag:

Immer zwei nebeneinander sitzende Schüler erhalten das Arbeitsblatt A bzw. B mit unterschiedlichen Silben. An der ersten Aufgabe, die auf beiden Arbeitsblättern gleich ist, wird die Arbeitsweise erklärt. L.: Nenne den Namen des abgebildeten Gegenstands. Sprich das Wort und klatsche dazu die Silben. Wie viele Silben hast du geklatscht? Kreuze so viele Kästchen unter dem Bild an, wie du Silben geklatscht hast.

Falls Erklärungsbedarf besteht, werden weitere Beispiele an der Tafel besprochen.

C 4.2 Aufgabenbeispiele Sprache

Die Bedeutung aller Bilder, ohne sie in Silben zu sprechen, sollte vor Beginn der Einzelarbeit geklärt werden.

Danach bearbeiten die Schüler die weiteren Bildkarten in Einzelarbeit und tragen das Ergebnis als Kreuzchen in die Leiste unter dem Bild ein.

Kopiervorlage 8 A   Kopiervorlage 8 B

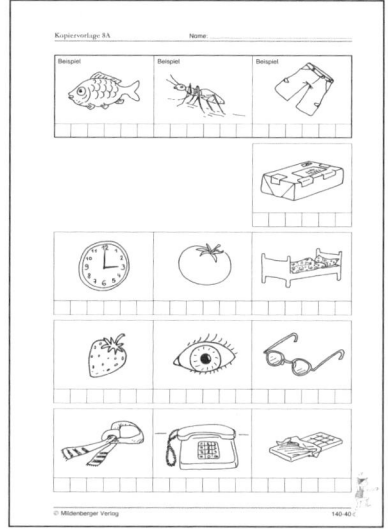 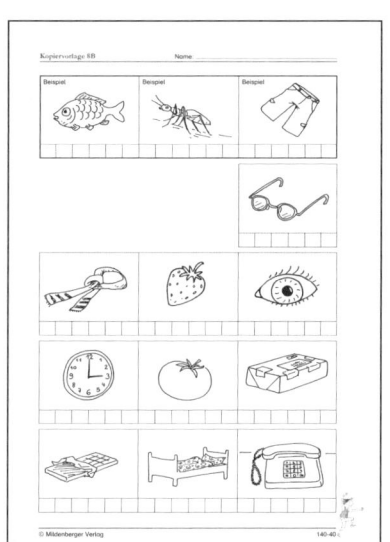

Dokumentation im Beobachtungsbogen:

+	8 – 9 richtig von 10
O	5 – 8 richtig
–	4 und weniger

Bereich	Merkmale und Fähigkeiten
5. Kenntnisse der Begrifflichkeit/ phonologische Bewusstheit	④ **Phoneme/Anlaute**

Gewünschte Fähigkeit: Das Kind sollte die genannten Anlaute der Bilder erkennen.

Beobachtung und Dokumentation: 1 Lehrkraft

Beobachtungsort: Klassenraum

Material: Bleistift, Arbeitsblätter (Kopiervorlagen 9 A und 9 B, siehe D Anhang) für 2 Gruppen

Beobachtungssituation und Arbeitsauftrag:

Immer zwei nebeneinander sitzende Schüler erhalten das Arbeitsblatt A bzw. B mit Anlauten. An der ersten und zweiten Aufgabe, die auf beiden Arbeitsblättern gleich ist, wird die Arbeitsweise erklärt. L.: Das erste Bild oben links auf dem Arbeitsblatt zeigt eine Leiter. Hörst du am Anfang des Worts Leiter ein L? Wenn du ein L hörst, male ein Kreuz in die Reihe unter der Leiter. Hörst du kein L, dann male kein Kreuz in die Reihe unter der Leiter. Die Überlegung und das Eintragen des Kreuzes erfolgt gemeinsam. Die gleiche Erklärung wird für das zweite Bild gegeben.

L.: Alle Kinder mit einem Bären oben auf dem Blatt malen die Bilder bunt an. Alle Kinder mit einer Ampel oben auf dem Blatt hören genau zu.

C 4.2 Aufgabenbeispiele Sprache

Für die folgenden Bilder nennt L. zunächst den Namen des Bildes und fragt dann, ob das Kind den genannten Anlaut hört. Die Schüler tragen das Kreuz ein. Bei der Hälfte der Bilder nennt L. ein Wort mit einem falschen Anlaut, hier tragen die Schüler kein Kreuz ein. L. sollte sich die Namen der falsch genannten Bilder notieren.

L.: Alle Kinder mit einer Ampel oben auf dem Blatt malen die Bilder bunt an. Das Beispiel wird wie vorne beschrieben erklärt. Alle Kinder mit einem Bären oben auf dem Blatt hören genau zu! Für die folgenden Bilder nennt L. zunächst den Namen des Bildes und fragt dann, ob das Kind den genannten Anlaut hört. Die Schüler tragen das Kreuz ein. Bei der Hälfte der Bilder nennt L. ein Wort mit einem falschen Anlaut, hier tragen die Schüler kein Kreuz ein. L. sollte sich die Namen der falsch genannten Bilder notieren.

Kopiervorlage 9 A   Kopiervorlage 9 B

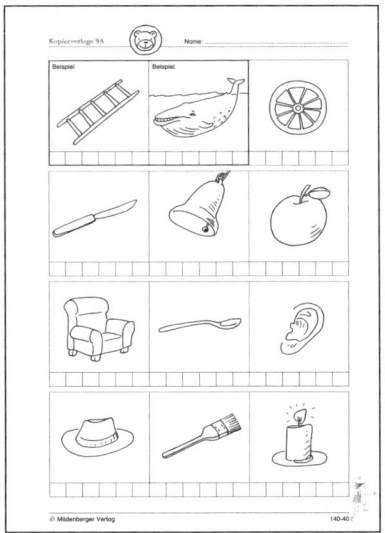 

Dokumentation im Beobachtungsbogen:

+	8 – 9 richtig von 10
O	5 – 8 richtig
–	4 und weniger

4.2.6 Außerschulische Förderung

Bereich	Merkmale und Fähigkeiten
6. Außerschulische Förderung	Stammeln, Stottern

Zeigt das Kind in Unterrichtsbeiträgen und Gesprächen im Sitzkreis eine fehlerhafte Aussprache wie Stammeln oder Stottern, wird ein STA oder STO in das entsprechende Feld des Beobachtungsbogens eingetragen.

4.3 Förderbeispiele Sprache

Die folgenden Förderbeispiele beginnen in der Regel mit einfachen Fördervorschlägen. Oft bauen die einzelnen Punkte aufeinander auf. Die Beispielaufgaben werden dann nummeriert. In einigen Bereichen werden auch mehrere Fördervorschläge parallel genannt. Dann erfolgt eine Auflistung, die mit Punkten oder Strichen gekennzeichnet ist. Es wird immer nur ein kleiner Teil möglicher Fördervorschläge genannt. Sie können jederzeit durch eigene erprobte Ideen ergänzt werden. Die Literaturhinweise geben die Seiten in den genannten Büchern an, auf denen sich ähnliche oder weiterführende Fördervorschläge befinden.

4.3.1 Sprachfähigkeit

Bereich	Merkmale und Fähigkeiten
1. Sprachfähigkeit	① **Artikulation**

Organisation: 1 Lehrkraft, Kindergruppe mit Artikulationsproblemen

Förderort: Gruppenraum

Material:
Watte, Papier, runde Stifte / Stäbe, Spiegel, Abbildungen von Mundstellungen bei der Lautbildung, Bild-Wort-Karten, Abbildungen von Gegenständen, Kamm, Butterbrotpapier

Durchführung: Die folgenden Übungen bauen nach dem Schwierigkeitsgrad aufeinander auf.

1. Kinder pusten Wattekugeln / Papierstückchen / runde Stifte über den Tisch.

2. L. führt eine Pantomime zu einer Tätigkeit mit dem Mund vor, z. B. Apfel essen, Eis schlecken, gähnen, schmeckt lecker usw. L. zeigt mit dem Mund Freundlichkeit (lächeln), Trauer (Mundwinkel nach unten), Schmollmund, Ärger (Lippen zusammenpressen) usw. Kinder erraten die Darstellungen und bilden sie nach.

   a) Wie oben, Kinder bilden die Bewegungen nach und betrachten sich dabei im Spiegel.

   b) Wie oben, Kinder in Partnerarbeit.

   c) Wie oben, Kinder in Partnerarbeit erfinden/demonstrieren Tätigkeiten/Bewegungen mit dem Mund und erraten die Tätigkeit.

   d) Die Kinder bilden Geräusche mit Lippen und Zunge: Flugzeug, Krankenwagen, Motorsäge, Kellertür, Auto, Lastwagen, Staubsauger usw.

3. Ein rechteckiges Stück Butterbrotpapier wird in der Mitte gefaltet und auf einen Kamm gesteckt. Das Kind legt die Lippen auf den Kamm und versucht durch Blasen einen Ton zu erzeugen.

   a) Wie oben, das Kind versucht, eine Tonfolge / ein Lied zu spielen.

4. L. spricht Wörter mit ähnlichen Anlauten p / b deutlich vor. L.: Achtet genau auf meine Mundstellung. Kinder bilden die Mundstellung und den Laut nach und hören auf den Klang des Wortes. Die Stellung von Mund und Lippen wird besprochen. L. demonstriert den Luftstrom bei der Bildung des Lauts. Kinder bilden den Laut und fühlen den Luftstrom mit der Hand. Ebenso fühlen sie am Hals leicht mit der Hand die Bewegung des Kehlkopfes. Kinder bilden den Laut nach und betrachten ihre Mundstellung im Spiegel und gegenseitig. Kinder sprechen Wörter mit dem Laut im Anlaut, in der Wortmitte, evtl. am Wortende. *(Siehe auch L. Blumenstock, 1991, S. 46 ff.)*[71] Dabei betrachten die Kinder die Mundstellung im Spiegel.

   a) Wie oben entsprechend für d/t, g/k, z, s, sch, auch für Lautverbindungen: br, schr, bl, ng.

   b) Vokale können entsprechend geübt werden. Dazu können Abzählverse usw. gesprochen werden. Beispiel: A, e, i, o, u, aus bist du! *(Koster und Naumann, 1980, S. 167)*[72]

---

[71] Siehe auch L. Blumenstock, Handbuch der Leseübungen, Beltz, Weinheim und Basel 1991, S. 46 ff.
[72] M. Koster, J. Naumann: Kinderland, Verlag Lingen, Köln 1980, S. 167

C 4.3 Förderbeispiele Sprache

5. Die Kinder sprechen Verse laut und deutlich: Meine Mi, meine Ma, meine Mutter schickt mich her*.

6. Lied: Drei Chinesen mit dem Kontrabass. siehe D Anhang: Lieder, Spiele, Reime, Zungenbrecher, S. 144

7. Zungenbrecher und Reime zu den Konsonanten und Lautverbindungen finden sich im „Handbuch der Leseübungen", L. Blumenstock, S. 76 ff.

8. Zungenbrechersätze siehe D Anhang: Lieder, Spiele, Reime, Zungenbrecher, S. 147

9. Reime usw., siehe auch *(Breuer und Weuffen, 2000, S. 153-161)*[73], *(V. Ledl, 2003, S. 205 ff.)*[74]. Spiele *(V. Ledl, 2003, S. 198)*[75], *(L. Blumenstock, 1991, S. 85 ff)*[76], *W. Hering, 2005*.

Bereich	Merkmale und Fähigkeiten
1. Sprachfähigkeit	② Sprechsicherheit

Organisation: 1 Lehrkraft, Kindergruppe

Förderort: Gruppenraum

Material: Gedichte, Spiele, Reime, Zungenbrecher ... siehe D Anhang: Lieder, Spiele, Reime, Zungenbrecher, S. 144 ff

Durchführung:

Die aufgelisteten Übungen sind in der Reihenfolge austauschbar. Eine Ausnahme bilden die Zungenbrecher. Sie können den Kindern erst nach vorangehenden anderen Übungen angeboten werden.

1. L. spricht Sätze wie: Gib mir das Buch! Geh in den Garten! Leg den Stift hin!
   - neutral
   - freundlich / lieb
   - schimpfend / heftig

   Die Kinder versuchen, die Sätze in den unterschiedlichen Tonfällen zu sprechen.

   a) alleine im Raum übend,

   b) zu einem Plüschtier,

   c) zu einem Partner. Danach Gespräch L. – Kinder: Gefühle durch Sprache ausdrücken

2. L. spricht in der Satzmelodie wie oben mit sinnlosen Wörtern. Die Kinder nennen die Absicht der Sätze. Beispiel: Dro gara hi karoro! Dro gara hi karoro?

3. Spiel: Mein rechter, rechter Platz ist frei, ich wünsche mir die ... herbei.

4. Sprechspiele wie Kofferpacken siehe D Anhang: Lieder, Spiele, Reime, Zungenbrecher, S. 147

5. Sitzkreis, Sprechspiel Kettensätze siehe D Anhang: Lieder, Spiele, Reime, Zungenbrecher, S. 147

6. L. spricht und führt mit den Füßen und Händen Bewegungen dazu aus. Himpelchen und Pimpelchen ... siehe D Anhang: Lieder, Spiele, Reime, Zungenbrecher, S. 147

7. Tanzspiele, z. B.: Ringel, Ringel, Reihen ..., und Abzählverse (Breuer und Weuffen, 2000, S. 174)[77]. siehe D Anhang: Lieder, Spiele, Reime, Zungenbrecher, S. 147

8. Lied: Drei Chinesen mit dem Kontrabass ... siehe D Anhang: Lieder, Spiele, Reime, Zungenbrecher, S. 144

9. Reime: Das ist der Daumen ..., Fünf Männlein sind in den Wald gegangen ...
   siehe D Anhang: Lieder, Spiele, Reime, Zungenbrecher, S. 146

10. Reime, Abzählverse so lange sprechen, bis das Kind sie auswendig kann.
    Zum Beispiel: Meine Mi, meine Ma, meine Mutter ... siehe D Anhang: Lieder, Spiele, Reime, Zungenbrecher, S. 146

11. Zungenbrecher: Fischers Fritz ... siehe D Anhang: Lieder, Spiele, Reime, Zungenbrecher, S. 147

---

[73] Breuer/Weuffen, Lernschwierigkeiten am Schulanfang, Beltz, Basel 2000, S. 153-161
[74] V. Ledl, Kinder beobachten und fördern, Jugend und Volk, Wien 2003, S. 205 f.
[75] V. Ledl, Kinder beobachten und fördern, Jugend und Volk, Wien 2003, S. 76, 198 f.
[76] L. Blumenstock, Handbuch der Leseübungen, Beltz, Weinheim und Basel 1991, S. 85 ff
[77] Breuer/Weuffen, Lernschwierigkeiten am Schulanfang, Beltz, Basel 2000, S. 174
* siehe D Anhang: Lieder, Spiele, Reime, Zungenbrecher, S. 146

C 4.3 Förderbeispiele Sprache

Bereich	Merkmale und Fähigkeiten
1. Sprachfähigkeit	③ **Sprechrhythmus**

Organisation: 1 Lehrkraft, 1 Kind oder eine Kindergruppe

Förderort: Gruppenraum, Klassenraum

Material:
große und kleine Legosteine, dicke und kleine Kastanien; Spielzeug, Gegenstände, Bilder aus dem Klassenraum, Bilder mit Alltagsgegenständen

Durchführung:

1. Ein Gegenstand (mit zweisilbigem Namen, z. B. Tasche) wird auf den Tisch, den Boden gelegt, dazu ein Kärtchen mit dem geschriebenen Wort und mit den Silben des Worts sowie eine kleine und eine große Kastanie.

   a) L. nennt den Namen des Gegenstands und legt die Namenskarte dazu.

   b) L. spricht das Wort noch einmal. L.: Klingt das Wort vorne oder hinten schwerer? L. spricht das Wort, dann: Lege die große Kastanie unter die Stelle des Worts, die schwerer klingt. Das Wort wird von den Kindern gesprochen (in der richtigen Betonung), die große Kastanie wird unter die betonte Silbe gelegt. *(C. Röber-Siekmeyer, 1997)*[78]

   c) L.: Lege die kleine Kastanie unter den Wortteil, der leichter klingt. Das Wort wird von den Kindern gesprochen. Die Silben des Worts werden passend dazugelegt. (Namen- und Silbenkarten auch auslegen, wenn die Kinder noch keine oder die verwendeten Buchstaben noch nicht kennen. Beziehungen zwischen gesprochenen und geschriebenen Wörtern werden so in den Köpfen der Kinder hergestellt.)

   d) Weiter in gleicher Weise mit anderen Gegenständen, es sollten in der ersten Übungsphase zweisilbige Wörter aus der Umgebung des Kindes mit langen und kurzen Vokalen sein und die Übungszeit sollte zu Beginn ca. 10 Minuten nicht überschreiten.

Variation zu 1.:

   a) Die Übung kann auch täglich am Ende der Frühstückspause mit interessierten Kindern im Sitzkreis durchgeführt werden. Daraus können sich Sprachforscherpaare ergeben, die in Partnerarbeit täglich am Ende der Frühstückspause die Betonung von Wörtern erforschen.

   b) Die Übungen werden auf mehrsilbige Wörter ausgedehnt. Die Übungen werden auf Wörter aus dem Leselehrgang oder dem Deutschunterricht ausgedehnt. Die Übungen werden auf Wörter ohne Anschauungsmaterial ausgedehnt.

   c) Die Übungen werden auf Unsinnwörter ausgedehnt.

   d) Kinder sprechen eigene Wörter (Gegenstände im Klassenraum, auf dem Schulhof, in der Turnhalle, auch Verben) in richtiger Betonung und nennen die Anzahl der Silben und die schwere Silbe.

2. Kinder erzeugen Lautfolgen, die den Eindruck von Freundlichkeit, Zärtlichkeit, Trauer, Zorn usw. hervorrufen. Gleichzeitig Förderung zu C 3 allgemeines Verhalten, 5 emotionaler Bereich

3. L. spricht und führt dazu Bewegungen aus: Erb-sen rol-len ü-ber die Stra-ße, schnel-ler, schnel-ler, und sind platt! Scha-de! Scha-de!

4. Gedichte und Reime sprechen und den Sprechrhythmus dazu klatschen.

---

[78] C. Röber-Siekmeyer, Die Schriftsprache entdecken, Beltz, Weinheim und Basel 1997

C 4.3 Förderbeispiele Sprache

Bereich	Merkmale und Fähigkeiten
1. Sprachfähigkeit	④ **Wortschatz** ** ⑤ **aktiver Wortschatz** ** ⑥ **passiver Wortschatz**

Organisation: 1 Lehrkraft, 4 – 5 Kinder

Förderort: Gruppenraum, Orte auf dem Schulgelände und im Gebäude

Material:

Bilderbücher und alle Abbildungen, die zum Sprechen anregen, alle möglichen Gegenstände, Quartettspiele

Durchführung:

1. L. und Kinder gehen in die Schulküche: Gegenstände benennen, sortieren und den Oberbegriff/ Unterbegriff nennen, Beispiel: Gabel, Löffel, Messer = Besteck.

2. Ebenso verfahren mit Gegenständen im Sekretariat, Beispiel: Kugelschreiber, Bleistift, Füller = Schreibgeräte; im Geräteschuppen, Beispiel: Rechen, Schaufel, Harke = Gartengeräte; Pflanzen auf dem Schulgelände, Beispiel: Birke, Ahorn = Bäume; im Klassenraum, Beispiel: Tische, Stühle, Schränke = Möbel usw.

3. Kinder sitzen im Halbkreis, L. hält Buch so, dass alle Kinder die Bilder gut sehen können, L. spricht / liest zu einem Bild, stellt Fragen und lässt Kinder weitersprechen, L. achtet darauf, dass:
   - Ober und Unterbegriffe genannt werden,
   - Erfahrungen der Kinder mit genannt werden,
   - möglichst in vollständigen Sätzen gesprochen wird,
   - grammatisch richtig gesprochen wird. Dazu sollten die Äußerungen der Kinder verbessert und verbessert von den Kindern deutlich wiederholt werden.

4. L. zeigt Gegenstände. Die Kinder nennen den Namen des Gegenstands und seinen Verwendungszweck. Z. B. Schultasche: Das ist die Tasche für die Schulbücher. In der Schultasche tragen wir alle Sachen für die Schule in das Schulgebäude usw. Die Kinder sprechen je nach Förderfortschritt mehrere Sätze, längere Sätze, differenzieren den Verwendungszweck und nennen mögliche Zweckentfremdungen dazu.

5. L. nennt einen Oberbegriff und Kinder nennen dazu Unterbegriffe, auch umgekehrt, praktische Beispiele vorher geübt, siehe oben.

6. Kinder malen auf Bildern Gegenstände, die zu einem Oberbegriff gehören, in der gleichen Farbe aus.

7. Kinder spielen Quartettspiele zu Oberbegriffen in Gruppen.

Bereich	Merkmale und Fähigkeiten
1. Sprachfähigkeit	⑦ **Satzbildung**

Organisation: 1 Lehrkraft, Klassenverband

Förderort: Klassenraum, Sitzkreis am Anfang oder Ende der Erzählrunde

Material: 2 rote Pappkarten in Form und Größe eines Ziegelsteins und 1 blaue Pappkarte

C 4.3 Förderbeispiele Sprache

Durchführung:

1. Sprechspiel Kettensätze im Sitzkreis. siehe D Anhang: Lieder, Spiele, Reime, Zungenbrecher, S. 147

2. Erzählsätze im Sitzkreis mit Erzählstein: Ein Kind beginnt mit einem Satz oder einem kurzen Bericht, ist es fertig, so ruft es das nächste Kind auf. Es darf nur ein Kind aufgerufen werden, das noch nicht gesprochen hat. Es darf nur mit dem Erzählstein in der Hand gesprochen werden. Die Runde ist beendet, wenn jedes Kind einmal gesprochen hat. Die Kinder gewöhnen sich rasch an das Verfahren und achten mit darauf, dass jedes Kind spricht. Sie rufen sich dann auch im Unterricht gegenseitig auf und achten besser auf die Beiträge der Mitschüler. (Auch Förderung zu allgemeines Verhalten: auditive Wahrnehmung, hört zu)

3. Gedichte, Reime, Verse auswendig sprechen, z. B.: Das ist der Daumen …, Fünf Männlein sind in den Wald gegangen … siehe D Anhang: Lieder, Spiele, Reime, Zungenbrecher, S. 146 Auch Förderung Motorik, Allgemeines Verhalten: Konzentration und Förderung Sprache: Sprachgedächtnis.

4. Unsinn-Gedichte, z. B.: Es war einmal ein Mann …, Dunkel war's, der Mond …
   siehe D Anhang: Lieder, Spiele, Reime, Zungenbrecher, S. 147

Bereich	Merkmale und Fähigkeiten
1. Sprachfähigkeit	** ⑧ **Oberbegriffe** ** ⑨ **Unterbegriffe**

Organisation: 1 Lehrkraft, Klassenverband

Förderort: Klassenraum, Sitzkreis im Klassenraum

Material: Versandhauskataloge oder Zeitschriften, Schere, Kleber, weiße DIN-A4-Blätter

Durchführung:

- Gruppenarbeit: Gegenstände im Klassenraum werden von 4 – 5 verschiedenen Gruppen nach Auftrag sortiert. L. zu Gruppe …: Tragt 5 – 6 Gegenstände auf eurem Tisch zusammen, die zu folgendem Oberbegriff passen: Schreibgeräte, zum Lesen braucht man, Gegenstände aus Holz, aus Kunststoff, Spielzeug, Pflanzen, Kleidungsstücke usw. Im Klassenverband wird an jedem Tisch besprochen, ob die Gegenstände zu dem genannten Oberbegriff gehören.

- Gruppenarbeit: Von jeder Gruppe werden Gegenstände im Klassenraum nach einem selbst bestimmten Oberbegriff zusammengetragen und auf den Tisch gelegt. Die Gruppen erraten die Oberbegriffe gegenseitig und kontrollieren die Auswahl der Gegenstände. (Kann auch als Partnerarbeit durchgeführt werden!)

- Sprechspiele wie Kofferpacken und/oder Ich ziehe um … siehe D Anhang: Lieder, Spiele, Reime, Zungenbrecher, S. 147

- Partnerarbeit: Benötigt werden Versandhaus-Kataloge oder Zeitschriften mit vielen Abbildungen von Gegenständen, Schere, Klebstoff, weißes DIN-A4-Blatt. L.: Schneidet ca. 5 Gegenstände aus, die zusammengehören. Schneidet einen Gegenstand aus, der nicht dazugehört. Klebt ihn dazu. Gebt das Blatt jeweils eurem Partner und fordert ihn auf, den falschen Gegenstand zu finden und einzukreisen. Beispiel: Werkzeug und eine Vase, T-Shirts und eine Jacke, Blumen und einen Baum usw.

- Variation: Beliebige Abbildungen werden ausgeschnitten und aufgeklebt, der Partner kreist alle zusammengehörigen Gegenstände mit jeweils einer Farbe ein.

- L. gibt Kindern ein selbst erstelltes Arbeitsblatt. Die gezeichneten Gegenstände passen jeweils zu dem aktuellen Unterricht, ein oder mehrere Gegenstände passen nicht dazu. Die Kinder werden aufgefordert, die „richtigen" Gegenstände rot einzukreisen und die „falschen" blau.

C 4.3 Förderbeispiele Sprache

Bereich	Merkmale und Fähigkeiten
1. Sprachfähigkeit	⑩ **Grammatik**

In allen vorangegangenen Fördermaßnahmen sollte auf eine korrekte Verwendung der deutschen Sprache geachtet werden. Der falsche Gebrauch der Sprache ist so zu korrigieren, dass das Kind nicht gekränkt oder herabgesetzt wird. Der falsche Gebrauch der Sprache sollte kenntlich gemacht werden. Nur durch richtiges Vor- und Nachsprechen der Sätze kann ein Lernen aktiviert werden. Kinder, die grammatisch falsch sprechen, werden oft nicht sofort korrigiert.

Alle Lehrkräfte der Klasse sollten ihr Verhalten absprechen und sich in diesem Bereich gleich verhalten.

- Das Spiel Kettensatz S. 147* stellt eine Förderung im Bereich Grammatik dar.
- Das Sprechen und Wiederholen von Versen, Liedern und Reimen, bis sie auswendig gesprochen werden können, stellt ebenfalls eine Förderung im Bereich Grammatik dar. Verse, Lieder und Reime in Auswahl finden sich in D Anhang*.

Bereich	Merkmale und Fähigkeiten
1. Sprachfähigkeit	⑪ **Nacherzählung**

Organisation: 1 Lehrkraft, Klassenverband

Förderort: Klassenraum, Sitzkreis

Material: Vorlesegeschichte, Gedichte und Lieder (der Jahreszeit entsprechend)

Durchführung:

- Je nach Unterrichtsorganisation kann an einem festen Tag (z. B. immer am Freitag am Ende der letzten Stunde, immer wenn ein Kind Geburtstag hat, immer wenn die Klasse gut und schnell gearbeitet hat usw.) eine Geschichte oder ein Teil aus einem altersgemäßen Buch vorgelesen werden. Das Vorgelesene wird in Teilen – je nach Länge und Gliederung – von einer entsprechenden Anzahl Kinder nacherzählt. L. achtet darauf, dass besonders die Kinder, die Förderbedarf in diesem Bereich haben, berücksichtigt werden. Bei einem Bilderbuch kann die Wiedergabe zunächst mit Bildern unterstützt werden.

- An einem bestimmten Tag bringt ein Kind sein Lieblings-Vorlesebuch mit und L. liest daraus vor. Das Vorgelesene wird in Teilen – je nach Länge und Gliederung – von einer entsprechenden Anzahl Kinder nacherzählt. Die Kinder wählen selber das nächste Kind aus, das weiterspricht.

- L. liest ein kürzeres Bilderbuch vor. Das Vorgelesene wird in Teilen von einer entsprechenden Anzahl Kinder nacherzählt. Die Kinder wählen selber das nächste Kind aus, das weiterspricht. Wie in den Gesprächen achten sie mit darauf, dass jedes Kind drankommt. Die Kinder malen in Gruppen zu den Teilen ein gemeinsames Bild. Das Kind, das den entsprechenden Teil nacherzählt hat, ist der „Chef" der Gruppe und entscheidet, wer welches Bildteil malt.

- Gedichte und Lieder, zu den Jahreszeiten passend, werden auswendig nachgesprochen. Es sollte erst dann das nächste Lied gesungen werden, wenn alle Kinder den Text des ersten Liedes auswendig können.

- Eine zusätzliche Förderung zum Textverständnis ergibt sich durch L.-Fragen zum gerade gelesenen Textabschnitt.

* siehe D Anhang: Lieder, Spiele, Reime, Zungenbrecher, S. 144 ff

4.3.2 Anweisungsverständnis

Bereich	Merkmale und Fähigkeiten
2. Anweisungsverständnis	① Anweisungen ausführen
	② **Anweisungen verstehen**

Organisation: 1 Lehrkraft, Klassenverband

Förderort: Klassenraum, Turnhalle

Material: Zeichenpapier DIN-A4, Bleistift, Buntstifte

Durchführung:

- Turnhalle: L. und Kinder hocken auf dem Boden, patschen mit den Händen auf den Boden: „Knall, knall, knall, wir fliegen jetzt ins All!" Alle Kinder „fliegen" mit ausgebreiteten Armen laufend durch die Turnhalle. Wenn L. beide Arme hebt, stoppen alle Kinder. L.: Wir landen jetzt im Froschland. Alle Kinder hüpfen wie die Frösche, bis L. in die Hocke geht. Weiter wie am Anfang beschrieben. Die Anweisungen werden nur mündlich erteilt und werden später mehrteilig. Zum Beispiel Kinder mit farbigen T-Shirts laufen Kindern mit weißen T-Shirts hinterher. Kinder mit farbigen T-Shirts und weißen Turnschuhen laufen Kindern mit blauen Turnschuhen hinterher, alle anderen Kinder hüpfen auf einem Bein.

- Partnerspiel in der Turnhalle, Roboterspiel: Kinder stehen paarweise hintereinander. 1. Kind = Roboter, 2. Kind gibt dem Roboter die Bewegungsaufträge: Gehe zwei Schritte vor, drei Schritte nach rechts, 2 Schritte nach links, 4 Schritte nach hinten; Partnerwechsel

    - Klassenraum: L. gibt mehrteilige Anweisungen und Kinder führen sie aus. Beispiele:
    - Lege die rechte Hand auf den Kopf. Greif mit der linken Hand an die Nase. Wackele mit dem Kopf.
    - Greif mit der linken Hand an die Nase und lege die rechte Hand auf den Kopf. Sitz ganz still.
    - Entspannungsübung: Setz dich mit dem Rücken an die Stuhllehne. Stelle die Füße nebeneinander auf den Boden. Lege die Hände übereinander. Lege die innere Handfläche auf die Stirn. Hebe die Ellenbogen hoch. Atme durch die Nase tief ein, bis der Bauch ganz dick wird. Atme durch den Mund wieder aus. Atme sechsmal ein und aus.
    - Lege eine Hand unter den Tisch, lege eine Hand auf den Tisch, wippe mit beiden Füßen.
    - Öffne die Schultasche und hole die Stifte heraus. Lege die Stifte an die hintere Tischkante.

- Gruppenarbeit im Klassenraum: Kellnerspiel im Klassenraum: 1 oder 2 Kinder sitzen am Tisch und geben eine mündliche Bestellung bei dem Kellner-Kind auf. Der Kellner bringt die Bestellung. Es können 2, später bis zu 4 oder mehr Gegenstände aus dem Klassenraum in Auftrag gegeben werden. Der Kellner bittet um eine höfliche Bestellung, in Sätzen formuliert. (L. hilft.) Die Gäste achten auf die richtig gebrachte Bestellung. Der Partnerwechsel erfolgt, nachdem die Gäste sich beim Kellner bedankt haben.

- Klassenraum, L. gibt jedem Kind ein weißes Blatt, jedes Kind nimmt einen Bleistift. L.: Setze dich mit dem Rücken an die Stuhllehne, stelle die Füße nebeneinander unter den Tisch, lege die Hände auf die Knie und schließe die Augen. Höre genau zu. L. beschreibt ein Bild in wenigen, kurzen, langsamen Sätzen. Die Kinder erhalten genügend Zeit, sich das Bild im Kopf vorzustellen. L.: Öffnet die Augen und malt das Bild. (Z. B.: Du siehst ein rotes Auto. Rechts daneben steht eine blonde Mutter mit ihrem kleinen Mädchen. Das Mädchen hat einen blauen Ball. Hinter dem Auto steht ein Baum mit gelben Birnen. Die Sonne scheint.)

C 4.3 Förderbeispiele Sprache

4.3.3 Sprechbereitschaft

Bereich	Merkmale und Fähigkeiten
3. Sprechbereitschaft	** ① **Unterrichtsbeiträge / Gesprächsbereitschaft** ** ② **zuhören**

Organisation: 1 Lehrkraft, Klassenverband

Förderort: alle Unterrichtsräume, auch Turnhalle

Durchführung:

Voraussetzung ist ein vertrauensvolles Unterrichtsklima, bei dem jedes Kind sicher sein kann, dass nicht über seine Beiträge gespottet oder gelacht wird. Falls so etwas in irgendeiner Unterrichtssituation auftritt, sollte es sofort gemeinsam im Sitzkreis besprochen werden. Konfliktsituationen sollten möglichst im Sitzkreis im Gespräch geklärt werden. Die Sprache sollte für alle Kinder als Hilfe zur Problemlösung erfahren werden. Gesprächsregeln sollten erarbeitet und eingehalten werden (aussprechen lassen, deutlich in Sätzen sprechen usw.).

- Jedes Kind nimmt an einem Tag das Klassenplüschtier mit nach Hause, am nächsten Tag berichtet das Kind für das Plüschtier von dessen Erlebnissen oder das Kind berichtet, was zu Hause geschah.
- Sitzkreis, Spiel: Stille Post. 1. Kind flüstert dem Nachbarn ein Wort leise ins Ohr, der Nachbar flüstert es dem nächsten Kind ins Ohr, das letzte Kind nennt das gehörte Wort, das 1. Kind nennt das Anfangswort. Die Wörter werden verglichen.
- Sitzkreis: Ein Kind beschreibt von seinem Platz aus das Aussehen eines anderen Kindes. Das Kind, das den Namen des beschriebenen Kindes errät, beschreibt das nächste Kind. Bedingung: Jedes Kind wird beschrieben und jedes Kind beschreibt einmal.
- Kinder sitzen im Kreis, Augen geschlossen, Füße auf dem Boden, Hände auf den Knien. L.: Wir sitzen im Kreis. Jetzt geht die Tür auf, wir gehen über den Flur und verlassen die Schule ... L. formuliert eine Fantasiereise. Die Kinder werden gebeten, die Augen zu öffnen und zu beschreiben, was weiter geschieht.
- Sitzkreis, Kettensätze*
- Sitzkreis: 2 Kinder spielen Gefühle vor, sie bestimmen, wer das Dargestellte erraten darf und wer die nächsten Darsteller sind.
- Klassenverband: L. wischt Tafel mit einem nassen Schwamm. Die Kinder betrachten die Tafel. Wer auf der trocknenden Tafel etwas erkennt, beschreibt die Form und zeichnet die Form mit Kreide nach.
- Gruppenarbeit: Kinder sprechen in kleinen Gruppen zu Erzählbildern wie in den Bilderbüchern von Ali Mitgutsch. (siehe auch Buchempfehlung S. 151, 152)

---

* siehe D Anhang: Lieder, Spiele, Reime, Zungenbrecher, S. 147

4.3.4 Auditive Wahrnehmung / Sprachgedächtnis

Bereich	Merkmale und Fähigkeiten
4. Sprachgedächtnis	① **Wörter wiederholen** ② **Verse**

Organisation: 1 Lehrkraft

Förderort: Klassenraum, Turnhalle

Durchführung:

- Reim zum Abschluss des Schulmorgens sprechen (siehe Schulschluss-Ritual*, S. 144)
- Wörter und Laute wiedererkennen:
  1. Klassenraum, Kinder an Tischen, Hände flach auf den Tischen. L. liest/erzählt eine Geschichte. Wird ein vorher vereinbartes Wort genannt, so heben die Kinder die Hände.
  2. Variation: Die Kinder legen den Kopf zwischen die Hände. Es wird vereinbart, bei einem bestimmten Wort die Hände und bei einem zweiten den Kopf zu heben.
  3. Klassenraum, Kinder sitzen an Tischen, legen die Arme verschränkt auf den Tisch, den Kopf auf die Arme. L.: Ihr wacht nur auf, wenn ihr das Wort … hört. L. nennt alle möglichen Wörter und dazwischen das vereinbarte Wort.
  4. Variation: L.: Ihr wacht nur auf, wenn ihr diesen Laut … am Wortanfang / am Wortende / in der Wortmitte hört.
- Klassenraum, Sitzkreis: Sprechspiel Kofferpacken*, S. 147
- Abzählverse im Unterricht sprechen und damit bestimmen, welches Kind aus der Gruppe einen Auftrag erhält. Es sollte so lange ein Vers gesprochen werden, bis alle Kinder ihn beherrschen. Erst dann folgt ein neuer Vers (Verse*, S. 147).
- Kinder sprechen Reime im Unterricht und spielen gleichzeitig Fingerturnen. Wie oben sollte ein Vers so lange gesprochen werden, bis alle Kinder ihn auswendig können, erst dann kommt ein anderer dazu. (Verse*, S. 147)
- Meine Mi, meine Ma, meine Mutter schickt mich her*, S. 146.
- Turnhalle, am Ende der Sportstunde: Übung zum Hörvermögen, auch Richtungshören. Spiel: Cowboy und Indianer*, S. 148.

---

* siehe D Anhang: Lieder, Spiele, Reime, Zungenbrecher

C 4.3 Förderbeispiele Sprache

Bereich	Merkmale und Fähigkeiten
4. Auditive Wahrnehmung	③ **Silben wiederkennen**

Kinder, die hier ein Minus-Zeichen auf dem Beobachtungsbogen haben, benötigen eine Förderung im differenzierten Hören.

Organisation: 1 Lehrkraft, Klassenverband oder Gruppe

Förderort: Klassenraum

Durchführung:
Die Übungen sollten in der angegebenen Reihenfolge durchgeführt werden, da die Schwierigkeit der Aufgaben sich steigert.

1. Klassenraum, Kinder sitzen an Tischen, legen die Arme verschränkt auf den Tisch, den Kopf auf die Arme. L.: Ihr wacht nur auf, wenn ihr das Wort … hört. L. nennt alle möglichen Wörter und dazwischen das vereinbarte Wort.

2. Variation: L.: Ihr wacht nur auf, wenn ihr diesen Laut … am Wortanfang / am Wortende / in der Wortmitte hört.

3. L. versteckt einen Wecker im Klassenraum, Kinder hören auf das Geräusch. Dasjenige Kind, das zu wissen meint, wo der Wecker ist, schleicht dorthin und holt den Wecker.

4. L. nennt Wortpaare und die Kinder nennen die Wortstelle, die unterschiedlich klingt. Kinder können dabei „schlafen", wie bei 1. beschrieben. Falls es zu schwierig ist, können die Wörter durch Bilder unterstützt werden. Die Wortpaare können je nach Leselehrgang oder Unterrichtsinhalt variiert werden.

–	Vase	–	Hase	–	Anfang
–	Rose	–	Hose	–	Anfang
–	Dach	–	Fach	–	Anfang
–	Wiese	–	Riese	–	Anfang
–	Tanne	–	Tonne	–	Mitte
–	Blase	–	Bluse	–	Mitte
–	Rast	–	Rost	–	Mitte
–	Puppe	–	Pappe	–	Mitte
–	Bus	–	Busch	–	Ende
–	Oma	–	Omo	–	Ende
–	Limo	–	Lama		Mitte + Ende

5. L. klopft Geräuschfolge auf dem Tisch, abwechselnd schnell oder langsam, laut oder leise. Kinder klopfen die Geräuschfolge auf dem Tisch nach. Variation: Die Hände führen unterschiedliche Bewegungen aus, z. B.: Linke Hand klopft einen Rhythmus und die rechte Hand öffnet und schließt sich oder bewegt sich waagerecht über den Tisch.

6. Sprechen in Silben: Mei-ne Mi, mei-ne Ma, mei-ne Mut-ter schickt mich her, ob der Ki, ob der Ka, ob der Ku-chen fer-tig wär. Wenn er ni, wenn er na, wenn er noch nicht fer-tig wär, käm ich mi, käm ich ma, käm ich mor-gen wie-der her.

4.3.5 Kenntnis der Begrifflichkeit / Phonologische Bewusstheit

Bereich	Merkmale und Fähigkeiten
5. Kenntnis der Begrifflichkeit/ Phonologische Bewusstheit	① **Vorkenntnisse**

Organisation: 1 Lehrkraft, Klassenverband, Gruppe
Förderort: Klassenraum, Gruppenraum
Material: Buchstaben, Zahlen, Zeichen (Abbildungen von Verkehrsschildern, mathematischen Zeichen, Zeichen in der Klasse usw.)
Durchführung:
Das Material mischen und von den Kindern sortieren lassen. Die Kinder sortieren die Materialien und nennen ihre Sortierungsgrundlage. L. stellt Fragen dazu: Wo hast du dieses Zeichen schon gesehen? Siehst du dieses Zeichen im Klassenraum. Sehen Zeichen ähnlich aus? L. nennt evtl. Begriffe für die Zeichen. Ziel: Sortierung unter Verwendung der Begriffe: Buchstaben, Zahlen, andere Zeichen.

Bereich	Merkmale und Fähigkeiten
5. Kenntnis der Begrifflichkeit/ Phonologische Bewusstheit	② **Reime**

Organisation: 1 Lehrkraft, Klassenverband, Gruppe
Förderort: Klassenraum, Gruppenraum
Material: Bild-Wörter, Bilder zum Leselehrgang
Durchführung:

1. Reime, Abzählverse, Lieder so lange sprechen und singen, bis die Kinder sie auswendig können. (Material siehe D Anhang: Lieder, Spiele, Reime, Zungenbrecher, S. 144 ff)
2. Gedichte und Verse sprechen, die Reimwörter in den Versen und Gedichten besprechen, gemeinsame Worteile der Wörter genau benennen.
3. L. spricht/liest Gedichte vor und spricht das 2. Reimwort nicht, Kinder ergänzen das Reimwort.
4. Bilder passend zum Unterricht/Leselehrgang nach Reimwörtern sortieren.
5. Bilderdomino mit Bildern nach Reimwörtern spielen. Das Bildmaterial sollte zum Unterricht/ Leselehrgang passen.
6. Wörterzauber: L. gibt ein Wort vor. Der Wortanfang wird durch einen anderen Buchstaben ersetzt oder ergänzt, sodass die verzauberten Wörter am Ende gleich klingen: Beispiel: Hase / Vase.
    - Hund   rund   Mund
    - Tanne   Wanne   Kanne   spanne
    - Mantel   Hantel
    - Rot   Brot   Not
    - Turm   Wurm
    - Riff   Griff   Pfiff
    - Flasche   Tasche   wasche   hasche   nasche
    - laufen   kaufen   saufen   raufen   Haufen
    - klein   fein   rein   nein   sein
    - Klasse   Rasse   Masse   fasse   nasse
    - Kind   Wind   Rind
    - Rose   Dose   Hose
    - Knopf   Topf   Zopf

C 4.3 Förderbeispiele Sprache

Bereich	Merkmale und Fähigkeiten
5. Kenntnis der Begrifflichkeit/ Phonologische Bewusstheit	③ **Silben**

Organisation: 1 Lehrkraft

Förderort: Klassenraum

Material: Verse, Reime, Bildkarten

Durchführung:

- Siehe auch Übungen zu 4.3.1 Sprachfähigkeit, ② Sprechsicherheit, ③ Sprechrhythmus
- Abzählverse in Silben sprechen. Z. B.: Ei-ne klei-ne Maus saust ins Haus, saust wie-der raus und du bist aus.
- Spiel: Mein rechter, rechter Platz ist frei*. Die Namen der Kinder werden in Silben gesprochen und erraten.
- L. nennt Namen von Gegenständen im Klassenraum, spricht die Namen in Silben, die Kinder raten. Jetzt nennen die Kinder Namen.
- L. zeigt Bildkarten (zum Leselehrgang oder andere), Kinder nennen den Namen des Gegenstands, sprechen die Wörter in Silben, klatschen die Silben und nennen die Anzahl der Silben.
- Kinder sortieren Bildkarten (zum Leselehrgang oder andere) nach Silbenzahl.
- Wörter des Leselehrgangs oder Lernwörter des aktuellen Unterrichts werden von L. genannt und von den Kindern in Silben nachgesprochen.
- Pausenspiele, Spiele in der Turnhalle oder im Klassenraum:
  Char-lie Cham-pion fuhr nach Spa-nien; A-ra-mel-la, Stra-cia-tel-la …**

Bereich	Merkmale und Fähigkeiten
5. Kenntnis der Begrifflichkeit/ Phonologische Bewusstheit	④ **Anlaute (Phoneme)**

Organisation: 1 Lehrkraft, Klassenverband

Förderort: Klassenraum, Turnhalle

Material: Zeitschriften, Bildkarten, Scheren, Klebstoff

Durchführung:

- Kinder bilden verschiedene Laute mit dem Mund: Brummen, Zungenschlag usw. L. spricht kurze Sätze und dazwischen die vorher gebildeten Laute. Die Kinder heben die Hand, wenn der Laut erklingt.
- Klassenraum: Kinder sitzen an Tischen, legen die Arme verschränkt auf den Tisch, den Kopf auf die Arme, L.: Ihr wacht nur auf, wenn ihr das Wort … hört. L. nennt alle möglichen Wörter und dazwischen das vereinbarte Wort.
- Kinder bilden Buchstabenlaute und fühlen dabei den Atem auf der Hand und die Bewegung der Kehle mit der anderen Hand.
- Die Kinder sitzen am Tisch und legen den Kopf auf die Arme. L.: Ihr wacht nur auf, wenn ihr diesen Laut … am Wortanfang hört.

* siehe D Anhang: Lieder, Spiele, Reime, Zungenbrecher, S. 148; auch: W. Hering, Aquaka della Oma, S. 65 ff

C 4.3 Förderbeispiele Sprache

- Einzel- oder Partnerarbeit: Bildkarten nach Wörtern mit gleichem Anlaut sortieren.
- Einzel- oder Partnerarbeit: Aus Zeitschriften Bilder zu Wörtern mit gleichem Anlaut ausschneiden.
- In der Turnhalle oder im Klassenraum: Kinder mit gleichem Anfangslaut im Namen bilden eine Arbeitsgruppe, stellen sich als Partner auf usw.
- Spiel in beliebiger Umgebung: Ich sehe was, was du nicht siehst, und das fängt mit dem Anlaut … an!
- Meine Mi, meine Ma, meine Mutter schickt mich her*.
- Drei Chinesen mit dem Kontrabass*

4.3.6 Außerschulische Förderung

Bereich	Merkmale und Fähigkeiten
6. Außerschulische Förderung	Stammeln oder Stottern

Eine Förderung zur Behebung dieser Defizite muss außerhalb der Schule durch Fachkräfte erfolgen. Notwendige Gespräche sind sobald wie möglich mit den Eltern zu führen. Die Eltern müssen dann die zur Förderung notwendigen Schritte in die Wege leiten. Eine Förderung kann in der Schule nicht stattfinden, da kein Fachpersonal vorhanden ist.

---

* siehe D Anhang: Lieder, Spiele, Reime, Zungenbrecher, S. 146
* siehe D Anhang: Lieder, Spiele, Reime, Zungenbrecher, S. 144

Dokumentationsbögen, Aufgabenbeispiele und Förderbeispiele zum Thema

Mathematik

C 5.1 Dokumentationsbögen Mathematik

Klasse 1, Zeitraum Einschulung: Diagnosebogen Mathematik

Bereiche	Förderung	Aufgabenbeispiele		Merkmale/Fähigkeiten	empfohlene Auswahl
1. Mengenauffassung	S. 134	Einzelbeobachtung, S. 126		① Mengen 5 und mehr bestimmen ohne zu zählen	1.
	S. 134	Nenne ganz schnell die Anzahl meiner Finger, S. 126		② Mengen kleiner als 5 bestimmen ohne zu zählen	1.
2. Merkfähigkeit	S. 135	Einzelbeobachtung, S. 127		① Zahlenfolgen nachsprechen: 5 Zahlen	2.
	S. 135	Sprich nach: 7,3, 6, 9, 2 falls nein Sprich nach: 3, 8, 9, 5. S. 127		② Zahlenfolgen nachsprechen: 4 Zahlen	2.
3. Mengenvergleich (vergleichen und sortieren)	S. 136	Mengen farbig einkreisen nach mündlichem Arbeitsauftrag, S. 128		① mehr/weniger	3.
	S. 137	Arbeitsblatt siehe Anhang z.B. Tiere, Gegenstände mit Pfeilen nach Überprüfung ganze Klasse mit Arbeitsblatt, S. 129		② größer als/kleiner als	4.
	S. 137	kleine Menge, wenige große Gegenstände, große Menge, viele kleine Gegenstände, Überprüfung ganze Klasse mit Arbeitsblatt, S. 129		③ mehr als/weniger als	5.
4. Relationen herstellen	S. 138	Einzelbeobachtung, S. 130 Ordne jedem Kind eine Mütze zu! Zuordnung von großen/kleinen Plättchen oder Knöpfen		① Eins-zu-Eins-Zuordnung	6.
5. Ordnen einer Menge	S. 139	Einzelbeobachtung, S. 130 Ordne die Stifte der Länge nach, beginne mit dem kleinsten		① Reihen ordnen: Ordnen nach Länge	7.
6. Zählen	S. 140	Zähle von 1 bis 10!, S. 131		① Zählen bis 10 vorwärts	8.
	S. 140	Zähle von 10 bis 1!, S. 131		② Zählen von 10 rückwärts	9.
	S. 141	Zeige mir den 3. Stift!, S. 132		③ Ordinalzahlen	
	S. 141	Zeige mir drei Plättchen!, S. 132		④ Kardinalzahlen	
7. Formen	S. 142	Arbeitsblatt nach Anweisung ausmalen!, S. 132 Arbeitsblatt siehe Anhang		Dreieck	
				Quadrat	
				Kreis	

124

C 5.1 Dokumentationsbögen Mathematik

Klasse 1, Zeitraum Einschulung: Beobachtungsbogen Mathematik

+	= vorhanden
−	= nicht vorhanden
O	= teils ja, teils nein

Kategorien (von unten nach oben):

- ① Mengen 5 und mehr bestimmen ohne zu zählen
- ② Mengen kleiner als 5 bestimmen ohne zu zählen
- ① Zahlenfolgen nachsprechen: 5 Zahlen
- ② Zahlenfolgen nachsprechen: 4 Zahlen
- ① mehr/weniger
- ② größer als/kleiner als
- ③ mehr als/weniger als
- ① Eins-zu-Eins-Zuordnung
- ① Reihen ordnen: Ordnen nach Länge
- ① Zählen bis 10 vorwärts
- ② Zählen von 10 rückwärts
- ③ Ordinalzahlen
- ④ Kardinalzahlen
- Dreieck
- Quadrat
- Kreis

Name: _____

125

C 5.2 Aufgabenbeispiele Mathematik

5.2.1 Mengenauffassung

Bereich	Merkmale und Fähigkeiten
1. Mengenauffassung	**Simultane Erfassung von Mengen** ① Mengen 5 und mehr bestimmen, mit Hilfe der Fingerbilder

Gewünschte Fähigkeit:

Das Kind soll eine Menge von mehr als 5 Fingern spontan bestimmen können, ohne zu zählen.

Beobachtung und Dokumentation: 1 Lehrkraft, 1 Kind

Beobachtungsort: Gruppenraum, Extratisch im Klassenraum

Beobachtungssituation und Arbeitsauftrag:

Das Kind sitzt vor der Lehrkraft (darauf achten, dass das Kind nicht vom Tageslicht geblendet wird). Die Mitschüler sitzen im Rücken des Kindes und arbeiten. L.: Ich zeige dir einige meiner Finger und du sagst mir, wie viele Finger ich hochhalte. L. zeigt 6, 8, 5 Finger.

Dokumentation im Beobachtungsbogen:

+	Schüler nennt die Anzahl sofort, ohne zu zögern
O	Schüler überlegt kurz und nennt die Zahl
−	Schüler zählt die Anzahl der Finger, an Kopf- oder Augenbewegungen zu erkennen

Falls als Ergebnis − eingetragen wurde, sollte mit der nächsten Überprüfung fortgefahren werden, falls als Ergebnis + eingetragen wurde, sollte mit der Überprüfung 5.2.2 Merkfähigkeit fortgefahren werden.

Bereich	Merkmale und Fähigkeiten
1. Mengenauffassung	**Simultane Erfassung von Mengen** ② Mengen kleiner 5 bestimmen, mit Hilfe der Fingerbilder

Gewünschte Fähigkeit:

Das Kind soll eine Menge von weniger als 5 Fingern spontan bestimmen können, ohne zu zählen.

Beobachtung und Dokumentation: 1 Lehrkraft, 1 Kind

Beobachtungsort: Gruppenraum, Extratisch im Klassenraum

Beobachtungssituation und Arbeitsauftrag:

Das Kind sitzt vor der Lehrkraft (darauf achten, dass das Kind vom Tageslicht nicht geblendet wird). Die Mitschüler sitzen im Rücken des Kindes und arbeiten. L.: Ich zeige dir einige meiner Finger und du sagst mir, wie viele Finger ich hochhalte. L. zeigt 4, 3, 2 Finger.

Dokumentation im Beobachtungsbogen:

+	Schüler nennt die Anzahl sofort, ohne zu zögern
O	Schüler überlegt kurz und nennt die Zahl
−	Schüler zählt die Anzahl der Finger, an Kopf- oder Augenbewegungen zu erkennen

C 5.2 Aufgabenbeispiele Mathematik

5.2.2 Merkfähigkeit

Bereich	Merkmale und Fähigkeiten
2. Merkfähigkeit	① **Zahlenfolgen nachsprechen/ 5 Zahlen und weniger**

Gewünschte Fähigkeit:

Das Kind sollte von der Lehrkraft genannte Zahlen in der genannten Reihenfolge wiederholen können. Schüler am Anfang der 1. Klasse sollten sich 4 Zahlen merken können. Falls das Kind 5 Zahlen richtig wiederholt, ist seine Merkfähigkeit gut ausgeprägt.

Beobachtung und Dokumentation: 1 Lehrkraft, 1 Kind

Beobachtungsort: Gruppenraum, Extratisch im Klassenraum

Beobachtungssituation und Arbeitsauftrag:

L.: Ich spreche dir Zahlen vor. Bitte höre genau zu. Wiederhole die Zahlen, z. B.: 7, 3, 1, 8, 5. Es sollten allen Schülern die gleichen Zahlenfolgen genannt werden. Die noch nicht überprüften Schüler sollten die Zahlen nicht hören.

Nennt der Schüler von den oben genannten Zahlen die ersten 4 richtig, so wird unter 5 Zahlen ein Minus-Zeichen (−) vermerkt und im nächsten Feld unter 4 Zahlen ein Plus-Zeichen (+). Damit ist die Überprüfung zur Merkfähigkeit beendet.

Wird als Ergebnis + eingetragen, so sollte mit der Überprüfung 5.2.3 Mengenvergleich fortgefahren werden.

Dokumentation im Beobachtungsbogen unter 5 Zahlen:

+	5 Zahlen in der richtigen Reihenfolge wiederholt
−	weniger als 5 Zahlen richtig wiederholt

Falls als Ergebnis − eingetragen wird, sollte mit der nächsten Überprüfung dem Kind die Möglichkeit geboten werden 4 Zahlen in der genannten Reihenfolge zu wiederholen.

Bereich	Merkmale und Fähigkeiten
2. Merkfähigkeit	② **Zahlenfolgen nachsprechen/ 4 Zahlen**

Gewünschte Fähigkeit:

Das Kind sollte 4 von der Lehrkraft genannte Zahlen in der genannten Reihenfolge wiederholen können.

Beobachtung und Dokumentation: 1 Lehrkraft, 1 Kind

Beobachtungsort: Gruppenraum, Extratisch im Klassenraum

Beobachtungssituation und Arbeitsauftrag:

L.: Ich spreche dir Zahlen vor. Bitte höre genau zu. Wiederhole die Zahlen, z. B. 6, 4, 2, 9. Es sollten allen Schülern die gleichen Zahlenfolgen genannt werden. Die noch nicht überprüften Schüler sollten die Zahlen nicht hören.

C 5.2 Aufgabenbeispiele Mathematik

Dokumentation im Beobachtungsbogen:

+	4 Zahlen in der richtigen Reihenfolge wiederholt
–	weniger als 4 Zahlen richtig wiederholt

5.2.3 Mengenvergleich

Bereich	Merkmale und Fähigkeiten
3. Mengenvergleich	① **mehr/weniger**

Gewünschte Fähigkeit:
Das Kind soll größere / kleinere Mengen aus vorliegendem Material bestimmen können.

Beobachtung und Dokumentation: 1 Lehrkraft, Klassenverband oder Gruppe

Beobachtungsort: Klassenraum, Gruppenraum

Material: Arbeitsblätter (Kopiervorlagen 10 A und 10 B, siehe D Anhang) für Gruppe A und B

Beobachtungssituation und Arbeitsauftrag:
L. verteilt Arbeitsblätter. Benachbarte Kinder erhalten unterschiedliche Blätter. L.: Schreibe auf das Arbeitsblatt deinen Namen. L.: Auf welchem Bild sind es mehr Gegenstände? *(Brühl u. a., 2003, S. 90 f.)*[79] Male an das Bild, auf dem es mehr Gegenstände sind, ein Kreuz.

Variation: L. legt einem Kind ein Arbeitsblatt vor. L.: Auf welchem Bild sind es mehr Gegenstände? Kind zeigt auf ein Feld. Oder L. zeigt einem Kind zwei entsprechende Materialmengen.

Kopiervorlagen 10 A   Kopiervorlagen 10 B

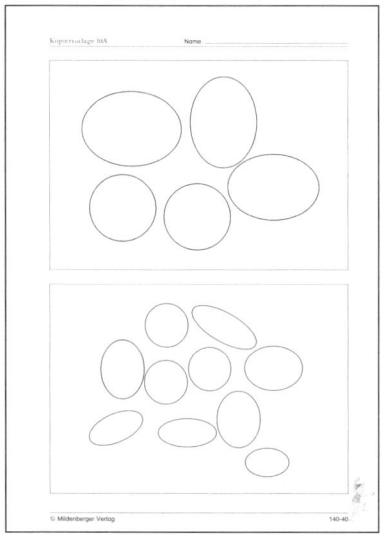 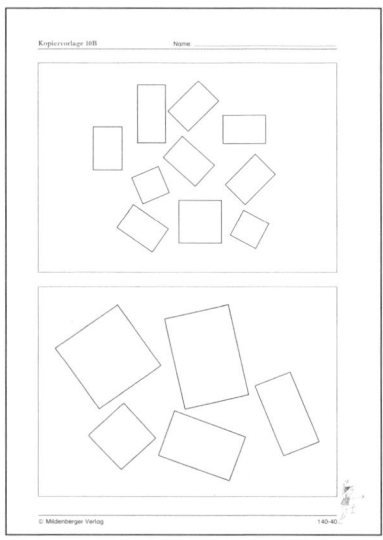

Dokumentation im Beobachtungsbogen:

+	Größere Anzahl von Gegenständen
–	Kleinere Anzahl von Gegenständen

[79] Brühl, Bussebaum, Hoffmann, Lukow, Schneider, Wehrmann, Rechenschwäche/Dyskalkulie, Hrsg. Arbeitskreis für angewandte Lernforschung, Osnabrück 2003, S. 90 f.

C 5.2 Aufgabenbeispiele Mathematik

Bereich	Merkmale und Fähigkeiten
3. Mengenvergleich	② größer als / kleiner als

Gewünschte Fähigkeit:
Das Kind soll die Zuordnung größer als / kleiner als zwischen zwei Gegenständen zeichnerisch festlegen können.

Beobachtung und Dokumentation: 1 Lehrkraft, Klassenverband oder Gruppe

Beobachtungsort: Klassenraum, Gruppenraum

Material: Arbeitsblätter (Kopiervorlagen 11 A und 11 B, siehe D Anhang) für Gruppe A und B

Beobachtungssituation und Arbeitsauftrag:
L. verteilt Arbeitsblätter. Benachbarte Kinder erhalten unterschiedliche Blätter. L.: Schreibe auf das Arbeitsblatt deinen Namen. L.: Ich male an der Tafel vor, was du tun sollst. L. demonstriert an der Tafel und spricht dazu: Der Radiergummi ist kleiner als die Tasche (anderes Beispiel kann gewählt werden, ebenso die Formulierung „ist größer als"). L. malt dazu einen Pfeil. *(Brühl u. a., 2003, S. 163)*[80] L.: Male auf deinem Blatt einen Pfeil, der bedeutet „ist kleiner als" (oder „ist größer als") zwischen zwei Gegenstände.

Kopiervorlage 11 A

Kopiervorlage 11 B

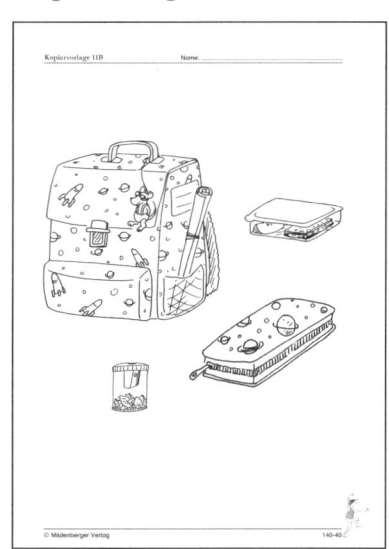

Dokumentation im Beobachtungsbogen:

+	Pfeilspitze richtig
–	Pfeilspitze falsch

Bereich	Merkmale und Fähigkeiten
3. Mengenvergleich	③ mehr als / weniger als

Gewünschte Fähigkeit:
Das Kind soll die Mächtigkeit einer Menge aus ihrer Anzahl und nicht nach der Größe der einzelnen Gegenstände bestimmen.

Beobachtung und Dokumentation: 1 Lehrkraft, 1 Kind

---

[80] Brühl, Bussebaum, Hoffmann, Lukow, Schneider, Wehrmann, Rechenschwäche/Dyskalkulie, Hrsg. Arbeitskreis für angewandte Lernforschung, Osnabrück 2003, S. 163

C 5.2 Aufgabenbeispiele Mathematik

Beobachtungsort:
Gruppenraum oder Extratisch im Klassenraum, der Tisch kann von den Mitschülern nicht eingesehen werden

Material:
ca. 7 Kastanien, ca. 15 kleine Knöpfe, die Kastanien müssen auf dem Tisch mehr Raum einnehmen als die Knöpfe, die Anzahl der Kastanien sollte unter 10 sein

Beobachtungssituation und Arbeitsauftrag:
Die oben beschriebenen Mengen liegen auf dem Tisch. Das Kind steht mit dem Rücken zu seinen Mitschülern, die an ihren Tischen arbeiten. L.: Zeige bitte mit dem Finger auf die Menge, die mehr Gegenstände enthält als die andere Menge. Zeige bitte mit dem Finger auf die Menge, die weniger Gegenstände als die andere Menge enthält.

Dokumentation im Beobachtungsbogen:

+	Größere Menge Knöpfe, kleinere Menge Kastanien
−	Kleinere Menge Knöpfe, größere Menge Kastanien

5.2.4 Relationen herstellen

Bereich	Merkmale und Fähigkeiten
4. Relationen herstellen	Eins-zu-eins-Zuordnung

Gewünschte Fähigkeit: Das Kind soll jedem Gegenstand einen anderen Gegenstand zuordnen können.

Beobachtung und Dokumentation: 1 Lehrkraft, 1 Kind

Beobachtungsort: Gruppenraum, Extratisch im Klassenraum, die anderen Kinder arbeiten

Material: 10 Kastanien und mehr als 10 Papphütchen, o. Ä.

Beobachtungssituation und Arbeitsauftrag:
L.: Vor dir liegen Kastanien. Es ist bitterkalt, der Wind weht und jede Kastanie hätte gerne eine Mütze. L. zeigt Mützen. Kind ordnet jeder Kastanie eine Mütze zu.

Dokumentation im Beobachtungsbogen:

+	Zuordnung gelungen
−	Zuordnung nicht gelungen

5.2.5 Ordnen einer Menge

Bereich	Merkmale und Fähigkeiten
5. Ordnen einer Menge	Reihen ordnen nach Längen (Sortierleistung)

Gewünschte Fähigkeit: Das Kind soll Gegenstände der Länge nach ordnen können.

Beobachtung und Dokumentation: 1 Lehrkraft, 1 Kind

Beobachtungsort: Gruppenraum, Extratisch im Klassenraum, die anderen Kinder arbeiten

Material: 5 unterschiedlich lange Buntstifte

Beobachtungssituation und Arbeitsauftrag:
L.: Hier siehst du Buntstifte. Ordne sie der Länge nach. Beginne mit dem längsten Stift. Das Kind legt die Stifte – der Länge nach geordnet – auf den Tisch, beginnend mit dem längsten Stift.

Dokumentation im Beobachtungsbogen:

+	5 Stifte geordnet
–	Stifte nicht geordnet

5.2.6 Zählen

Bereich	Merkmale und Fähigkeiten
6. Zählen	① **zählen bis 10 vorwärts**

Gewünschte Fähigkeit: Das Kind soll ohne zu zögern mit 1 beginnend bis 10 zählen können.

Beobachtung und Dokumentation: 1 Lehrkraft, 1 Kind

Beobachtungsort: Gruppenraum, Extratisch im Klassenraum, für die anderen Kinder nicht einsehbar

Material: (evtl. Knöpfe, Steckwürfel, Plättchen zum Abzählen bereitlegen.)

Beobachtungssituation und Arbeitsauftrag: L.: Zähle bitte von 1 bis 10. Beginne mit 1.

Dokumentation im Beobachtungsbogen:

+	1 – 10 in richtiger Reihenfolge ohne Auslassung gezählt
–	Nicht von 1 – 10 in richtiger Reihenfolge ohne Auslassung gezählt

Bereich	Merkmale und Fähigkeiten
6. Zählen	② **zählen von 10 rückwärts**

Gewünschte Fähigkeit: Das Kind soll ohne zu zögern mit 10 beginnend bis 1 zählen können.

Beobachtung und Dokumentation: 1 Lehrkraft, 1 Kind

Beobachtungsort: Gruppenraum, Extratisch im Klassenraum, für die anderen Kinder nicht einsehbar

Material: (Evtl. Knöpfe, Steckwürfel, Plättchen zum Abzählen bereitlegen.)

Beobachtungssituation und Arbeitsauftrag: L.: Zähle bitte von 10 bis 1. Beginne mit 10.

Dokumentation im Beobachtungsbogen:

+	10 – 1 in richtiger Reihenfolge ohne Auslassung gezählt
–	Nicht von 10 – 1 in richtiger Reihenfolge ohne Auslassung gezählt

C 5.2 Aufgabenbeispiele Mathematik

Bereich	Merkmale und Fähigkeiten
6. Zählen	③ **Ordinalzahl**

Gewünschte Fähigkeit:
Das Kind sollte einen Gegenstand an einer bestimmten Position bezeichnen können.

Beobachtung und Dokumentation: 1 Lehrkraft, 1 Kind

Beobachtungsort: Gruppenraum, Extratisch im Klassenraum, die anderen Kinder arbeiten

Material: Stifte

Beobachtungssituation und Arbeitsauftrag:
L.: Du siehst vor dir Stifte liegen. Der lange Stift liegt ganz vorne. Zeige mir bitte den dritten Stift / zweiten / fünften Stift.

Dokumentation im Beobachtungsbogen:

+	Bezeichneten Stift gezeigt
–	Bezeichneten Stift nicht gezeigt

Bereich	Merkmale und Fähigkeiten
6. Zählen	④ **Kardinalzahl**

Gewünschte Fähigkeit: Das Kind sollte eine bestimmte Anzahl von Gegenständen zeigen können.

Beobachtung und Dokumentation: 1 Lehrkraft, 1 Kind

Beobachtungsort: Gruppenraum, Extratisch im Klassenraum, die anderen Kinder arbeiten

Material: Stifte

Beobachtungssituation und Arbeitsauftrag: L.: Du siehst vor dir Stifte liegen. Gib mir bitte 4 Stifte.

Dokumentation im Beobachtungsbogen:

+	Bezeichnete Anzahl Stifte ausgewählt
–	Bezeichnete Anzahl Stifte nicht ausgewählt

5.2.7 Formen

Bereich	Merkmale und Fähigkeiten
7. Formen	Dreieck, Quadrat und Kreis

Gewünschte Fähigkeit:
Das Kind soll jeweils eine der genannten Formen zeigen und alle gleichen Formen in einer Farbe ausmalen können.

Beobachtung und Dokumentation: 1 Lehrkraft, 1Kind

Beobachtungsort: Gruppenraum, Extratisch im Klassenraum, die anderen Kinder arbeiten

Material: Arbeitsblatt (Kopiervorlage 12, siehe D Anhang)

C 5.2 Aufgabenbeispiele Mathematik

Beobachtungssituation und Arbeitsauftrag:

L.: Zeige mir bitte ein Dreieck, einen Kreis, ein Quadrat. Gehe mit deinem Arbeitsblatt zu deinem Platz und male alle Dreiecke gelb an, alle Kreise rot und alle Quadrate blau.

Kopiervorlage 12

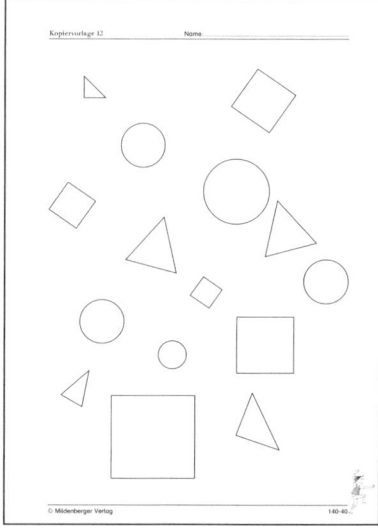

Dokumentation im Beobachtungsbogen:

+	Alle Dreiecke richtige Farbe / alle Quadrate richtige Farbe / alle Kreise richtige Farbe
–	1 falsche Form

Mit dieser Überprüfung kann gleichzeitig überprüft werden:

Bereich 2 Motorik, 2.2.5 Graphomotorik, ① Handtonus Druck / ② Ausmalen von Formen

Bereich 4 Sprache, 4.2.2 Anweisungsverständnis, ① Anweisungen direkt ausführen / ② Anweisungen verstehen

C 5.3 Förderbeispiele Mathematik

5.3 Förderbeispiele Mathemathik

Im Mathematikunterricht müssen mathematische Operationen handelnd erfasst und gedanklich durchdrungen werden. Anschließend muss die Rechenoperation bis zum automatisch schnellen Lösen von Aufgaben geübt werden. Die Übung kann nur erfolgreich sein, wenn die Handlung ausgeführt wird und durch die Handlung Verknüpfungen im Gehirn entstanden sind. Diese Verknüpfungen müssen vor der Übungsphase vorhanden sein und dann durch Übungen gefestigt werden. Die Übungsphase muss für langsam lernende Kinder immer wieder nach demselben Muster ablaufen. Für flexible Kinder mit schneller Auffassungsgabe kann die Übungsphase deutlich kürzer sein. Sie sollte unterschiedliche Aufgabentypen und Zugänge berücksichtigen. Sie verläuft für diese Kinder vielleicht effektiver, wenn die Übungen variieren.

Störungen im Lernprozess können auch entstehen, wenn das Material zu häufig gewechselt wird, da jedes Material verschiedene Fähigkeiten voraussetzt. *(Brühl u. a., 2003, S. 186 ff.)*[81] Die neu herzustellende Beziehung zwischen Sachverhalt und Material kann für jüngere Kinder und Kinder mit Problemen im Mathematikunterricht eine Verwirrung bedeuten.

Die folgenden Förderbeispiele beginnen in der Regel mit einfachen Fördervorschlägen. Oft bauen die einzelnen Punkte aufeinander auf. In einigen Bereichen werden auch mehrere Fördervorschläge parallel genannt. Es wird immer nur ein kleiner Teil möglicher Fördervorschläge genannt. Sie können jederzeit durch eigene erprobte Ideen ergänzt werden. Die Literaturhinweise geben die Seiten in den genannten Büchern an, auf denen sich ähnliche oder weiterführende Fördervorschläge befinden.

5.3.1 Mengenauffassung

Bereich	Merkmale und Fähigkeiten
1. Mengenauffassung	**Mengen bestimmen, ① größer 5, ② kleiner 5**

Organisation: 1 Lehrkraft, Klassenverband oder Gruppe

Förderort: Klassenraum, Gruppenraum

Material:

Arbeitsblatt (Kopiervorlage 17, siehe D Anlage) vergrößert auf DIN A3; Gegenstände: z. B. Steckwürfel, Knöpfe, Kastanien; Würfel; Anschauungsmaterial zum Zahlaufbau *(Brühl u. a., 2003, S. 203-209)*[82]; später Mengen-Zahlen-Erinnerungsspiel, Mengen-Zahlen-Domino *(Ellrott u. Aps-Ellrott, 1995, S.11-1 ff.)*[83]; Zahlenkarten 1 – 10 (Kopiervorlage 16, siehe D Anlage) oder *Brühl u. a., 2003, S. 209*[84]

Durchführung:

a) Partnerarbeit oder Gruppenarbeit: L. oder Partner des Kindes nennt eine Zahl zwischen 1 und 10 und die entsprechende Anzahl Gegenstände wird in die Kreise des Arbeitsblatts gelegt. Die passenden Ziffernkarten werden in die angefügten Quadrate gelegt. Ausführung mit unterschiedlichen Materialien.

b) Partnerarbeit oder Gruppenarbeit: L. oder Partner des Kindes nennt eine Zahl zwischen 1 und 10, die entsprechende Anzahl Steckwürfel wird zusammengesteckt. Die passenden Ziffernkarten werden dazugelegt.

- Farbe beliebig
- jeweils 5 in einer Farbe

---

[81] Brühl, Bussebaum, Hoffmann, Lukow, Schneider, Wehrmann, Rechenschwäche/Dyskalkulie, Hrsg. Arbeitskreis für angewandte Lernforschung, Osnabrück 2003, S. 186 ff.

[82] Brühl, Bussebaum, Hoffmann, Lukow, Schneider, Wehrmann, Rechenschwäche/Dyskalkulie, Hrsg. Arbeitskreis für angewandte Lernforschung, Osnabrück 2003, S. 203-209, später S. 210 f.

[83] D. Ellrott & B. Aps-Ellrott, Mathematik Primarstufe Lernspiele, Mildenberger, Offenburg 1995, S. 11-1 ff.; steht als Download bei www.school-scout.de zur Verfügung

[84] Brühl, Bussebaum, Hoffmann, Lukow, Schneider, Wehrmann, Rechenschwäche/Dyskalkulie, Hrsg. Arbeitskreis für angewandte Lernforschung, Osnabrück 2003, S. 209

c) Einzelarbeit oder Partnerarbeit: L. oder Partner des Kindes zeigt eine Anzahl von Fingern, Kind nennt die dazugehörige Zahl.

d) Partnerarbeit oder Gruppenarbeit (Material: Anschauungsmaterial zum Zahlenaufbau):

1. passende Auswahl an Karten liegt aufgedeckt auf dem Tisch: Karten mit der Darstellung der gleichen Menge werden zusammen-, die Ziffernkarte daneben gelegt.

2. passende Auswahl an Karten liegt umgedreht auf dem Tisch, Memory-Anordnung (wie von Ravensburger Spiele bekannt): gleiche Mengendarstellungen bilden Paare und dürfen behalten werden *(Brühl u. a., 2003, S. 197-202)*[85],

3. passende Auswahl an Karten liegt aufgedeckt auf dem Tisch: Partner nennt Zahl, entsprechendes Bild muss gezeigt werden, wenn richtig, darf die Karte genommen werden.

4. **Variation zu 3.:** Ein Mitglied der Tischgruppe nennt eine Zahl, wer die entsprechende Darstellung zuerst zeigt, darf die Karte nehmen und die nächste Zahl nennen.

5. **Variation zu 4.:** Ein Mitglied der Tischgruppe zeigt eine Ziffernkarte, wer die meisten Karten der entsprechenden Darstellung in einer bestimmten Zeit findet (Zeichen durch L.), bekommt die Karten und zeigt die nächste Ziffer.

e) **Partnerarbeit:** Mengen-Zahlen-Erinnerungsspiel *(Kopiervorlagen*[86]*)*, spielen nach Memory-Regeln mit den kopierten Spielkarten.

f) **Partnerarbeit:** Mengen-Zahlen-Domino *(Kopiervorlagen*[86]*)* / spielen nach Domino-Regeln

g) Mathematik-Lernprogramm Mathetiger 1/2 (© Mildenberger Verlag) für PC

5.3.2 Merkfähigkeit

Bereich	Merkmale und Fähigkeiten
2. Merkfähigkeit	① **Zahlenfolgen nachsprechen, 5 Zahlen** ② **Zahlenfolgen nachsprechen, 4 Zahlen**

Organisation: 1 Lehrkraft, Klassenverband oder Gruppe

Förderort: Klassenraum oder Gruppenraum

Material:

Memory-Spiele (Kindermemory, Zahlenmemory), Zählreime, Liedertexte, Abzählverse, Fingerspiele

Durchführung:

- Partnerarbeit: Memory-Spiele wie bekannt

- Gruppenarbeit oder Arbeit im Klassenverband: Zählreime auswendig lernen*

- Klassenverband oder Gruppe: Liedertexte lernen, dazu ein Lied so lange wiederholen, bis alle Kinder der Klasse/Gruppe den Text auswendig können

- Klassenverband oder Gruppe: Arbeitsanweisungen erteilen und ausführen lassen; die Anweisungen können mündlich erteilt werden und müssen handelnd oder zeichnend ausgeführt werden:

    1. mit zweiteiligen Anweisungen beginnen,
       z. B.: Holt das Buch und das Mäppchen heraus!
       Oder: Zeichnet einen Baum und in den Baum Äpfel!

---

[85] Brühl, Bussebaum, Hoffmann, Lukow, Schneider, Wehrmann, Rechenschwäche/Dyskalkulie, Hrsg. Arbeitskreis für angewandte Lernforschung, Osnabrück 2003, S. 197-202
[86] D. Ellrott & B. Aps-Ellrott, Mathematik Primarstufe Lernspiele, Mildenberger, Offenburg 1995, S. 11-1 ff.; steht als Download bei www.school-scout.de zur Verfügung
[87] Mildenberger Verlag GmbH, Lernsoftware Mathetiger 1/2, Offenburg 2003
* siehe D Anhang: Lieder, Spiele, Reime, Zungenbrecher, S. 149

C 5.3 Förderbeispiele Mathematik

2. die Anzahl der Anweisungen steigern,
    z. B.: Legt das Buch unter den Tisch, holt das Arbeitsheft heraus und legt den Bleistift daneben!
    Oder: Zeichnet ein Haus mit einem Schornstein und einer Leiter! usw.

- Kinder lernen ihre eigene Telefonnummer auswendig.
- Kinder lernen die Telefonnummer der Schule auswendig.
- Kinder lernen die Telefonnummer des Freundes auswendig.

5.3.3 Mengenvergleich

Bereich	Merkmale und Fähigkeiten
3. Mengenauffassung	① **mehr / weniger**

Organisation: 1 Lehrkraft, Klassenverband, Gruppe oder 1 Schüler

Förderort: Klassenraum, Gruppenraum, Sandspielplatz

Material:
gleich lange und unterschiedlich lange Stifte, gleich große und unterschiedlich große Hefte, Löffel, Gegenstände der Kinder wie Taschen usw., Gegenstände im Klassenraum, geometrische Formen, Arbeitsblätter *(Ellrott u. Aps-Ellrott, 1995, S. 43-1 bis 43-3*[88]; *Ellrott u. Aps-Ellrott, 1995, S. 11-1 bis 12-1*[89])

Durchführung:
Die Übungen sind von grundlegend bis schwieriger aufgelistet *(siehe auch Brühl u. a., 2003, S. 167)*[90].

1. Gruppen- oder Einzelarbeit, Material: feuchter Sand oder Knete. L.: Versuche aus feuchtem Sand / Knete gleich große Kugeln zu formen. Gegenstände werden betrachtet. Gespräch L. / Schüler über das Aussehen und die Beschaffenheit der Formen mit Hilfe der Begriffe: gleich groß, gleich schwer usw. oder unterschiedlich groß, unterschiedlich schwer.

2. Einzelarbeit/Gruppenarbeit, L.: Gib mir / gib deinem Partner bitte einige Kugeln ab. Gespräch L. / Schüler: Wer hat mehr Kugeln, wer hat weniger Kugeln?

3. Einzelarbeit, L.: Ich gebe die einen Klumpen Knete. Knete ihn gut durch und forme daraus eine Wurst. Trenne ein Stück der Knetewurst ab. Knete den Rest gut durch. Hast du jetzt genauso viel Knete in der Hand, wie ich dir gegeben habe? Gespräch L. / Schüler: mehr Knete, weniger Knete, genauso viel Knete.

4. Gruppen- oder Einzelarbeit, Material: Hefte DIN A4 und DIN A5 / gleich lange und unterschiedlich lange Stifte gemischt. L.: Lege alle Hefte / Stifte nebeneinander, die gleich groß / lang sind. Gespräch: Mehr Hefte oder mehr Stifte, größere / kleinere Hefte

5. Gruppen- oder Einzelarbeit, Material: Bären-Arbeitsblatt *(Ellrott u. Aps-Ellrott, 1995, S. 43-1)*[91] und Arbeitsblatt Fußbälle *(Ellrott u. Aps-Ellrott, 1995, S. 43-3)*[92], beide Arbeitsblätter einmal ganz und einmal zerschnitten. L. legt Figuren auf den Tisch, ungeordnet: Die Bären wollen mit Fußbällen spielen. Gespräch: Mehr Bären oder mehr Fußbälle?

6. Fortsetzung: L.: Gib jedem Bären einen Ball. Gespräch: Mehr Bälle als Bären; mehr Bälle – weniger Bären.

[88, 91, 92] D. Ellrott & B. Aps-Ellrott, Mathematik Primarstufe Lernspiele 2, Mildenberger, Offenburg 1995, S. 43-1 bis 43-3; steht als Download bei www.school-scout.de zur Verfügung

[89] D. Ellrott & B. Aps-Ellrott, Mathematik Primarstufe Lernspiele, Mildenberger, Offenburg 1995, S. 11-1 bis 12-1; steht als Download bei www.school-scout.de zur Verfügung

[90] Brühl, Bussebaum, Hoffmann, Lukow, Schneider, Wehrmann, Rechenschwäche/Dyskalkulie, Hrsg. Arbeitskreis für angewandte Lernforschung, Osnabrück 2003, S. 167

C 5.3 Förderbeispiele Mathematik

7. Fortsetzung: Ein Bär ist größer als ein Ball (Bilder liegen nebeneinander und Schüler vergleichen), Anzahl der Bären ist kleiner als die Anzahl der Bälle (Bilder von Bällen wurden nicht alle verbraucht, liegen neben der Zuordnung), mehr Bälle als Bären.

8. **Betrachtungen im Klassenraum: Weniger Tische als Kinder, mehr Fenster als Türen, mehr Schülertische als Lehrertische, genauso viele Schülertaschen wie Schüler, mehr Stühle als Tische, dazu: Schüler mit Tasche stehen auf, Stühle auf Tische stellen

Bereich	Merkmale und Fähigkeiten
3. Mengenvergleich	① **größer als / kleiner als** ② **mehr als / weniger als**

Organisation: 1 Lehrkraft, Klassenverband, Gruppe oder 1 Schüler

Förderort: Klassenraum, Gruppenraum

Material:

Gleich lange und unterschiedlich lange Stifte, gleich große und unterschiedlich große Hefte, Löffel, Gegenstände der Kinder wie Taschen usw., Gegenstände im Klassenraum, geometrische Formen siehe Arbeitsblätter (Kopiervorlagen 13A und 13B, siehe D Anhang) *(Ellrott u. Aps-Ellrott, 1995, S. 43-1 bis 43-3)*[93], *(Ellrott u. Aps-Ellrott, 1995, S. 11-1 bis 12-1)*[94]

Durchführung:

Die Übungen sind von grundlegend bis schwieriger aufgelistet *(siehe auch Brühl u. a., 2003, S. 167)*[95].

1. Gruppen- oder Einzelarbeit, Material: Unterschiedlich große Knöpfe, unterschiedlich lange Stifte. L.: Ordne die Gegenstände. Gespräch: Schüler erklären gewählte Ordnungsprinzipien, falls keine Ordnung, nach Größe/Länge. L.: Wir wollen die Gegenstände gemeinsam betrachten. Gespräch: Länger als / kürzer als, dicker als / dünner als, größer als / kleiner als

2. Gruppen- oder Einzelarbeit, Material: Bärenblätter zerschnitten, Fußballblatt zerschnitten (siehe oben). L.: Ordne die Bären und ordne die Fußbälle. Gespräch: Schüler erklären gewählte Ordnungsprinzipien, falls keine Ordnung, nach Größe/Länge. L.: Wir wollen die Bären/Fußbälle gemeinsam ordnen. Gespräch: größer als / kleiner als, mehr als / weniger als

3. Fortsetzung der Betrachtungen im Klassenraum: Stühle höher als Tische, Schüler größer als Stühle, Lehrer größer als Schüler, Stuhl leichter als Tisch, Lehrer schwerer als Schüler, Schüler größer / kleiner als Schüler

4. Einzelarbeit, Material: Kopiervorlagen 13A und 13B. L.: Zeichne einen Pfeil von der größeren Form zur kleineren Form! Erklärung an der Tafel: Großes Dreieck, kleines Dreieck. L. zeichnet Pfeil vom großen zum kleinen Dreieck und spricht: Das große Dreieck ist größer als das kleine Dreieck.

---

[93] D. Ellrott & B. Aps-Ellrott, Mathematik Primarstufe Lernspiele 2, Mildenberger, Offenburg 1995, S. 43-1 bis 43-3; steht als Download bei www.school-scout.de zur Verfügung

[94] D. Ellrott & B. Aps-Ellrott, Mathematik Primarstufe Lernspiele, Mildenberger, Offenburg 1995, S. 11-1 bis 12-1; steht als Download bei www.school-scout.de zur Verfügung

[95] Brühl, Bussebaum, Hoffmann, Lukow, Schneider, Wehrmann, Rechenschwäche/Dyskalkulie, Hrsg. Arbeitskreis für angewandte Lernforschung, Osnabrück 2003, S. 167

C 5.3 Förderbeispiele Mathematik

Kopiervorlage 13 A

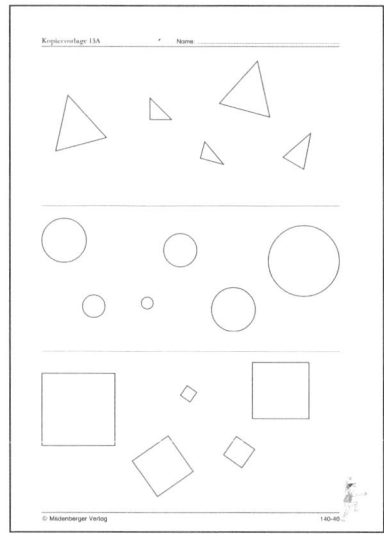

Kopiervorlage 13 B

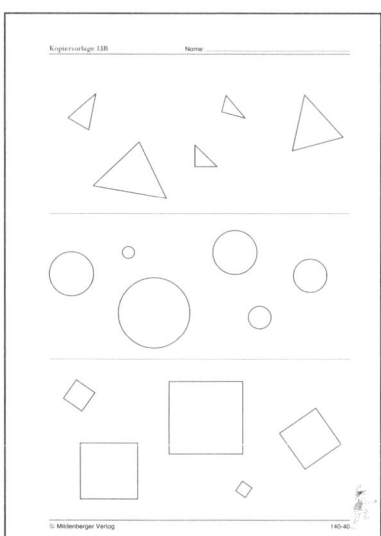

5.3.4 Relationen herstellen

Bereich	Merkmale und Fähigkeiten
4. Relationen herstellen	① Eins-zu-eins-Zuordnung

Organisation: 1 Lehrkraft, Klassenverband, Gruppe oder 1 Schüler

Förderort: Klassenraum, Gruppenraum

Material:

Schülertische, Stifte und Hefte, große und kleine Löffel, Gegenstände der Kinder wie Taschen, Gegenstände im Klassenraum, blaue und rote Plättchen, Arbeitsblätter *(Ellrott u. Aps-Ellrott, 1995, S. 43-1 bis 43-3)*[96]; *(Ellrott u. Aps-Ellrott, 1995, S. 11-1 bis 12-1)*[97]

Durchführung:

Die Übungen sind von grundlegend bis schwieriger aufgelistet.

1. Gruppen- oder Einzelarbeit, Material: große Löffel. L.: Der Tisch soll gedeckt werden. Lege jedem Kind einen großen Löffel hin. Gespräch: Jeder Schüler hat einen Löffel. Kinder nehmen Löffel in die Hand und legen ihn wieder hin. Gespräch: Anzahl der Löffel / Anzahl der Kinder muss gleich groß sein. Begründung, weshalb das Ergebnis nicht nachgezählt werden muss.

2. Gruppenarbeit oder Einzelarbeit, Material: kleine und große Löffel. L.: Lege zu jedem großen Löffel einen kleinen Löffel. L.: Sind genauso viele große wie kleine Löffel auf dem Tisch? Gespräch: Anzahl der großen Löffel / Anzahl der kleinen Löffel muss gleich sein.

3. Einzelarbeit, Material: blaue Plättchen und rote Plättchen. L. legt ca. 14 rote Plättchen auf den Tisch. L.: Lege aus dem Kasten genauso viele blaue Plättchen auf den Tisch. Die blauen und die roten Plättchen dürfen nicht gezählt werden. Gespräch über die gleiche oder ungleiche Anzahl roter und blauer Plättchen. L. schiebt die blauen Plättchen auf dem Tisch zusammen. L.: Liegen jetzt gleich viele rote und gleich viele blaue Plättchen auf dem Tisch? Gespräch.

4. Gruppen- oder Einzelarbeit, Material: Bärenblätter zerschnitten, Fußballblatt zerschnitten, L.: Gib jedem Bären einen Fußball. Gespräch: Schüler erklären die Zuordnung. Ohne zu zählen muss deutlich werden, dass die Menge der Bären und die Menge der Fußbälle gleich groß sind.

---

[96] D. Ellrott & B. Aps-Ellrott, Mathematik Primarstufe Lernspiele 2, Mildenberger, Offenburg 1995, S. 43-1 bis 43-3; steht als Download bei www.school-scout.de zur Verfügung

[97] D. Ellrott & B. Aps-Ellrott, Mathematik Primarstufe Lernspiele, Mildenberger, Offenburg 1995, S. 11-1 bis 12-1; steht als Download bei www.school-scout.de zur Verfügung

5.3.5 Ordnen einer Menge

Bereich	Merkmale und Fähigkeiten
5. Ordnen einer Menge	Reihen ordnen

Organisation: 1 Lehrkraft, Klassenverband, Gruppe oder 1 Schüler

Förderort: Klassenraum, Gruppenraum,

Material:
Gleich lange und unterschiedlich lange Stifte, Knöpfe, Kastanien, alle unterschiedlich großen Gegenstände in mehrfacher Ausführung, auch unterschiedlich lange Steckwürfelreihen, Arbeitsblätter (Kopiervorlagen 14 A und 14 B, siehe D Anhang)

Durchführung:
Die Übungen sind von grundlegend bis schwieriger aufgelistet.

1. Gruppen- oder Einzelarbeit, Material: mehrere gleich lange Stifte, 1 Heft. L.: Lege das Heft vor dich auf den Tisch. Lege vom Heftrand aus immer einen Stift an den anderen bis zum seitlichen Rand des Tisches. Zähle die Anzahl der Stifte. Gespräch: Schüler nennen die Anzahl der Stifte. L.: Wie viele Stifte werden bis zum oberen Tischrand benötigt? Wichtiges Gespräch: Vermutungen und Überprüfung durch Aufreihen der Stifte. Mündlicher Vergleich: Abstand Heft seitlicher/oberer Rand des Tisches und Vergleich der Anzahl der aufgereihten Stifte

2. Variation: als Material 1 Heft und Zettel von einem Zettelblock

3. Variation: als Material 1 Etui und Kastanien

4. Gruppen- oder Einzelarbeit, Material: unterschiedlich große Knöpfe, unterschiedlich lange Stifte. L.: Ordne die Gegenstände. Gespräch: Schüler erklären gewählte Ordnungsprinzipien. Gespräch: Längster Stift/kürzester Stift, Stift ist kürzer als/länger als; Knopf ist dicker als/dünner als, Knopf ist größer als/kleiner als

5. Einzelarbeit, Material: Kopiervorlagen 14 A und B. L.: Auf den Bildern hat sich ein Fehler eingeschlichen. Streiche das Bild durch, das an der falschen Stelle ist.

Kopiervorlage 14 A

Kopiervorlage 14 B

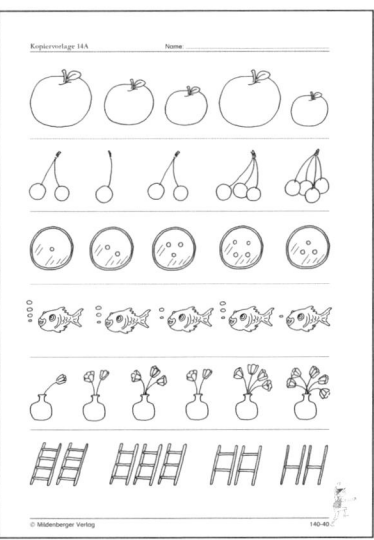
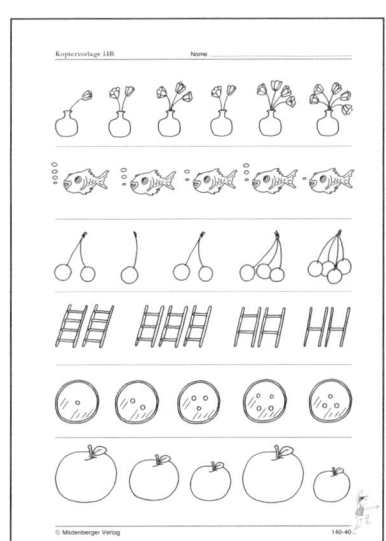

5.3.6 Zählen

Bereich	Merkmale und Fähigkeiten
6. Zählen	① **Zählen bis 10 vorwärts**
	② **Zählen von 10 rückwärts**

Organisation: 1 Lehrkraft, Gruppe oder 1 Schüler

Förderort: Klassenraum, Gruppenraum, Turnhalle

Material:
Alle abzählbaren Gegenstände und Materialien: Stifte, Gegenstände der Kinder, Bauklötze, Legosteine, Treppenstufen, Klötze, Knöpfe, Kastanien, Steckwürfel, Plättchen, Perlen zum Auffädeln u. Ä.

Durchführung:

1. L.: Hole 5 / 4 / 7 / 2 / 6 usw. Bauklötze. / Gib deinem Nachbar 3 Klötze ab usw. (Zahlen 1 – 10)

2. L.: Gib mir 1 / 2 / 3 usw. Gegenstände (siehe Material).

3. L.: Lege immer 1 / 2 / 3 usw. Gegenstände in einen Kreis (Gummiband).

4. Gegenstände liegen auf dem Tisch, L.: Lege einen Legostein, Stapelstein, Baustein o. Ä. vor dich. Kind antwortet im Satz (L. hilft bei der Formulierung): Ich nehme 1 … und lege 1 … vor mich hin. L.: Lege 2 Gegenstände vor dich. Kind: Ich nehme 2 … und lege 2 … vor mich hin. usw. bis 10 Gegenstände.

   Tisch:

   ☐

   ☐ ☐

   ☐ ☐ ☐

   usw.

5. L.: Zähle die Anzahl der Gegenstände in den Reihen und Spalten, beginne mit 1 und ende bei 10.

6. L.: Zähle die Anzahl der Gegenstände in den Reihen und Spalten, beginne mit 10 und ende bei 1.

7. Zählen von Gegenständen in allen Alltagssituationen: z.B. Treppenstufen im Schulgebäude.

8. Zahlenlauf im Klassenraum, Zahlen von 1 bis 10 auf Stühlen verteilt im Klassenraum. L.: Berühre jeden Stuhl in der richtigen Reihenfolge und nenne die Zahl zum Stuhl, beginne bei 1 und ende bei 10. Drehe dich um und gehe den Weg zurück, beginne bei 10, nenne jede Zahl und ende bei 1.

9. Zahlen von 1 bis 10 auf Stühlen nebeneinander. L.: Berühre den 1. Stuhl, laufe um den Stuhl herum und sprich dabei 1! Berühre 2 Stühle und laufe um 2 Stühle herum und sprich dabei 2 usw. bis 10. L.: Laufe um 10 Stühle herum und sprich dabei 10. Stelle einen Stuhl an die Seite, laufe um die restlichen 9 Stühle herum und sprich dabei 9. Stelle einen weiteren Stuhl an die Seite, laufe um die restlichen Stühle und sprich dabei die Zahl, die zu den Stühlen gehört usw. bis 1. Zähle die Anzahl der Stühle, die du an die Seite gestellt hast.

C 5.3 Förderbeispiele Mathematik

Bereich	Merkmale und Fähigkeiten
6. Zählen	③ **Ordinalzahl**
	④ **Kardinalzahl**

Organisation: 1 Lehrkraft, Klassenverband, Gruppe

Förderort: Klassenraum, Gruppenraum, Turnhalle

Material:
Gleich lange und unterschiedlich lange Stifte, Knöpfe, alle unterschiedlich großen Gegenstände in mehrfacher Ausführung, auch unterschiedlich lange Steckwürfelreihen

Durchführung:

1. Gruppen- oder Einzelarbeit, Material: unterschiedlich große Knöpfe, unterschiedlich lange Stifte. L.: Ordne die Gegenstände. Gespräch: Schüler erklären gewählte Ordnungsprinzipien. Gespräch: Längster Stift / kürzester Stift, Stift ist kürzer als / länger als; Knopf ist dicker als / dünner als, Knopf ist größer als / kleiner als. L.: An welcher Stelle liegt der längste / kürzeste Stift? Hilfe von L.: Lege die Gegenstände auf-, nebeneinander, Schüler beschreiben die Position; Gespräch: Der längste Stift liegt an erster Stelle und ein Stift ist der längste Stift. Unterschied erster Stift / ein Stift, zweiter Stift, aber nicht zwei Stifte usw.

2. Klassenraum oder Flur: Schüler stellen sich zum Unterrichtsgang paarweise auf. L.: Wer steht ganz vorne am Anfang aller Kinder? Kinder nennen Namen. L.: … und … haben den ersten Platz. Genauso letzter Platz usw.

3. Turnhalle. L.: Stellt euch in 2 Reihen hintereinander auf. Es steht immer abwechselnd ein Mädchen neben einem Jungen. Die Reihen beginnen am Fenster / der Tür. Die Kinder in den beiden Reihen schauen sich an. Abwechselnd nennt jede Reihe die Namen der Kinder in der gegenüberliegenden Reihe, und zwar so: Klaus steht an 3. Stelle. Karin steht an 8. Stelle …, bis alle Namen mit ihrer Position genannt wurden. L.: Alle Kinder, die an dritter Stelle stehen, wechseln ihren Platz usw.

4. Turnhalle. L. verteilt die Kinder auf 4 Gruppen. L. nennt Gruppenanzahl, z. B. 6 Kinder, diese gehen jeweils auf eine bezeichnete Kreuzung der Positionslinien auf dem Turnhallenboden. Die Kinder stellen sich in einer Reihe auf die Linie. Jedes Kind merkt sich seine Position und nennt sie. Kind: Ich bin Erster / ich bin Zweiter usw. Die Gruppen sollten etwa an den Ecken eines Quadrates stehen.

    a) L.: 2 Kinder / 4 Kinder / 3 Kinder / 5 Kinder der Gruppe, auf die ich zeige, wechseln die Position.

    b) L.: Das 1. / 5. / 2. / 4. Kind der Gruppe, auf die ich zeige, wechselt den Platz.

    c) L. nennt abwechselnd die beide obigen Anweisungen.

5. Zahlen von 1. bis 10. auf Stühlen nebeneinander, L.: Berühre den 1. Stuhl, laufe um den Stuhl herum und sprich dabei 1. Berühre den 2. Stuhl und laufe um den 2. Stuhl herum und sprich dabei 2. usw. bis 10. L.: Laufe um den 10. Stuhl herum und sprich dabei 10. Laufe um den 9. Stuhl herum und sprich dabei 9. L. nennt Stuhl-Position und Kind läuft um den genannten Stuhl herum.

C 5.3 Förderbeispiele Mathematik

5.2.1 Formen

Bereich	Merkmale und Fähigkeiten
7. Formen	Dreieck, Kreis, Quadrat

Organisation: 1 Lehrkraft, Klassenverband, Gruppe, Kind

Förderort: Klassenraum, Gruppenraum

Material:

Biegedraht oder Pfeifenputzer, Buntstifte, Pappformen, Kopiervorlagen für Dominos *(Ellrott u. Aps-Ellrott, 1995, S. 3-1, 4-1)*[98], Arbeitsblätter (Kopiervorlagen 15A und 15B, siehe D Anhang)

Durchführung:

Die Übungen sind von grundlegend bis schwieriger aufgelistet.

1. Einzelarbeit, Material: Biegedraht oder Pfeifenputzer. L.: Biege aus jeweils einem Draht ein Dreieck, ein Quadrat, einen Kreis.

2. Material: Pappformen Kreis, Quadrat, Dreieck. L.: Schließe die Augen. Fühle den Gegenstand, den ich dir in die Hand gebe, und sage mir seinen Namen. Auch als Partnerarbeit möglich.

3. Einzelarbeit, Material: Arbeitsblatt (Kopiervorlage 15A). L.: Zeige alle Kreise. Wie sieht der Rand der Kreisform aus? Genauso: Dreieck und Quadrat.

4. Variation: L.: Male alle Kreise rot, alle Dreiecke gelb und alle Quadrate blau an.

5. Gruppe oder Klassenverband, (Kopiervorlage 15B), L.: Schneidet bitte die Formen am Rand entlang aus. Gespräch: Was war leichter auszuschneiden? / Wie viele Ecken haben die Formen? / Namen der Formen?

6. Partner- oder Gruppenarbeit, Material Dominos (siehe oben). Formen abwechseln passend anlegen (spielen nach Spielregeln für Domino).

Kopiervorlage 15A   Kopiervorlage 15B

 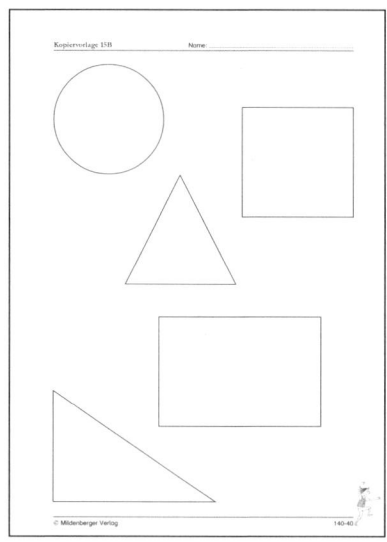

[98] D. Ellrott & B. Aps-Ellrott, Mathematik Primarstufe Lernspiele, Mildenberger, Offenburg 1995, S. 3-1, 4-1; steht als Download bei www.school-scout.de zur Verfügung

Anhang

- Lieder, Spiele, Reime, Zungenbrecher
- Literaturangaben/-empfehlungen
- Kopiervorlagen
- Vordruck Individueller Förderplan

D Anhang: Lieder, Spiele, Reime, Zungenbrecher

Lieder, Spiele, Reime, Zungenbrecher

Abschluss-Ritual am Ende des Schultages

Die Kinder räumen den Tisch auf und packen ihre Taschen. Sie gehen auf den Flur und ziehen die Jacken an, kommen in die Klasse zurück und schließen die Jacken. Sie stellen die Ranzen auf den Tisch und nehmen sie vom Tisch aus auf den Rücken. Jedes Kind stellt seinen Stuhl auf den Tisch.

Zwei Kinder stehen einander in der Klasse gegenüber am Ende des Schultages.

Sie sprechen in Silben:	Sie klatschen dazu:
Schnie, schna, schnaus!	3-mal in die Hände
Die Schu-le ist jetzt aus.	kreuzweise auf die erhobenen Hände des Partners
Drum ge-hen wir,	2-mal abwechselnd in die Hände und auf die Oberschenkel
drum ge-hen wir	2-mal abwechselnd in die Hände und auf die Oberschenkel
nach Haus, Haus, Haus!	3-mal in die Hände

L. steht neben der Klassentür und reicht jedem Kind zum Abschied die Hand und spricht mit ihm. Sie achtet darauf, dass das Kind die rechte Hand reicht, L. ansieht und kein Kind drängelt. Drängelnde Kinder verlassen die Klasse als Letzte.

Das vorgestellte Abschluss-Ritual am Ende des Schultages fördert die Kinder auf unterschiedliche Weise in den Bereichen:

2 Motorik: Raum-Lage-Körper, bilaterale Koordination, Körperspannung, Handtonus;

3 Allgemeines Verhalten: Ordnungssinn, Selbstständigkeit, hört zu, Kontakt zu L., Frustrationstoleranz, Teamfähigkeit, Hilfsbereitschaft, Rücksichtnahme;

4 Sprache: Anweisungsverständnis, Sprachgedächtnis.

Lieder

Lied: Drei Chinesen mit dem Kontrabass saßen auf der Straße und erzählten sich was. Da kam die Polizei, ja was ist denn das? Drei Chinesen mit dem Kontrabass! Weitersingen des Verses mit dem Austausch der Vokale. I: Dri Chinisin mit dim … O: Dro Chonoson mot dom …, ebenso auf u, ü, eu usw. *(L. Blumenstock, 1991, S. 91)*[99]

Tanzlied: Ringel, Ringel, Reihen, wir sind der Kinder dreien. *(Kinder singen und gehen im Takt im Kreis.)* Wir sitzen unterm Hollerbusch und machen alle husch, husch, husch. *(Kinder gehen in die Hocke.)*

Spiele

Konzentrations-, Wahrnehmungs- und Atemübung

Die Kinder sitzen auf dem Stuhl. Der Rücken berührt fest die Stuhllehne, die Füße stehen nebeneinander unter dem Tisch, die Hände liegen flach übereinander auf der Stirn, die Ellenbogen sind erhoben, die Augen sind geschlossen. Ohne die Ellbogen zu senken atmen die Kinder ca. 6-mal durch die Nase tief ein bis in den Bauch und durch den Mund wieder aus. Sie öffnen die Augen.

Gummimännchen-Spiel

Alle Kinder: Hände ausschütteln, Bewegungen wie ein Gummimännchen ausführen, d. h. mit dem ganzen Körper und allen Gliedern schlackern, auf Zuruf von L. in der Bewegung verharren mit möglichst angespannter Muskulatur. Die Hände und den Körper ausschütteln. Die Bewegungsabläufe

[99] L. Blumenstock, Handbuch der Leseübungen, Beltz, Weinheim und Basel 1991, S. 91

werden wiederholt. Das Spiel eignet sich auch gut zur Entspannung und Konzentrationssteigerung in einer Pause nach ca. 15 – 20 Minuten Unterricht.

Begrüßungsspiel

Kinder begrüßen sich gegenseitig und L. mit Handschlag und nennen dabei ihren Namen und den Namen der Begrüßten. (Guten Morgen! Ich heiße Julia! – Guten Morgen, Julia! Ich heiße Anton.) L.: Die Hand, mit der wir uns begrüßt haben, ist die rechte Hand. Die rechten Hände passen bei der Begrüßung ineinander. Alle winken mit der rechten Hand.

Gleichzeitig eine Förderung zu Sprache: 4.3.1 Sprachfähigkeit / ⑦ Satzbildung, 4.3.2 Anweisungsverständnis / ① Anweisung direkt ausführen, 4.3.4 Auditive Wahrnehmung, Sprachgedächtnis / ① Wörter wiederholen und 3.3.5 Sozialverhalten / ④ Kontakt zu Schülern, Fortsetzung: Über-Kreuz-Bewegung

Begrüßungsspiel mit Über-Kreuz-Bewegung

Kinder begrüßen sich mit dem Begrüßungsspiel, siehe oben, dann L.: Die rechte Hand klopft das rechte Bein. Die rechte Hand greift an das linke Ohr. Die linke Hand klopft das linke Bein. Die freie Hand greift an das rechte Ohr. Hände lösen und parallel auf Oberschenkel klatschen. Wiederholen.

Begrüßungsspiel mit Über-Kreuz-Bewegung und Körperspannung

Kinder begrüßen sich gegenseitig und die L. mit Handschlag und nennen dabei ihren Namen oder den Namen der Begrüßten. L.: Die Hand, mit der wir uns begrüßt haben, ist die rechte Hand. Die rechten Hände passen bei der Begrüßung ineinander. Alle winken mit der rechten Hand. Die rechte Hand liegt auf der linken Schulter, die linke Hand liegt auf der rechten Schulter (die Hände liegen jeweils auf der gegenüberliegenden Schulter), an den Fingern werden Gummibänder befestigt (die Finger bewegen sich abwechselnd auf den Schultern). Wir stehen gerade, der Bauch ist ganz fest und der Po ist ganz fest zusammen. Langsam werden die Gummibänder angezogen und ziehen unsere Arme und Finger ganz lang. (Kinder sollten gerade stehen mit nach vorne gestreckten Armen und lang ausgestreckten, gespannten Fingern.)

Viele Kinder benötigen für diese Bewegungsabfolge eine längere Übungszeit. Die Bewegungsfolge eignet sich gut als Bewegungs- und Entspannungsübung im Unterricht. Nach mehrfacher Ausführung kann die Übung zur Feststellung der rechten Hand entfallen.

Konzentrationsspiel

Alle Vögel fliegen hoch …

- L.: Beide Zeigefinger klopfen gleichzeitig leise auf die Tischplatte. Die Zeigefinger gehen schnell in die Höhe, wenn ihr das Wort … hört. L. nennt alle möglichen Wörter und dazwischen das vereinbarte.

- L.: Die Finger beider Hände (ohne den Daumen) klopfen gleichzeitig auf die Tischplatte. (Gleichzeitig Kräftigung der Fingermuskulatur, Förderung Bereich Motorik, 2.3.5 Graphomotorik). Die Hände gehen schnell in die Höhe, wenn ihr das Wort … hört. L. nennt alle möglichen Wörter und dazwischen das vereinbarte.

- Variation: Die Klasse / Gruppe sitzt an Tischen, Spiel: „Alle Vögel fliegen hoch" in Abwandlungen, Ausführung wie oben beschrieben. Zur Steigerung der Schwierigkeit werden gleichzeitig Störgeräusche wie Straßenlärm mit Hilfe des Kassettenrekorders abgespielt. *(siehe auch Ledl, 2003, S. 204)* [100]

Konzentrations- und Sprechspiel:

Die Klasse / Gruppe sitzt im Kreis oder an Tischen, Spiel: Schlapp hat den Hut verloren. Es wird verabredet, dass eines der mitspielenden Kinder den Namen „Schlapp" erhält. „Schlapp" beginnt: Schlapp

---

[100] siehe auch Ledl, Kinder beobachten und fördern, Jugend und Volk, Wien 2003, S. 204

D Anhang: Lieder, Spiele, Reime, Zungenbrecher

hat den Hut verloren, ... (Name eines Kindes) hat ihn. Das genannte Kind antwortet: ... (eigener Name) hat ihn nicht, ... (Name eines Kindes) hat ihn. Die Wechselrede erfolgt immer schneller, bis dasjenige Kind mit seinem eigenen Namen angesprochen wird, für welches der Name „Schlapp" vereinbart wurde. Dieses Kind muss antworten: Schlapp hat ihn nicht, ... (Name des Kindes, das zuletzt gesprochen hat) hat ihn. Damit ist dieses Kind nicht mehr Schlapp, sondern das Kind, das „Schlapp" mit dem eigenen Namen angesprochen hat. Falls „Schlapp" mit seinem Kindernamen und nicht mit Schlapp antwortet, bleibt er „Schlapp". Die Gruppe muss sich das neue Kind, welches jetzt den Namen „Schlapp" trägt, merken und das Spiel beginnt neu. (Auch Förderung zu 4.3.1 Sprachfähigkeit: ① Artikulation, ② Sprechsicherheit, ③ Sprechrhythmus und 4.3.3 Sprechbereitschaft, 4.3.4 Sprachgedächtnis; auch Allgemeines Verhalten: 3.3.4 Konzentrationsfähigkeit)

Kennenlern-Spiel

Mein rechter, rechter Platz ist frei ... Zwischen zwei Kindern befindet sich eine Lücke. Das Kind klopft auf den freien rechten Platz und spricht: Mein rechter, rechter Platz ist frei, ich wünsche mir ... (Name eines Kindes) herbei. Weiter mit dem nächsten Kind mit einer Lücke zur Rechten.

Fingerspiele und Reime:

Das ist der Daumen,	*Daumen bewegt sich!*
der schüttelt die Pflaumen,	*Zeigefinger bewegt sich!*
der sammelt sie auf,	*Mittelfinger bewegt sich!*
der bringt sie nach Haus,	*Ringfinger bewegt sich!*
und der Kleine, der isst sie alle auf.	*Kleiner Finger bewegt sich!*

5 Männlein sind in den Wald gegangen, sie wollten den Osterhasen fangen.	*Die 5 Finger der Schreibhand bewegen sich.*
Der Erste war so dick wie ein Fass. Er brummte: „Wo ist der Has'? Wo ist der Has'?"	*Daumen bewegt sich!*
Der Zweite rief: „Da ist er ja, da ist er ja!"	*Zeigefinger bewegt sich und zeigt!*
Der Dritte, das war der Längste, aber auch der Bängste. Der fing gleich an zu weinen: „Ich seh' ja keinen, ich seh' ja keinen!"	*Mittelfinger bewegt sich!*
Der Vierte rief: „Das ist mir zu dumm! Ich kehr wieder um!"	*Ringfinger bewegt sich!*
Der Fünfte, der Kleinste, wer hätte das gedacht, der hat den Hasen nach Hause gebracht, da haben alle gelacht! „Ha, ha, ha!"	*Kleiner Finger bewegt sich!*

Meine Mi, meine Ma, meine Mutter schickt mich her,
ob der Ki, ob der Ka, ob der Kuchen fertig wär.
Wenn er ni, wenn er na, wenn er noch nicht fertig wär,
käm ich mi, käm ich ma, käm ich morgen wieder her.   + Varianten zu den Vokalen

(L. Blumenstock, 1991, S. 91)[101]

[101] L. Blumenstock, Handbuch der Leseübungen, Beltz, Weinheim und Basel 1991, S. 91

D Anhang: Lieder, Spiele, Reime, Zungenbrecher

Himpelchen und Pimpelchen kletterten auf einen hohen Berg. Himpelchen ist ein Heinzelmann und Pimpelchen ist ein Zwerg. Doch nach 25 Wochen sind sie in den Berg gekrochen. Schlafen dort in süßer Ruh. Seid mal still und hört fein zu! Chr, chr, chr, chr …

Zungenbrecher:
Der Metzger wetzt das Metzgermesser.
Fischer´s Fritz fischt frische Fische.
Die Katze tritt die Treppe krumm.
Wir Wiener Waschweiber wollten weiße Wäsche waschen, wenn wir wüssten, wo weiches Wiesenwasser wär.

Abzählreime:
Eine kleine Maus saust ums Haus, saust wieder rein, und du musst's sein.
Eine kleine Micky Maus zieht sich mal die Hose aus, zieht sie wieder an, und du bist dran.

A, e, i, o, u, aus bist du!

Unsinn-Reime:
Es war einmal ein Mann, der kaufte sich einen Kamm.
Der Kamm war ihm zu klein, da kaufte er sich ein Schwein.
Das Schwein war ihm zu fett, da legt er sich ins Bett.
Das Bett war ihm zu weich, da legt er sich in den Teich.
Der Teich war ihm zu nass, da legt er sich ins Gras.
Das Gras war ihm zu grün, da ging er nach Berlin.
Berlin war ihm zu frech und patsch, hast du einen weg!

Dunkel war´s, der Mond schien helle,
Schnee lag auf der grünen Flur,
als ein Auto blitzeschnelle langsam um die Ecke fuhr.
Drinnen saßen stehend Leute, schweigend ins Gespräch vertieft,
als ein totgeschossner Hase auf der Sandbank Schlittschuh lief.

Sprechspiele

Kofferpacken: Kinder sitzen im Kreis, L.: Ich will verreisen. In meinen Koffer packe ich eine Jacke. Das nächste Kind wiederholt immer die bisher gesprochenen Wörter und fügt ein neues Wort für ein Kleidungsstück hinzu.

Ich ziehe um und lege in eine Kiste einen Kochtopf. Das nächste Kind wiederholt immer die bisher gesprochenen Wörter und fügt ein neues Wort für einen Gegenstand hinzu.

Weitere Spielideen: Kochgeräte, Haushaltsgeräte, Spielzeuge, Werkzeuge, Schreibgeräte, Gartengeräte usw. werden genannt.

Kettensätze

Material: Rechtecke von der Größe und dem Aussehen eines Ziegelsteins in rot (2) und blau (1).

Kinder sitzen im Kreis. L. nennt einen einfachen, kurzen Satz: Ich (legt einen roten Pappstein auf den Boden) sitze (legt einen blauen Pappstein auf den Boden) auf dem Stuhl (legt einen roten Pappstein auf den Boden. L. sammelt Pappsteine auf und gibt sie an das nächste Kind. 1. Kind beginnt mit dem letzten Wort des vorherigen Satzes: Der Stuhl (legt einen Pappstein auf den Boden) steht (…) auf dem Boden (…). Kind sammelt die Pappsteine auf und gibt sie an das nächste Kind. 2. Kind: Der Boden ist aus Holz. 3. Kind: Das Holz kommt aus dem Wald. 4. Kind: Im Wald stehen Bäume. 5. Kind: Die

D Anhang: Lieder, Spiele, Reime, Zungenbrecher

Bäume haben Blätter usw. Das Spiel endet, wenn ein Kind am Ende des Satzes ein Adjektiv verwendet, z. B.: Die Blätter sind grün. (In der Erprobung ergab sich: Die Kinder geben die Pappsteine an ein Kind ihrer Wahl weiter. Beim ersten Durchgang wiederholen sie die Mustersätze von L. Im zweiten Durchgang formulierten die Kinder schon eigene Sätze. Als ein Kind einen Satz mit einem Verb beendete, stockten alle Kinder: Mit diesem Wort können wir nicht weiterspielen. Der Unterschied zwischen den Wörtern am Ende wurde besprochen. Das Spiel wurde neu gestartet. Alle Kinder, auch die nicht muttersprachlich deutschen Kinder, und die Kinder, die sonst nicht sprachen, beteiligten sich.)

Variation mit gesteigerter Schwierigkeit: Wenn das Spiel geläufig gespielt wird, können Ziegelsteinpappen für weitere Satzglieder dazukommen. Gespräche wie oben können zur Einführung der Begriffe Verben und Nomen genutzt werden. (In der Erprobungsphase äußerten sich Kinder der 1. Klasse nach dem dritten Spieldurchgang zu den Unterschieden der Wortarten.)

Konzentrationsspiele:

Cowboy und Indianer: Die Kinder sitzen im Kreis, ein Kind, der Cowboy, sitzt in der Mitte des Kreises (am Lagerfeuer) mit geschlossenen Augen und schläft. Der Indianer steht außerhalb des Kreises und schleicht sich ganz leise an. Die Kinder im Kreis sind bewegungslos und so leise, dass man sie atmen hören kann. Hört der Cowboy den Indianer, so dreht er sich zu ihm um und berührt ihn, danach öffnet er die Augen. Kann der Indianer sich anschleichen, fasst er den Cowboy an die Schulter. Damit ist jeweils das Spiel beendet und die beiden bestimmen schnell zwei neue Spieler.

Das Spiel bewährte sich im Sportunterricht in einer sehr unruhigen Klasse mit vielen verhaltensauffälligen Schülern. Nach dem Spiel gingen die Kinder ruhig in den Umkleideraum und stritten sich nicht.

**Stöcke weitergeben: Alle Kinder stehen im Kreis, jedes Kind hält einen Gymnastikstab in der Hand. Der Stab wird senkrecht zwischen dem Boden und der Spitze des rechten Zeigefingers gehalten. Auf ein Zeichen von L. hin greift die rechte Hand den Stab des rechten Nachbarn. Es ist das Ziel, dass jeder den Nachbarstab greift und kein Stab den Boden berührt.

Das Spiel steigert die Konzentrationsfähigkeit und ist gleichzeitig ein positives Gruppenerlebnis, wenn kein Stab den Boden berührt. Ich habe es noch nicht mit einer ersten Klasse ausprobiert, nur ab Ende Klasse 2.

Klatsch-Spiele / Pausenspiele

3 oder mehr Kinder stehen im Kreis mit geschlossenen Beinen. Sie sprechen den Vers in Silben und klatschen dazu abwechselnd in die eigenen Handflächen und die des Nebenstehenden.

- Char-lie Cham-pion fuhr nach Spa-nien,   *Kinder klatschen in Hände s.o.*
  kauf-te sich drei schö-ne Da-men.
  Die ers-te hieß O-la-la.   *Kinder wackeln mit Bauch*
  Die zwei-te hieß Cha-cha-cha.   *Kinder klatschen in Hände s.o.*
  Die dri-tte hieß Char-lie Cham-pion.   *Kinder klatschen in Hände s.o.*
      Kinder stellen Füße auseinander

Der Vers beginnt von vorne, bis ein Kind die Füße so weit auseinander hat, dass es umfällt. *

2 Kinder stehen einander gegenüber, sprechen in Silben und klatschen dazu abwechselnd in die eigenen Handflächen und kreuzweise in die ihres Gegenübers.

- A-ra-mel-la, Stra-cia-tel-la,   *Kinder klatschen abwechselnd in die*
  A-ra-mas, A-ba-kas,   *eigenen Hände und kreuzweise in die*
      Hände des Partners und sprechen in Silben
  bum, zi-cke, za-cke, bum.   *Bum: Schultern anstoßen, zicke / zacke:*
      eine Nase drehen zum Partner. *

* siehe auch W. Hering, Aquaka della Oma, Münster 2005

D Anhang: Lieder, Spiele, Reime, Zungenbrecher

Geschichte zu: Allgemeines Verhalten, Hört zu

Die kleine Katze

Eines Tages langweilte sich die kleine *graue Katze*. Niemand spielte mit ihr. Sie war ganz alleine. Sie schlich durch die Katzenklappe in der Haustür nach draußen. Die *Sonne* schien warm auf ihren Pelz. Leider war die Sonne zu weit weg, um mit ihr zu spielen. Als die kleine Katze in die Luft sah, flog ein *gelber Schmetterling* um ihre Nase. Mit der Tatze versucht sie ihn zu fangen. Fast fiel sie auf den Rücken dabei. Schade, weg war der Schmetterling! Aber was war das? Ein *schwarzer Käfer* krabbelte eilig über den Hof. Bevor die Katze ihn berühren konnte, verschwand er in der nächsten Ritze. Wieder alleine! Will denn heute keiner mit mir spielen? Ein lautes Brummen ließ die Katze stehen bleiben. Sie schaute sich um. Da, eine Hummel! Die *gelb und schwarz gestreifte Hummel* taumelte über dem Kopf der Katze, langsam flog sie vor ihrer Nase her und verschwand im blauen Himmel. Wieder war die Katze alleine. „Mieze, Mieze, wo bist du? Komm, Mieze!" Wurde sie wirklich gerufen? Welch ein Glück! *Klaus*, ihr Freund Klaus, rief sie. Da kam er auch schon in seinem *roten Hemd* um die Hausecke. Sie lief auf ihn zu und strich um seine Beine. Er bückte sich und streichelte sie. Endlich war sie nicht mehr alleine.

Mathematik

Zählreime:

Eins, zwei, drei, vier, fünf, sechs, sieben,
wo ist meine Frau geblieben?
Ist nicht hier, ist nicht da,
ist wohl in Amerika.

Morgens früh um sechse kommt die alte Hexe,
morgens früh um sieben schabt sie gelbe Rüben,
morgens früh um acht wird der Kaffee gemacht,
morgens früh um neune geht sie in die Scheune,
morgens früh um zehne holt sie Holz und Späne,
morgens früh um elfe kocht sie bis um zwölfe,
Krötenbeine, Maus und Fisch,
hurtig Kinder, kommt zu Tisch.

Eins, zwei – Polizei,
drei, vier – Offizier,
fünf, sechs – alte Hex,
sieben, acht – gute Nacht,
neun, zehn – lasst uns gehn!

** „Zehn kleine Negerlein" entweder mit Hilfe eines Bilderbuches vorlesen, zeigen, mit Fingerspielen auswendig lernen oder nur als Text mit Fingerspielen lernen.

D Anhang: Literaturangaben

Literaturangaben

Barth, Dr. Karlheinz — **Münsteraner Entwicklungs-Beobachtungsbogen für Kinder von 5 Jahren bis zur ersten Klasse: Eltern-/Erzieherinnenbogen.**

Blumenstock, Leonhard — **Handbuch der Leseübungen**, Beltz, Weinheim und Basel 1991.

Breuer, Helmut/ Weuffen, Maria — **Lernschwierigkeiten am Schulanfang**, Beltz, Basel 2000.

Brühl, Hans/ Bussebaum, Christian/ Hoffmann, Wolfgang/ Lukow, H-Joachim/ Schneider, Martina/ Wehrmann, Dr. Michael — **Rechenschwäche/Dyskalkulie**, Hrsg. Arbeitskreis für angewandte Lernforschung, Osnabrück 2003.

Ellrott, Dieter/ Aps-Ellrott, Barbara — **Förderdidaktik**, Mildenberger, Offenburg 1994.

Füssenich, Iris/ Löffler, Cordula — **Überprüfung des Entwicklungsstands im Erwerb des alphabetischen Schreibens**, in: Praxis Grundschule, Heft 3/2003.

Hull, D./Butler, J. — **Der kleine Tiger.** Delphin Verlag, München 1984.

May, P. — **Die Hamburger-Schreib-Probe.** Grundlegende Rechtschreibstrategien erfassen. Verlag für pädagogische Medien (vpm), Hamburg 1996.

Klein, Stefan — **Die Glücksformel**, Verlag rororo, Reinbek bei Hamburg 2003.

Koster, Monika/ Naumann, Jürgen — **Kinderlieder und Kinderreime**, Verlag Lingen, Köln 1980. (Buch ist nicht mehr lieferbar.)

Kühner, Claudia/ Stein, Vaaler — **Bewegung macht schlau**, in: Psychologie heute, Dezember 2004.

Ledl, Viktor — **Kinder beobachten und fördern**, Jugend und Volk, Wien 2003.

Liebrich, Karl/ Schubert, Helga — **Auf den Schwingen der Bewegung und Phantasie**, Verlag Auer, Donauwörth 1996.

Lorenz, Jens Holger — **Lernschwache Rechner fördern**, Verlag Cornelsen 2003.

Luckfiel, Heide/ Braun, Dorothee — **Schuleingangsphase neu gestalten**, in R. Christiani (Hrsg.), Cornelsen, Berlin 1.2004.

Ministerium für Schule Jugend und Kinder des Landes NRW — **Erfolgreich starten!**, Schriftenreihe Schule in NRW Nr. 9039.

Ostermann, Annette — **Lernvoraussetzungen von Schulanfängern**, Persen, Horneburg 2/2004.

Pauli, Sabine/ Kisch, Andrea — **Geschickte Hände**, Verlag modernes lernen, Dortmund 2003.

Röber-Siekmeyer, Chr. — **Die Schriftsprache entdecken**, Beltz, Weinheim u. Basel 1997.

Spitzer, Manfred — **Vorsicht Bildschirm**, Klett Verlag, Stuttgart 2005.

D Anhang: Literaturangaben

Kopiervorlagen zum Download

Ellrott, Dieter/ Aps-Ellrott, Barbara — **Lernspiele Mathematik 1 und 2**, Mildenberger, Offenburg 1994. Die im Kommentar erwähnten Kopiervorlagen stehen zum Download auf der Homepage von School-scout bereit. Diese finden Sie integriert in den Bestellnummern 15508, 15510 und 15560. Näheres siehe www.school-scout.de.

Metzger-Anders, Xaver — **Knall, knall, knall …**, Sportgeschichten. Mildenberger, Offenburg. Die im Kommentar erwähnten Kopiervorlagen stehen zum Download auf der Homepage von School-scout bereit. Näheres siehe www.school-scout.de.

Software

Träger, Eugen — **Wahrnehmung V2.3**, Übungen zur visuellen Wahrnehmungsdifferenzierung, zur Förderung der Gedächtnisleistung, Koordinations-, Kombinations-, Logikübungen, Gedächtnis- und Reaktionstraining, Einzellizenz (Best.-Nr. 140-43)/ Schullizenz (Best.-Nr. 140-44). Vertrieb: Mildenberger Verlag GmbH, Offenburg

Mildenberger u. a. — **Mathetiger 1/2**, Mathematik-Lernprogramm für die erste und zweite Klasse (Best.-Nr. 1503-12/Homeversion, weitere Angaben unter www.mildenberger-verlag.de), Mildenberger Verlag GmbH, Offenburg

Buchvorschläge — Fingerspiele

Geisler, Dagmar — **Alle meine Krabbelfinger**, Verlag Friedrich Oetinger GmbH, Hamburg 2004.

Brucker, Bernd — **Fingerspiele. Klassiker und neue Ideen für Babys und Kleinkinder**, Heyne Bücher, 2004.

Arndt, Marga/ Singer, Waltraut — (Hrsg.), **Fingerspiele und Rätsel**, Ravensburger Buchverlag, 2004.

Singerhoff, Lorelies/ Stiefenhofer, Martin — **Finger- und Bewegungsspiele für Krippenkinder**, Freiburg, 2004.

Buchvorschläge — Spiele für Vorschule und Grundschule

Lauster, Ursula — **Konzentrationsspiele. Zähl- und Mengenspiele, erste Buchstaben und Zahlen**, Lentz Verlag, 2002.

Hatlappa, Ute — **Wahrnehmungs-Spiele**, Christophorus-Verlag, 2003.

Bartl, Almuth — **Fit & schlau in der Grundschule. 101 Fitmachspiele für Kopf und Körper**, Mildenberger Verlag GmbH, Offenburg 2005, Best.-Nr. 180-50.

Buchvorschläge — Kinderspiele

Bücken, Hajo — **Kinderspiele aus der guten alten Zeit**, Edition XXL, 2004.

Hering, Wolfgang — **Aquaka della Oma**, Ökotopia Verlag, Münster 2005.

D Anhang: Literaturangaben

Buchvorschläge	Verse, Reime und Gedichte
Janosch	**Das kleine Kinderreimebuch. Die 51 schönsten Kinderreime,** detebe Diogenes Kinder-Taschenbücher.
	Dunkel war's, der Mond schien helle. Verse, Reime und Gedichte, Gerstenberg Verlag, 1999.
Maske, Ulrich/ Schwandt, Susanne	**Wie schön, dass es dich gibt. Die schönsten Lieder, Reime und Geschichten,** Loewe Verlag, 2005.

Buchvorschläge	Lieder
Schöntges, Jürgen	(Hrsg.), **Freche Lieder – Liebe Lieder,** Büchergilde Gutenberg, Frankfurt a. M. 1987 (Lizenzausgabe für den Beltz Verlag, Weinheim und Basel).
	Das große bunte Liederbuch, Loewe Verlag, 2001.
	Mein erstes Liederbuch, Edition XXL, 2004.
Kipker, Kerstin	(Hrsg.), **Ein Vogel wollte Hochzeit machen. Die schönsten Kinderlieder und Reime,** Arena, 2005.
Keicher, Ursula	(Hrsg.), **Kinderliederbuch,** Tessloff, 2005.

Buchvorschläge	Wimmelbilderbücher
Berners, Rotraut S.	**Frühlings-Wimmelbuch,** Gerstenberg Verlag, Hildesheim 2004.
Berners, Rotraut S.	**Sommer-Wimmelbuch,** Gerstenberg Verlag, Hildesheim 2004.
Berners, Rotraut S.	**Herbst-Wimmelbuch,** Gerstenberg Verlag, Hildesheim 2004.
Berners, Rotraut S.	**Winter-Wimmelbuch,** Gerstenberg Verlag, Hildesheim 2003.
Mitgutsch, Ali	**Rundherum in meiner Stadt,** Wimmelbilderbuch (Jubiläumsausgabe), Ravensburger Buchverlag, 1993.
Mitgutsch, Ali	**Auf dem Lande,** Wimmelbilderbuch, Ravensburger Buchverlag, 1996.
Mitgutsch, Ali	**Mein schönstes Wimmelbilderbuch,** (Jubiläumsausgabe) Ravensburger Buchverlag, 2005.

Kopiervorlagen

Aufgabenbeispiele Motorik

KV 1
1 taktil-kinästhetische Wahrnehmung
1.1 Körperschema
Merkmale/Fähigkeiten:
② Raum-Lage-Körper — Seite 155

KV 2A/2B
4 visuelle Wahrnehmung
4.1 visuelle Gliederung/visuelles Gedächtnis
Merkmale/Fähigkeiten:
① Formunterscheidung — Seite 156, 157

KV 3A/3B
4 visuelle Wahrnehmung
4.1 visuelle Gliederung/visuelles Gedächtnis
Merkmale/Fähigkeiten:
② Muster nachzeichnen — Seite 158, 159

KV 4A/4B
4 visuelle Wahrnehmung
4.1 visuelle Gliederung/visuelles Gedächtnis
Merkmale/Fähigkeiten:
③ Linien verfolgen — Seite 160, 161

KV 5
4 visuelle Wahrnehmung
4.2 Augenmuskelkontrolle
Merkmale/Fähigkeiten:
① Figur-Grund-Wahrnehmung — Seite 162

Aufgabenbeispiele Sprache

KV 6A/6B
1 Sprachfähigkeit
Merkmale/Fähigkeiten:
**⑨ Unterbegriffe — Seite 163, 164

KV 7 A1/A2 und KV 7 B1/B2
5 Kenntnisse der Begrifflichkeit/
Phonologische Bewusstheit
Merkmale/Fähigkeiten:
② Reime — Seite 165, 166, 167, 168

KV 8A/8B
5 Kenntnisse der Begrifflichkeit/
Phonologische Bewusstheit
Merkmale/Fähigkeiten:
③ Silben — Seite 169, 170

KV 9A/9B
5 Kenntnisse der Begrifflichkeit/
Phonologische Bewusstheit
Merkmale/Fähigkeiten:
④ Anlaute — Seite 171, 172

Aufgabenbeispiele Mathematik

KV 10A/10B
3 Mengenvergleich
Merkmale/Fähigkeiten:
① mehr/weniger — Seite 173, 174

KV 11A/11B
3 Mengenvergleich
Merkmale/Fähigkeiten:
② größer als/kleiner als — Seite 175, 176

KV 12
7 Formen
Merkmale/Fähigkeiten:
Dreieck, Quadrat und Kreis — Seite 177

KV 13A/13B
3 Mengenvergleich
Merkmale/Fähigkeiten:
② größer als/kleiner als — Seite 178
③ mehr als/weniger als — Seite 179

KV 14A/14B
5 Ordnen einer Menge
Merkmale/Fähigkeiten:
① Reihen ordnen — Seite 180, 181

KV 15A/15B
7 Formen
Merkmale/Fähigkeiten:
Dreieck, Quadrat und Kreis — Seite 182, 183

KV 16 und KV 17
1 Mengenauffassung
Merkmale/Fähigkeiten:
Mengen bestimmen
① größer als 5 — Seite 184
② kleiner als 5 — Seite 185

Aufgabenbeispiele Allgemeines Verhalten

KV 18
2 Arbeitsverhalten
Merkmale/Fähigkeiten:
② Arbeitstempo
③ Arbeitsziel erreicht — Seite 186

Vordruck

KV 19
Individueller Förderplan — Seite 187

Kopiervorlage 1 Name: _____

1

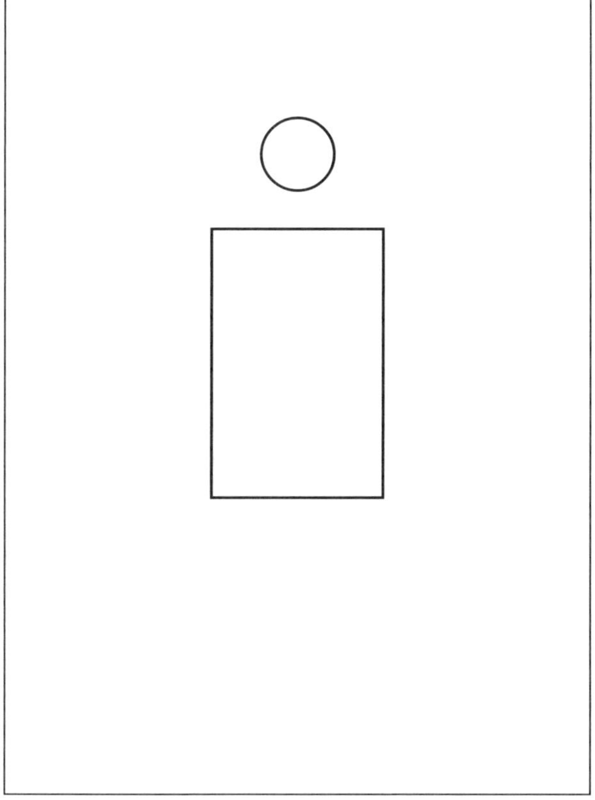

2

3

4

© Mildenberger Verlag 140-40

Kopiervorlage 2A   Name: _____

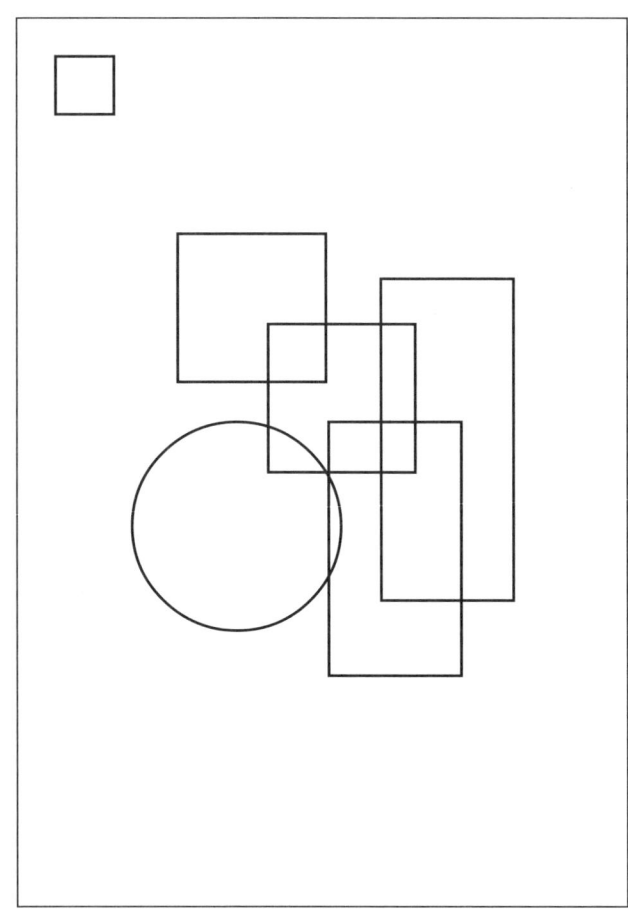

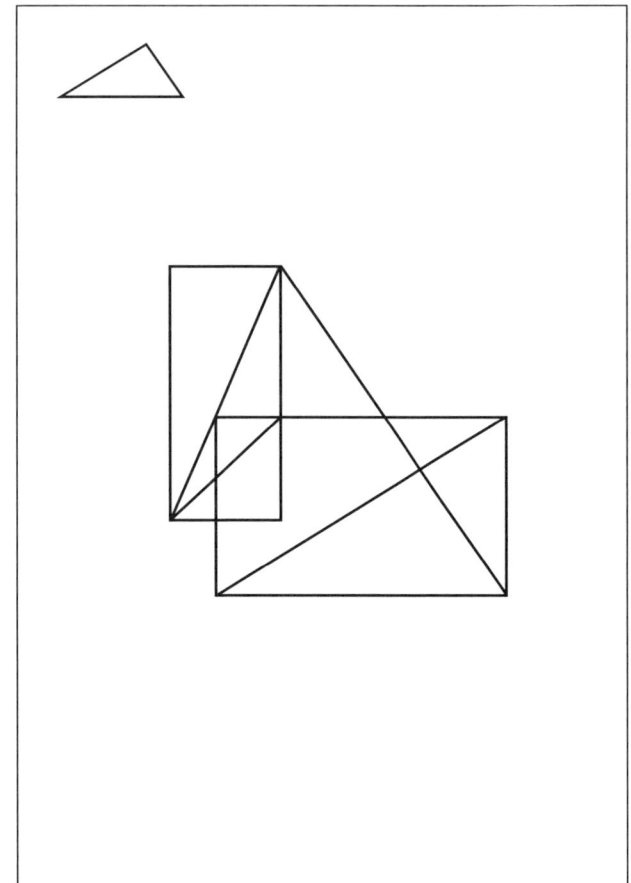
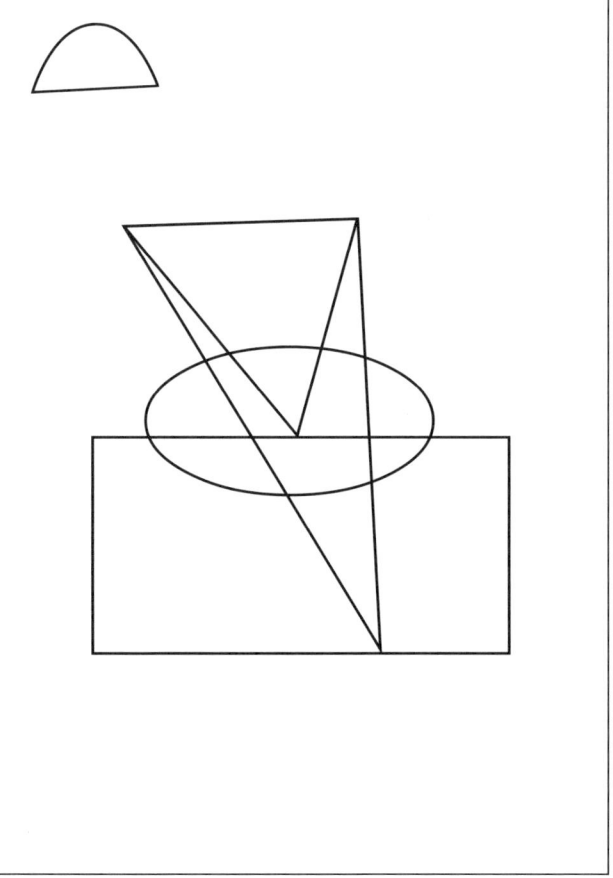

© Mildenberger Verlag   140-40

Kopiervorlage 2B Name: _____

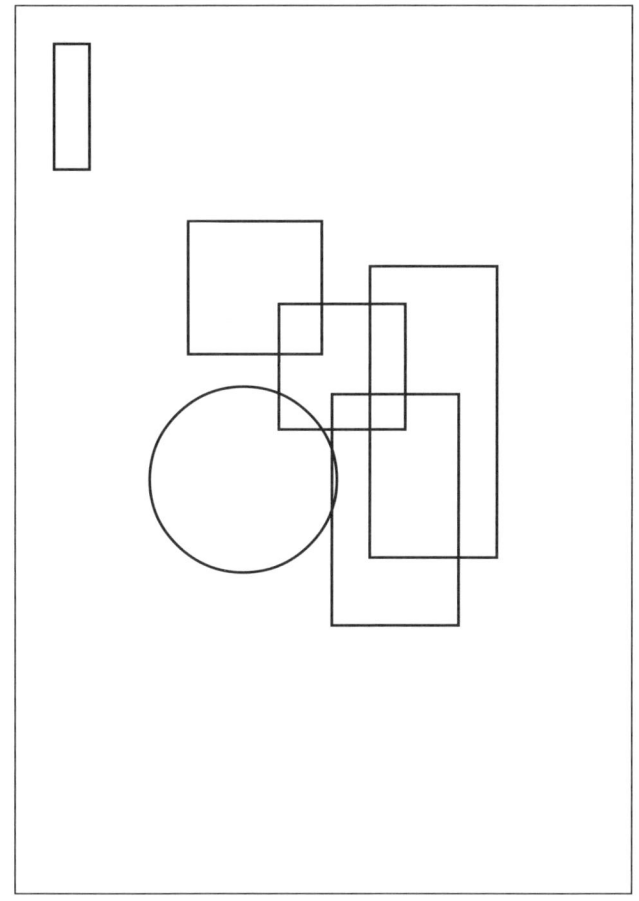

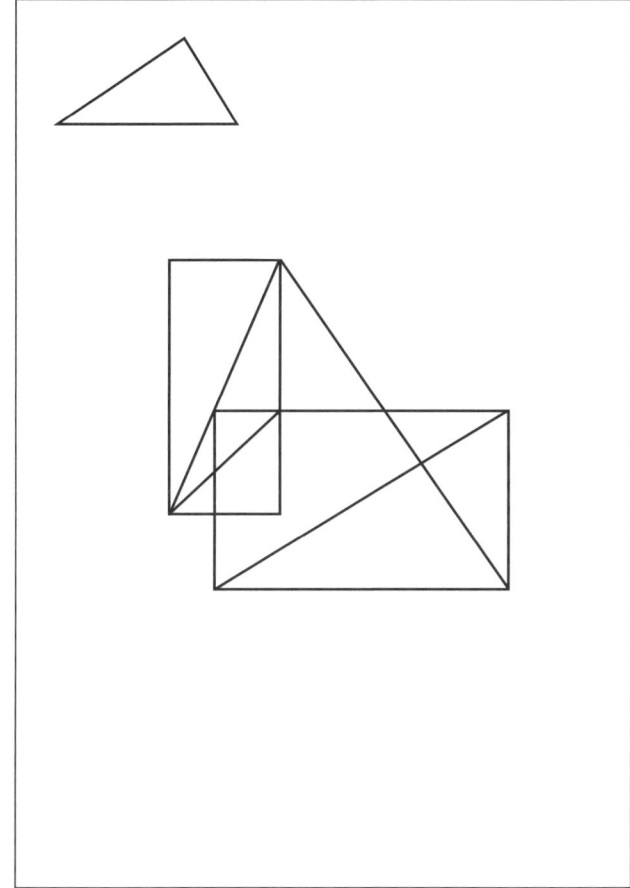

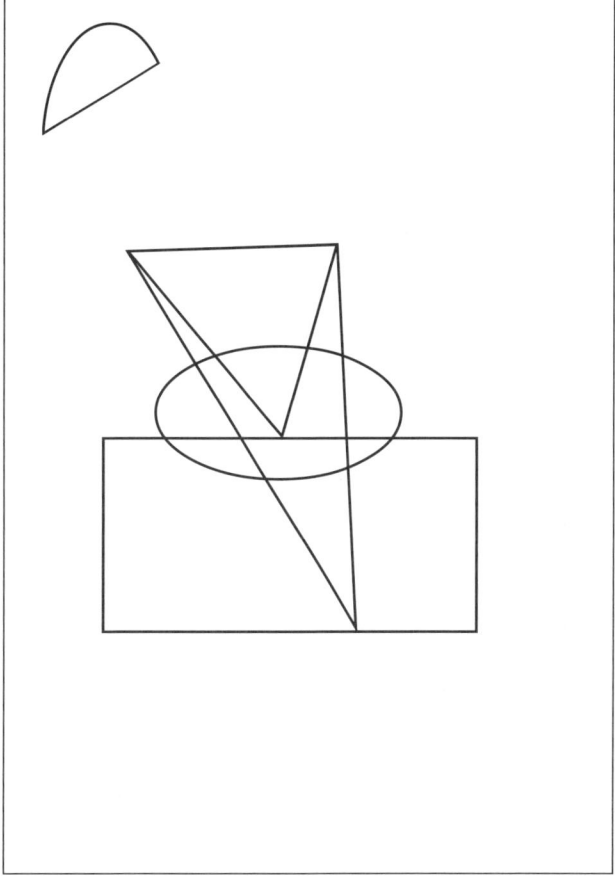

© Mildenberger Verlag 140-40

Kopiervorlage 3A   Name: _____

linke Hand   rechte Hand

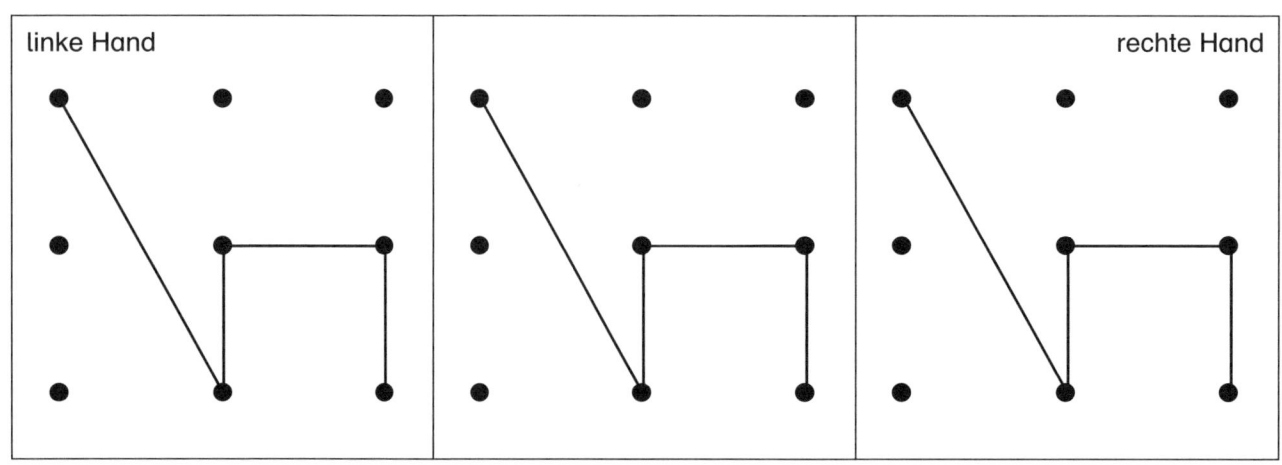

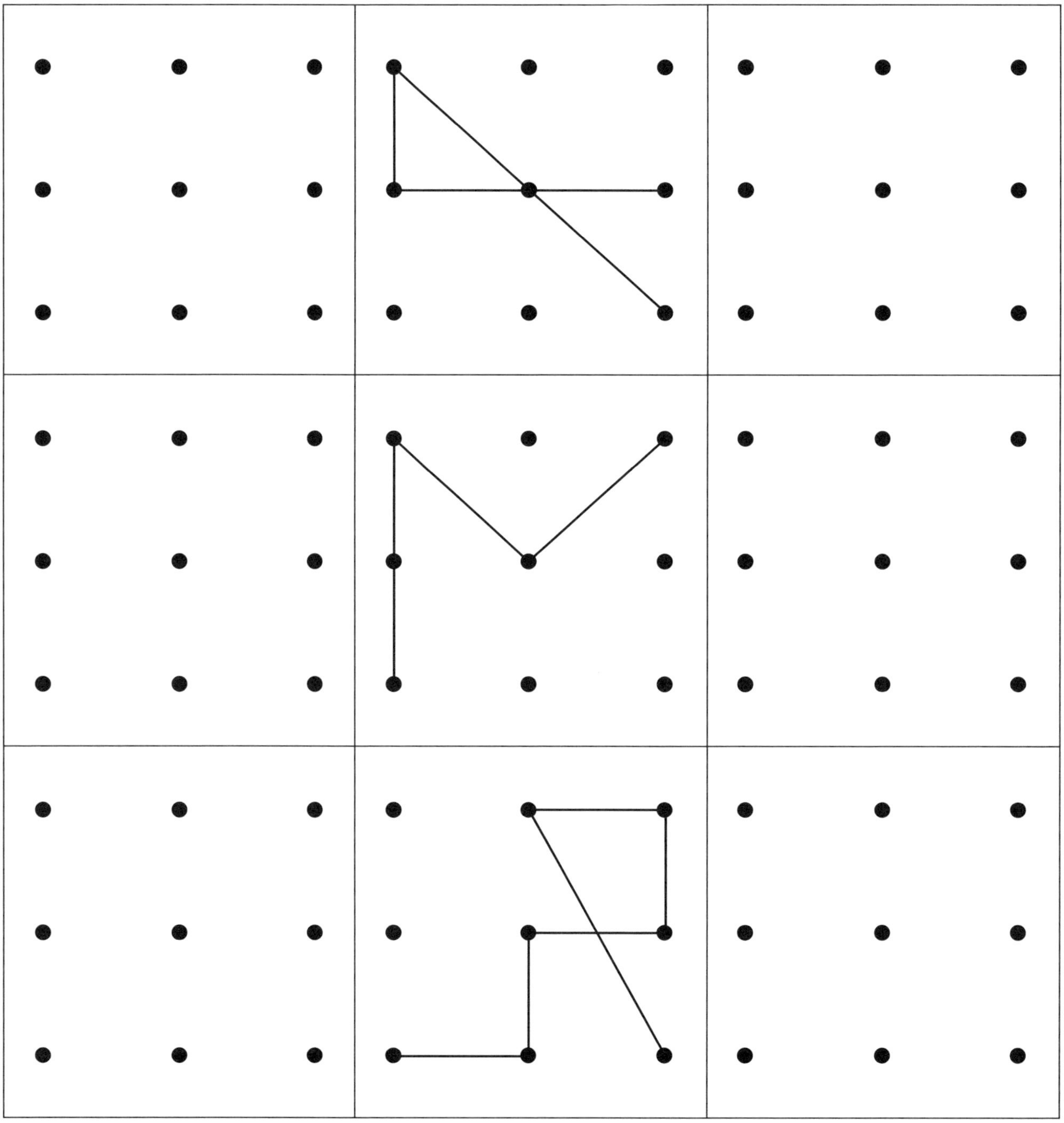

© Mildenberger Verlag   140-40

Kopiervorlage 3B   Name: _____

linke Hand   rechte Hand

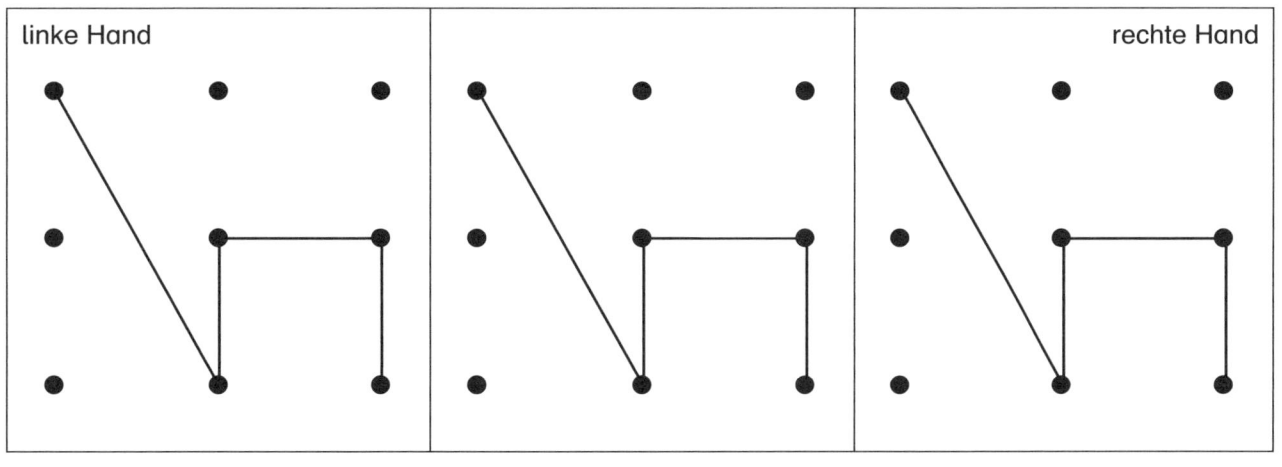

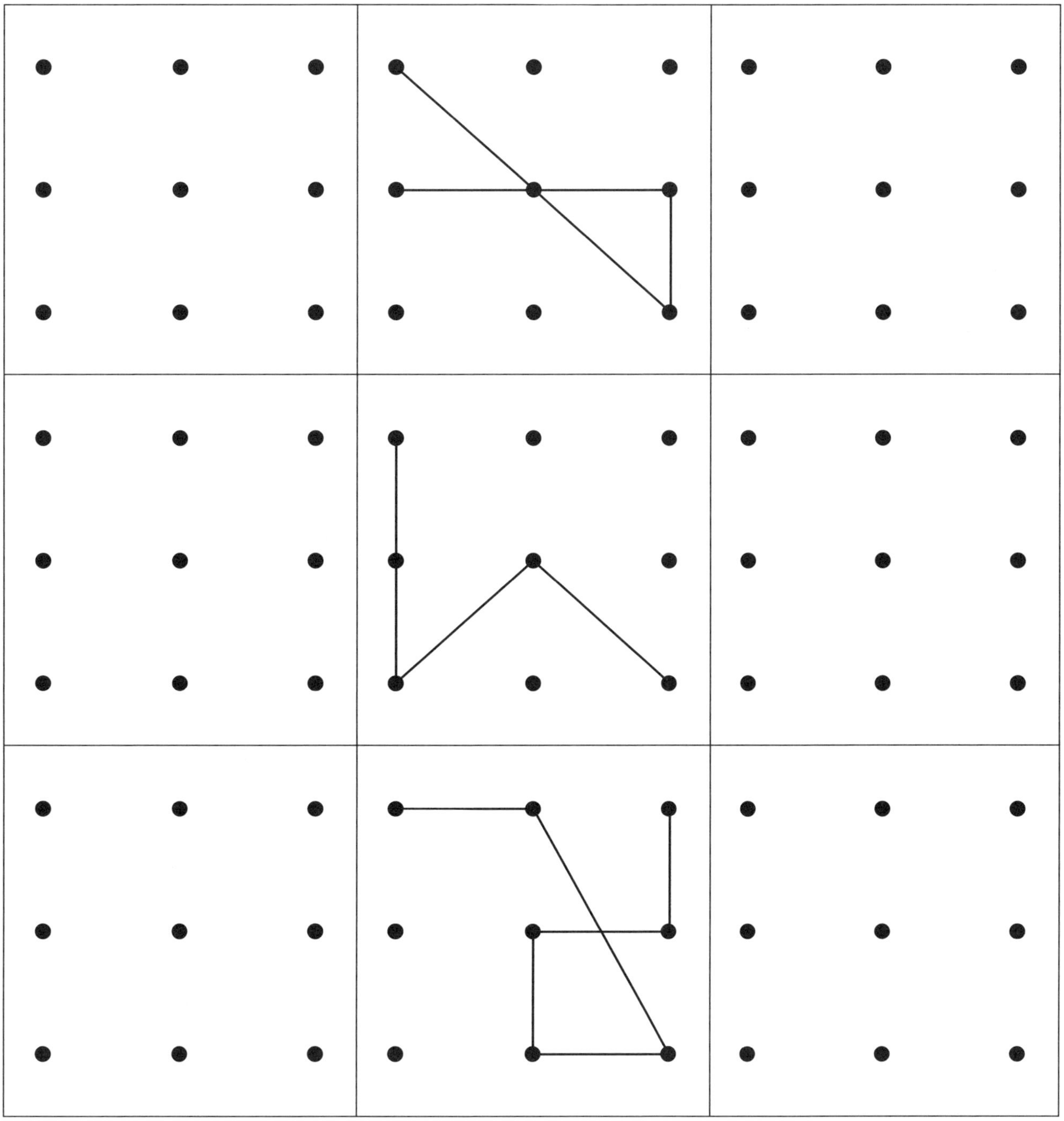

Kopiervorlage 4A   Name: _____

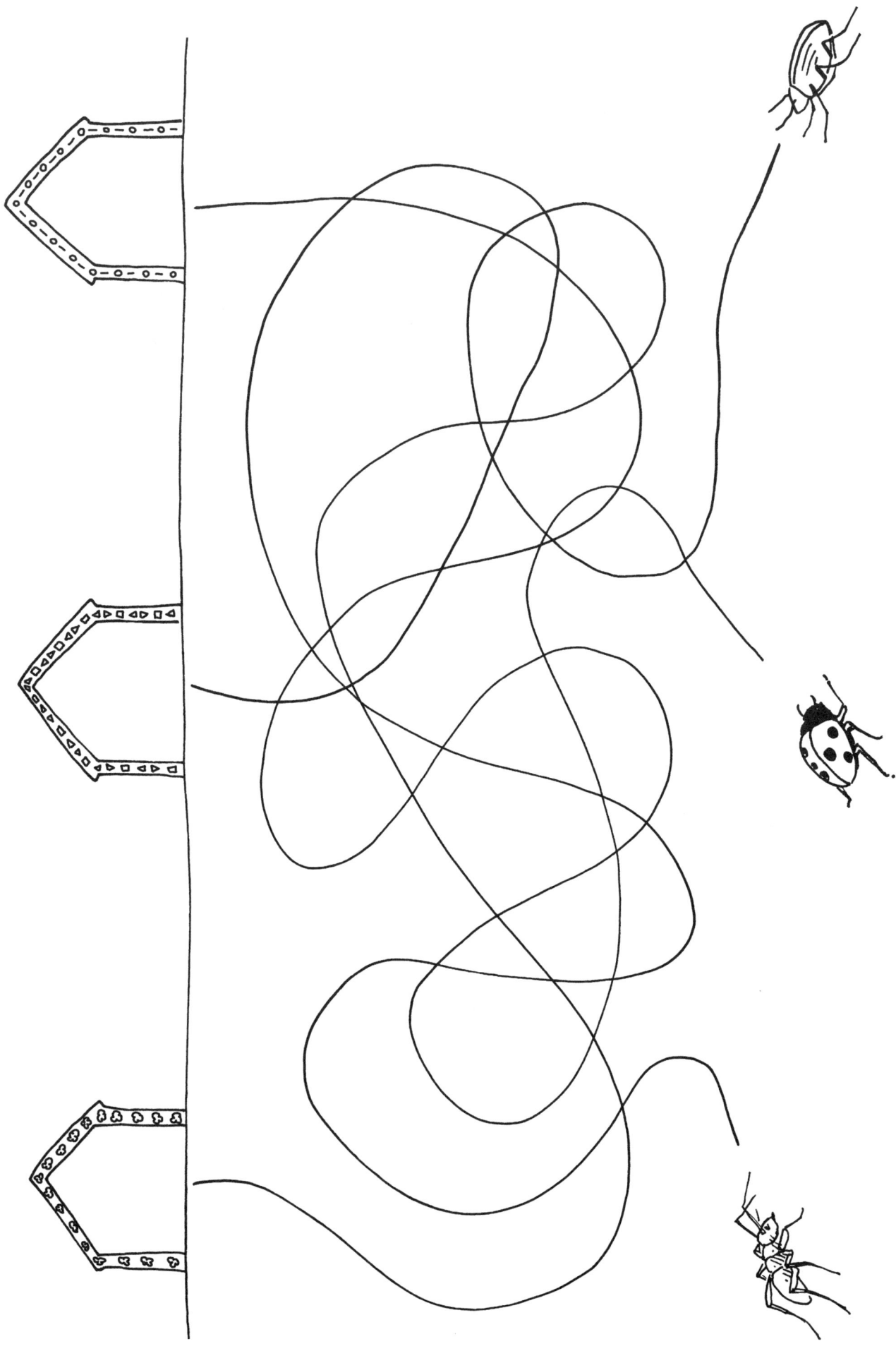

© Mildenberger Verlag

140-40

Kopiervorlage 4B Name: _____

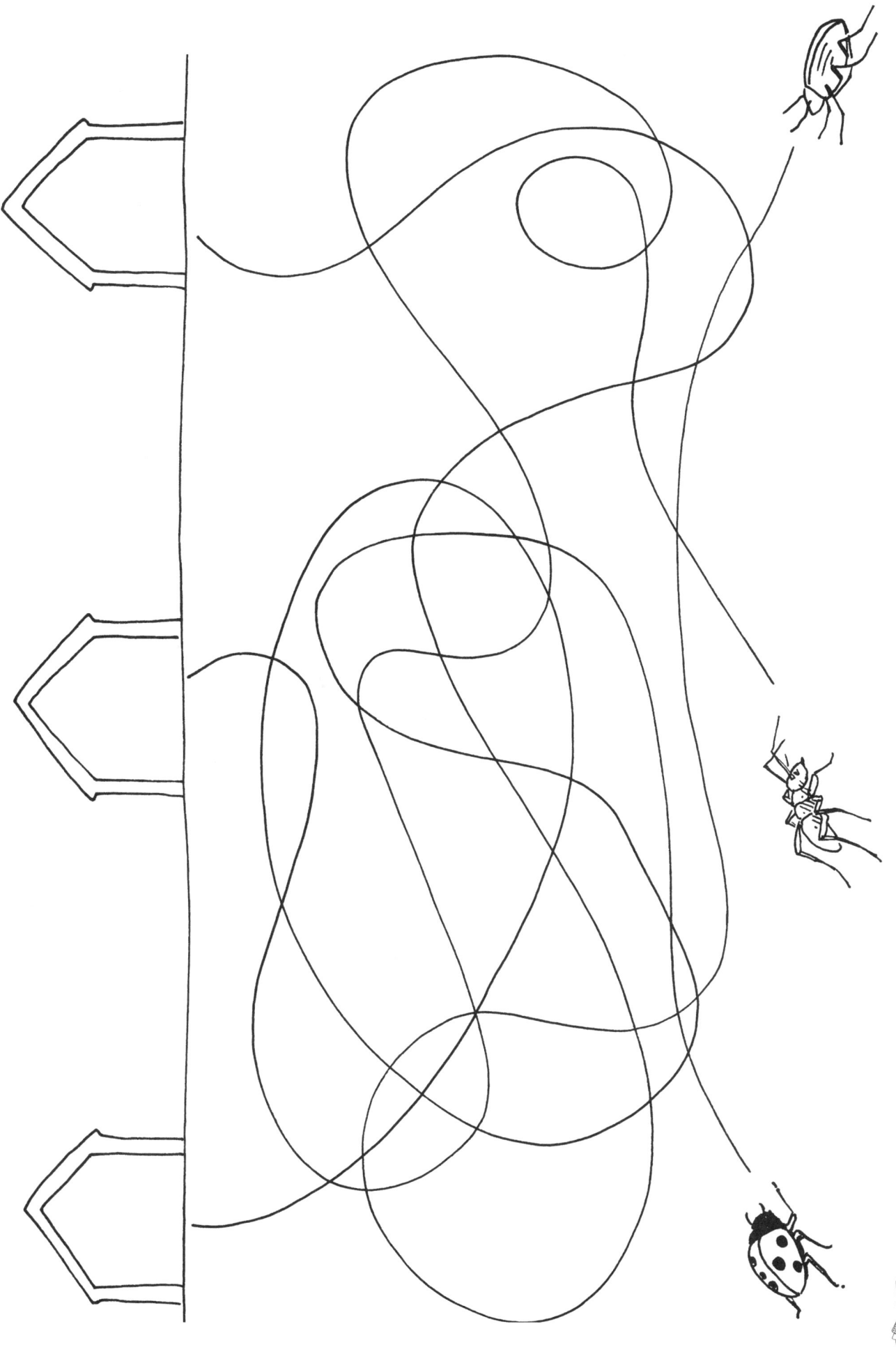

© Mildenberger Verlag

Kopiervorlage 5   Name: _____

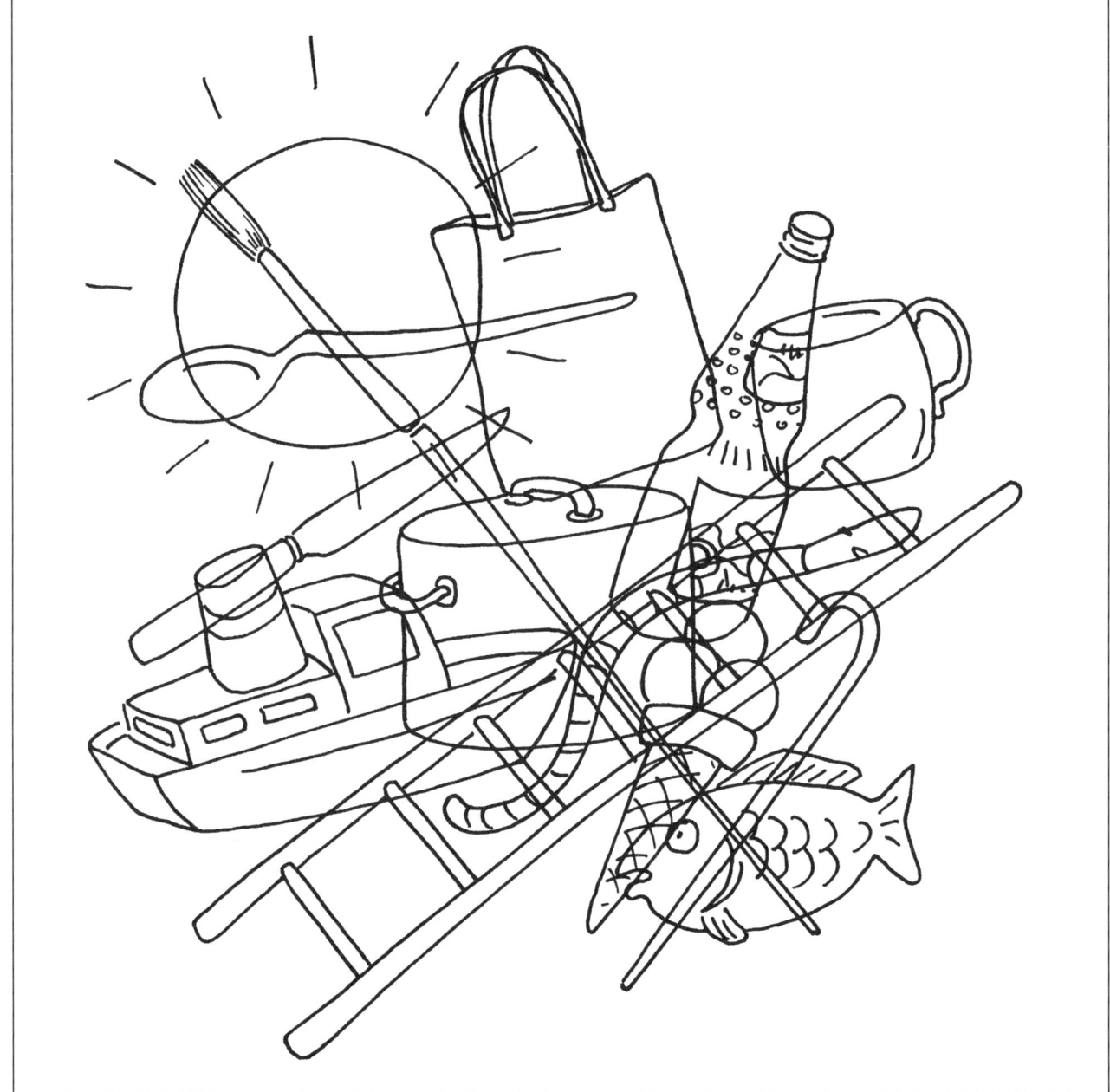

Kopiervorlage 6A   Name: _____

Kopiervorlage 6B Name: _____

Kopiervorlage 7 A1   Name:

Beispiel | Beispiel  | Beispiel

© Mildenberger Verlag

140-40

Kopiervorlage 7 A2   Name: _____

Kopiervorlage 7 B1   Name:

Beispiel | Beispiel | Beispiel

Kopiervorlage 7 B2   Name:

Kopiervorlage 8A   Name: _____

Beispiel / Beispiel / Beispiel

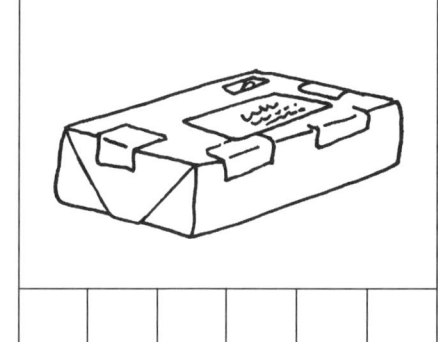
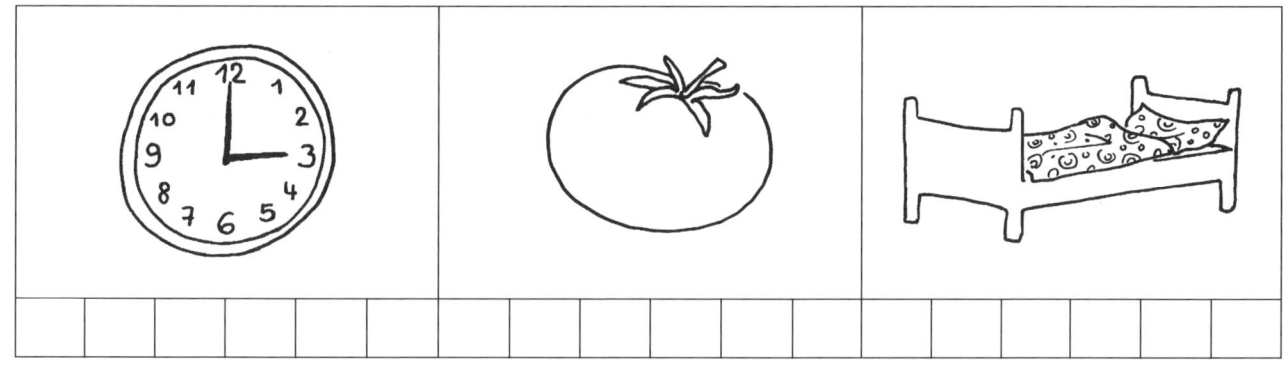
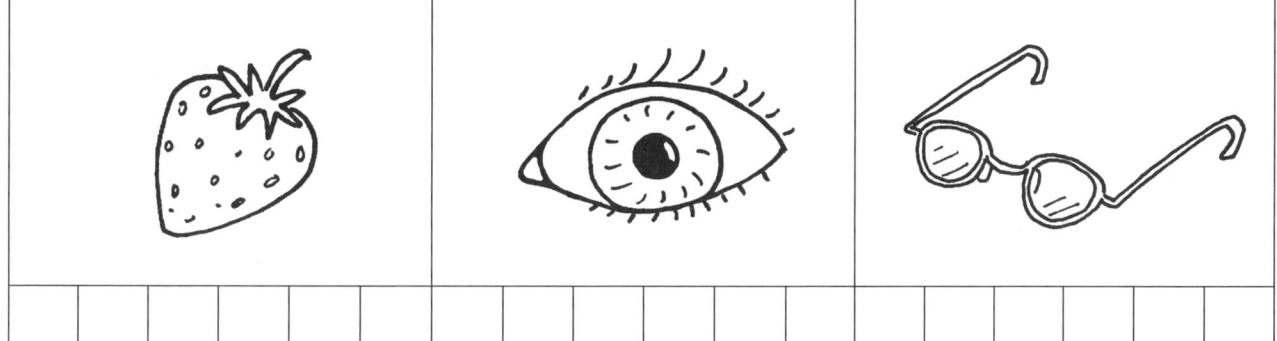

Kopiervorlage 8B   Name: _____

Beispiel | Beispiel | Beispiel

Kopiervorlage 9A  Name: _____

Beispiel | Beispiel |

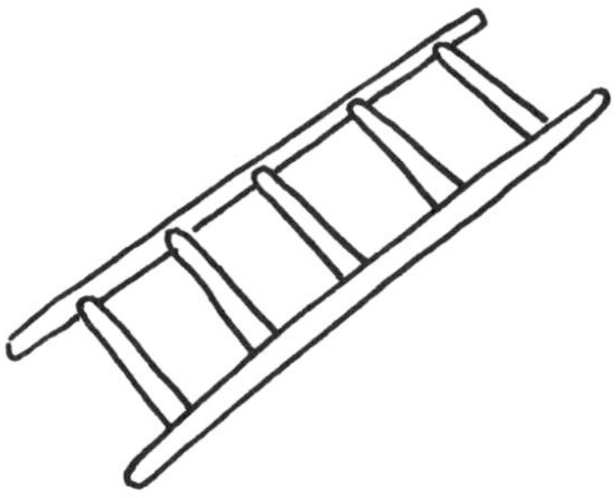

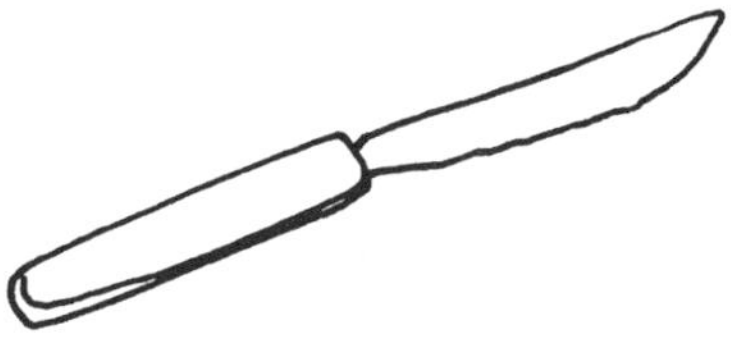

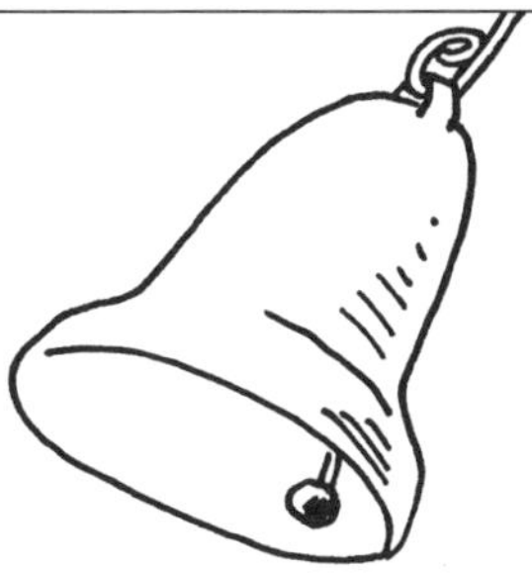

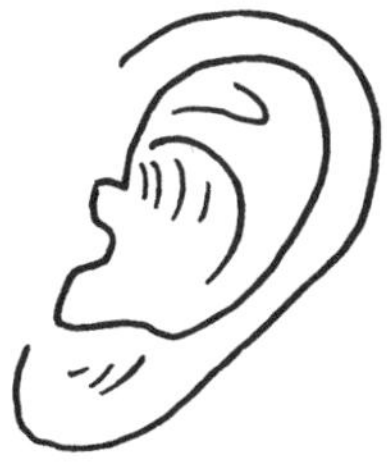

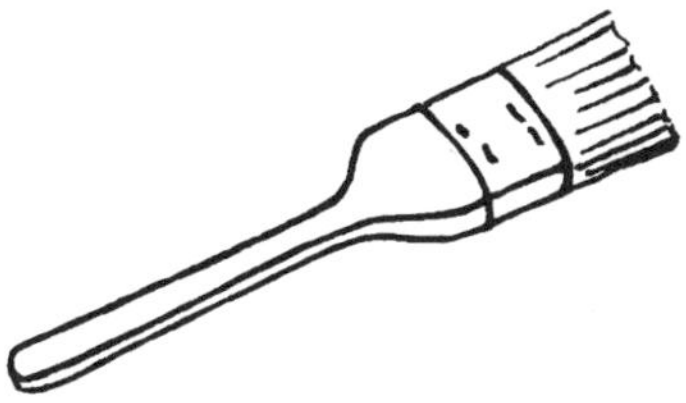

Kopiervorlage 9B  Name: _____

Beispiel	Beispiel	
Leiter	Wal	Apfel

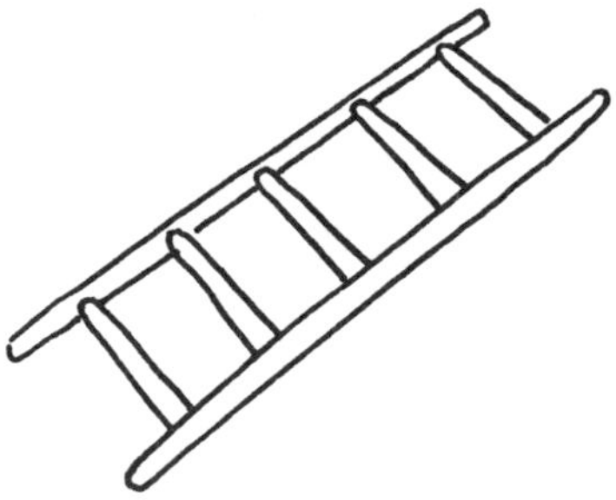

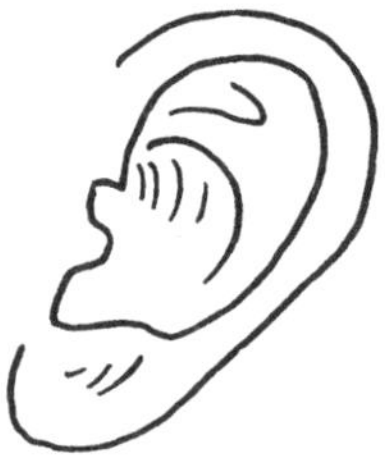

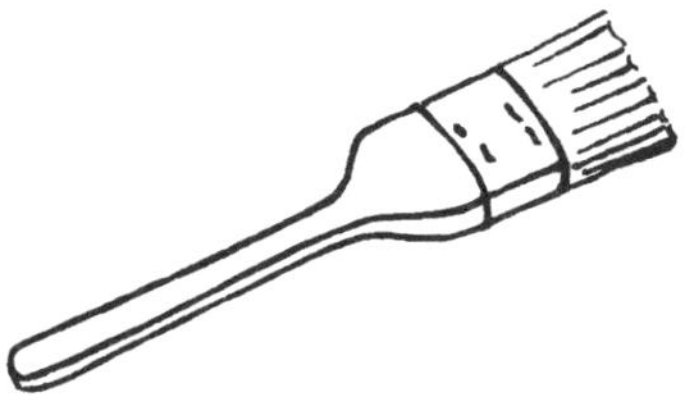

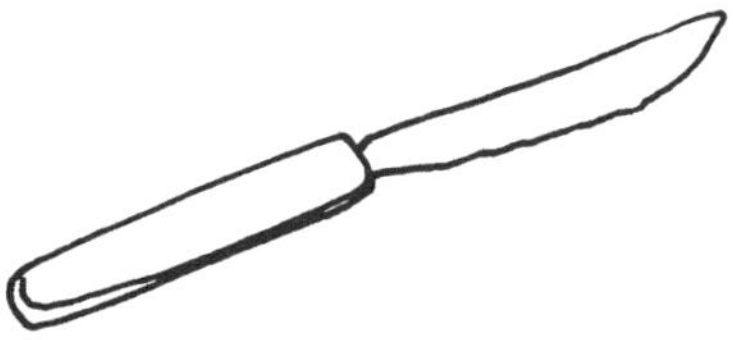

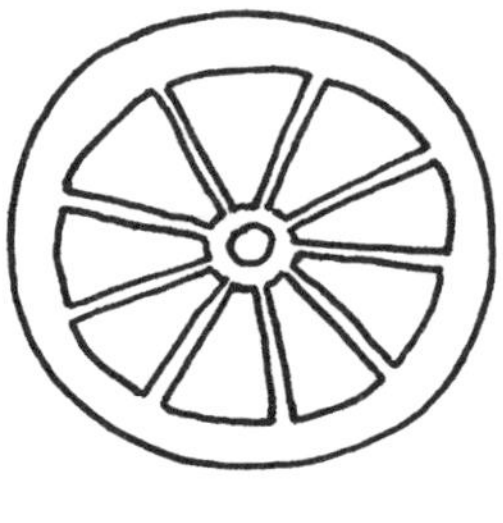

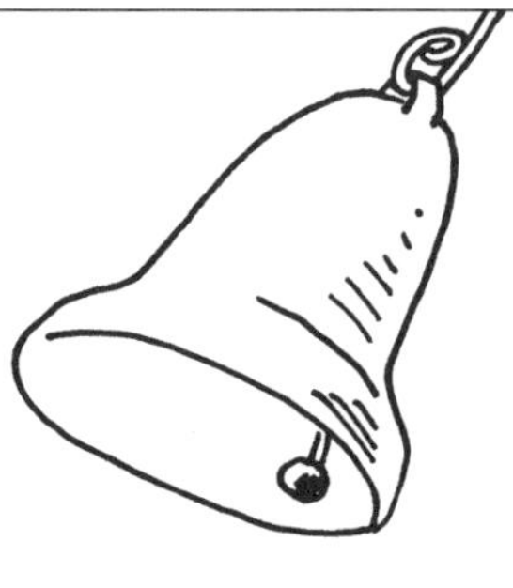

Ohr — Pinsel — Messer

Löffel — Rad — Glocke

Kerze — Sessel — Hut

© Mildenberger Verlag 140-40

Kopiervorlage 10A Name: _____

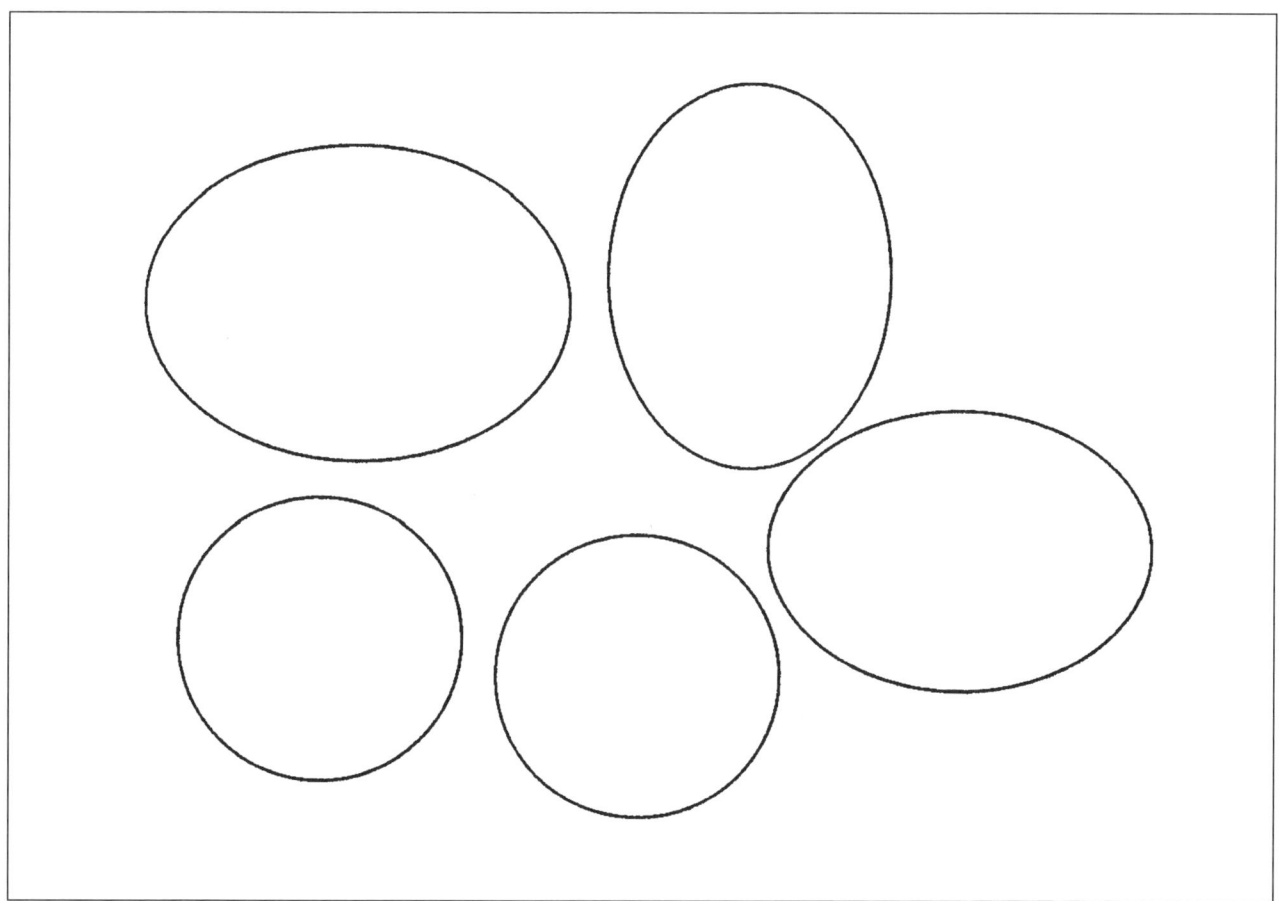

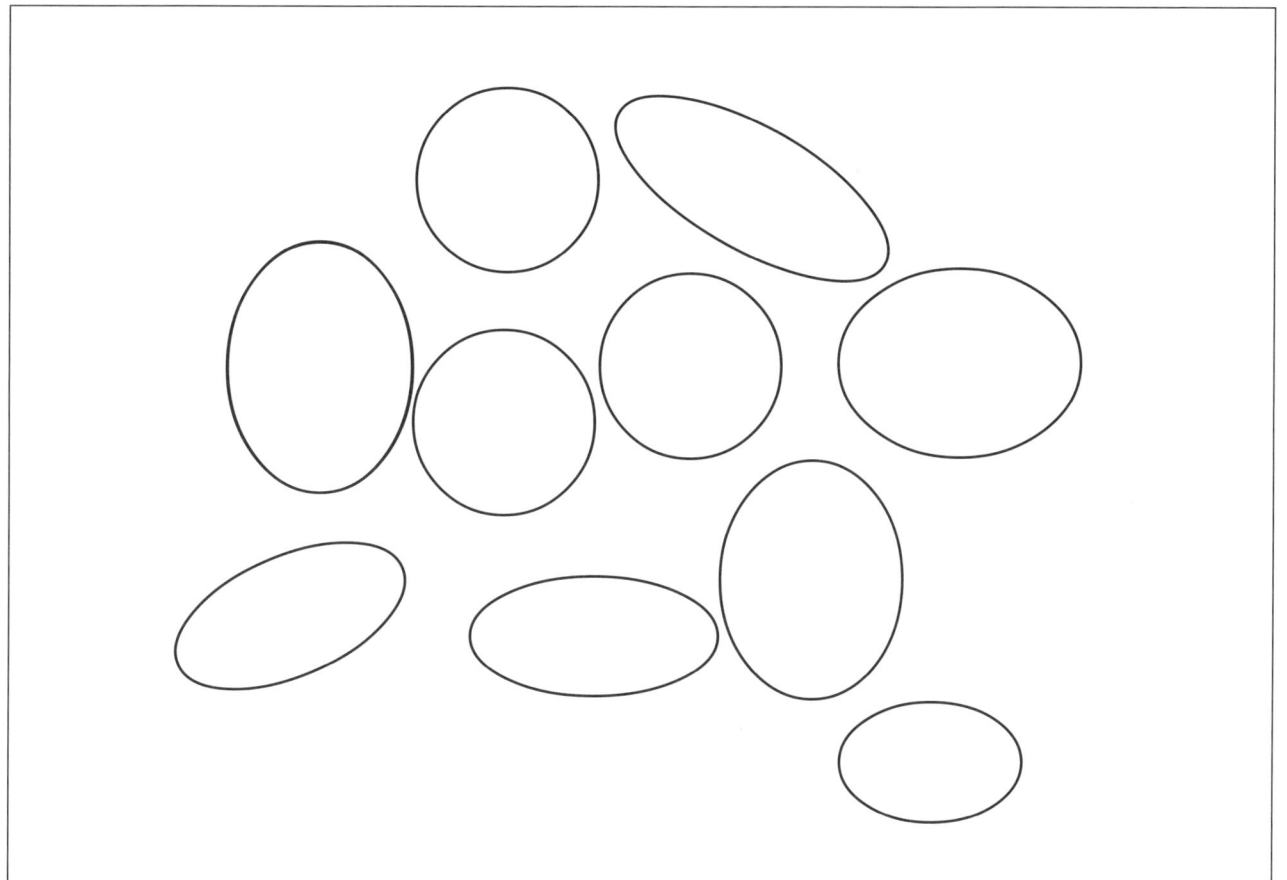

140-40

Kopiervorlage 10B   Name: _____

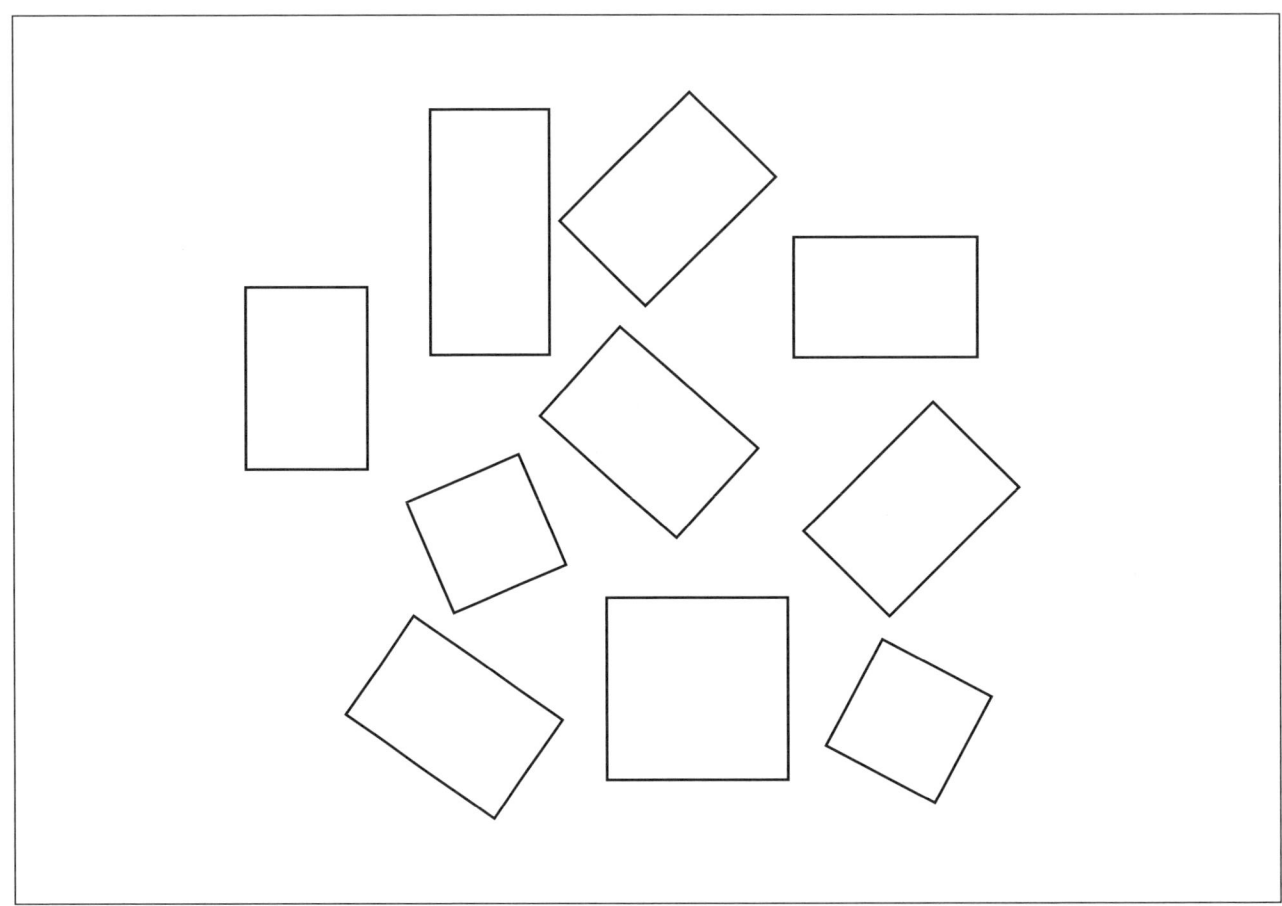

Kopiervorlage 11A   Name: _____

Kopiervorlage 11B Name: _____

Kopiervorlage 12　　　Name: _____

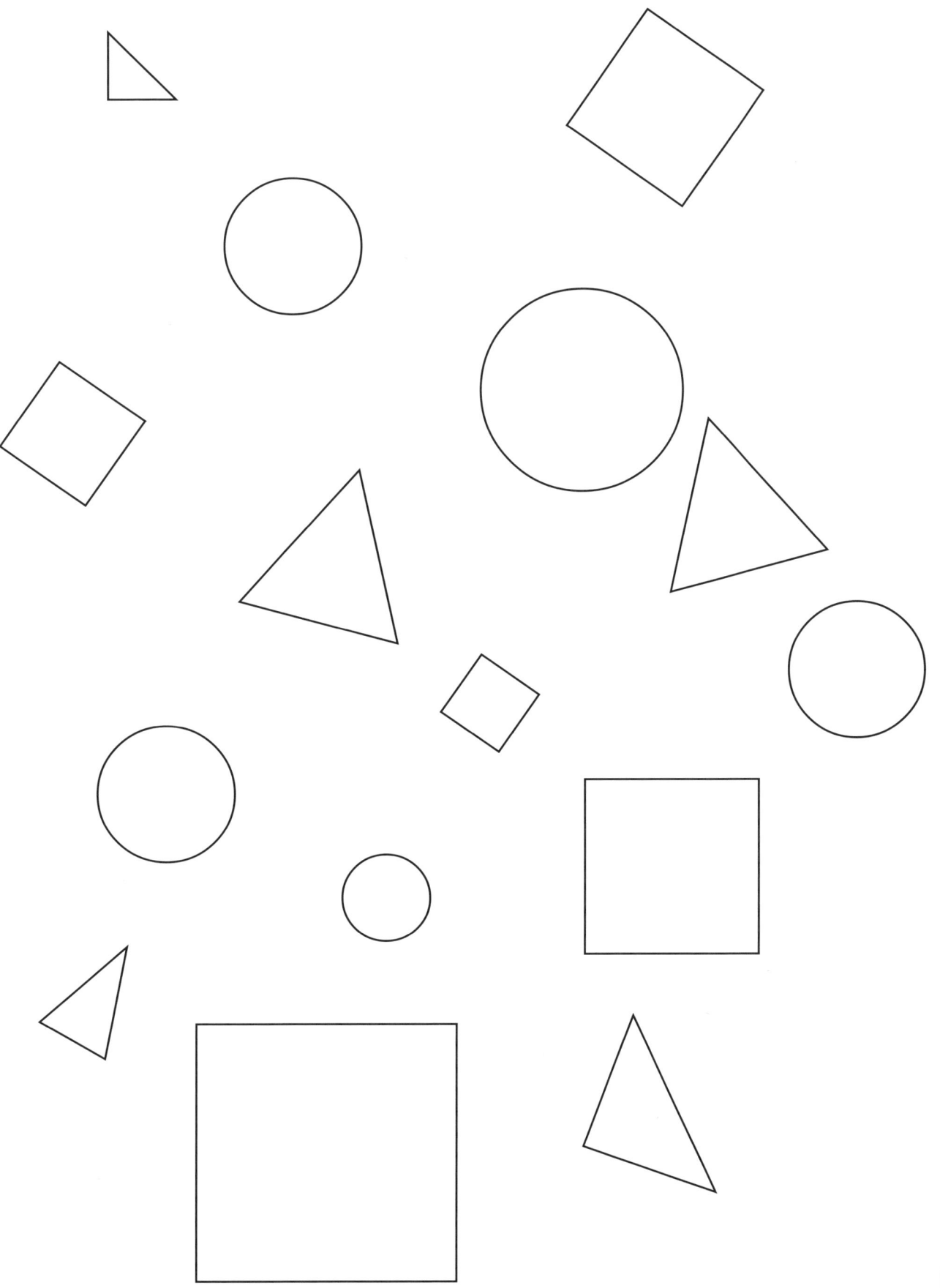

© Mildenberger Verlag

Kopiervorlage 13A   Name: _____

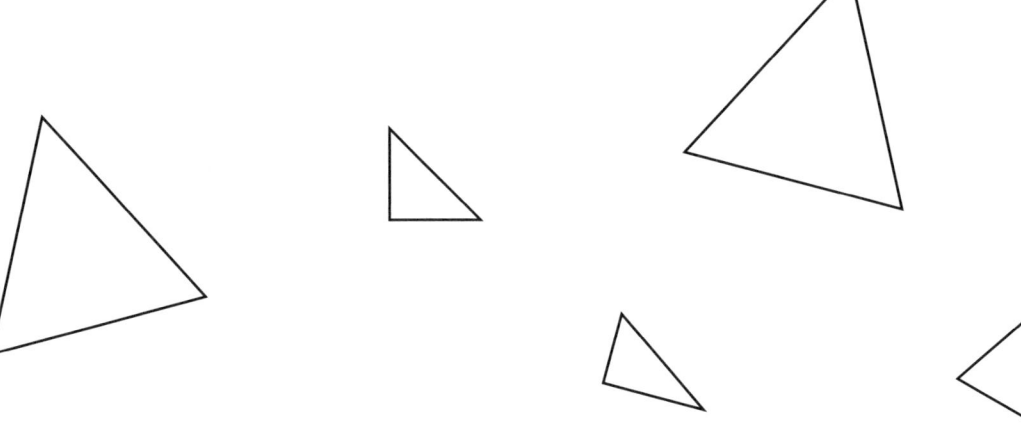

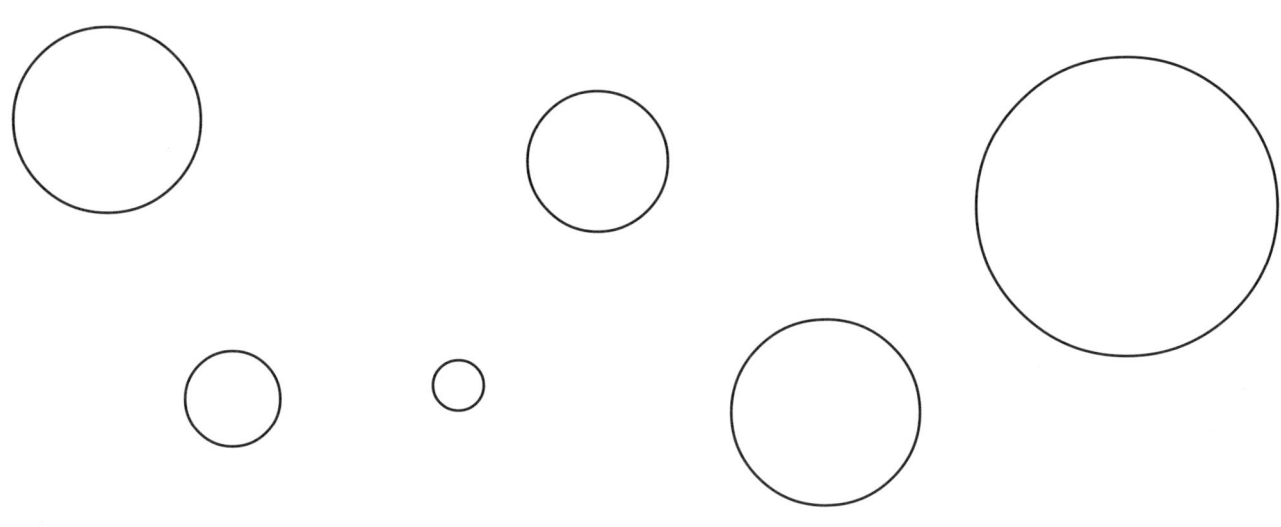

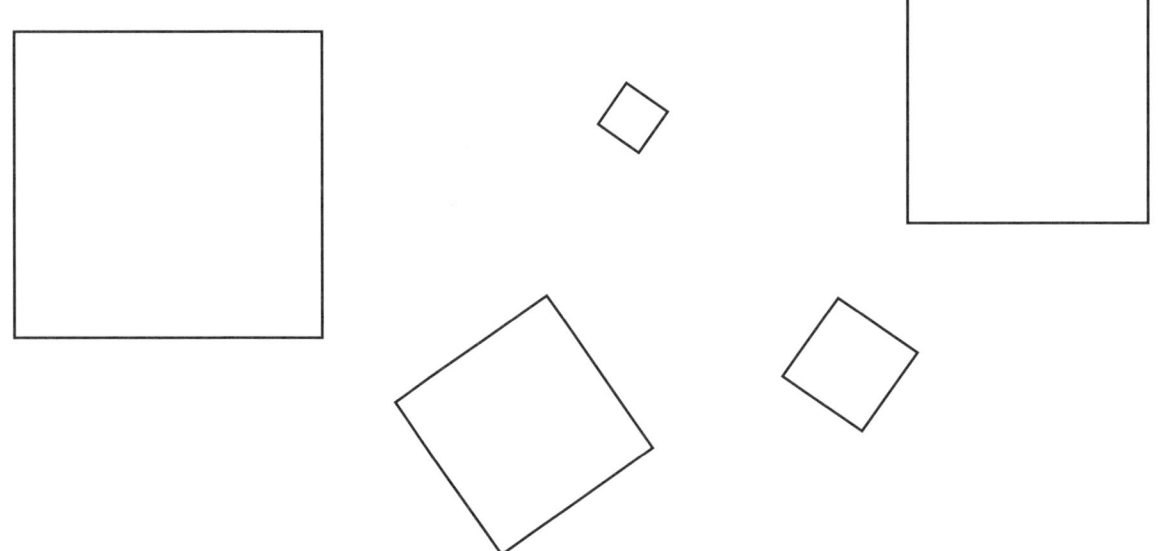

© Mildenberger Verlag

Kopiervorlage 13B   Name: _____

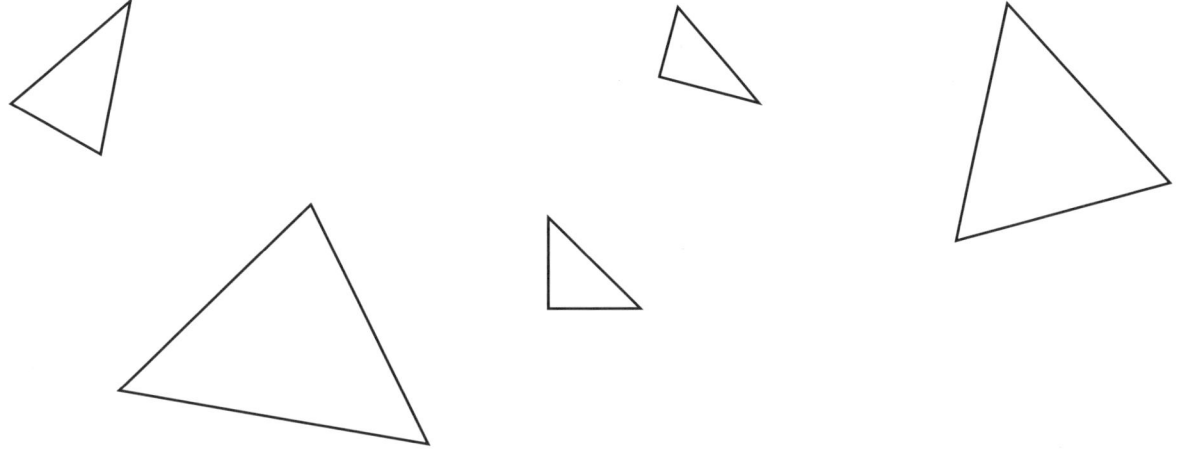

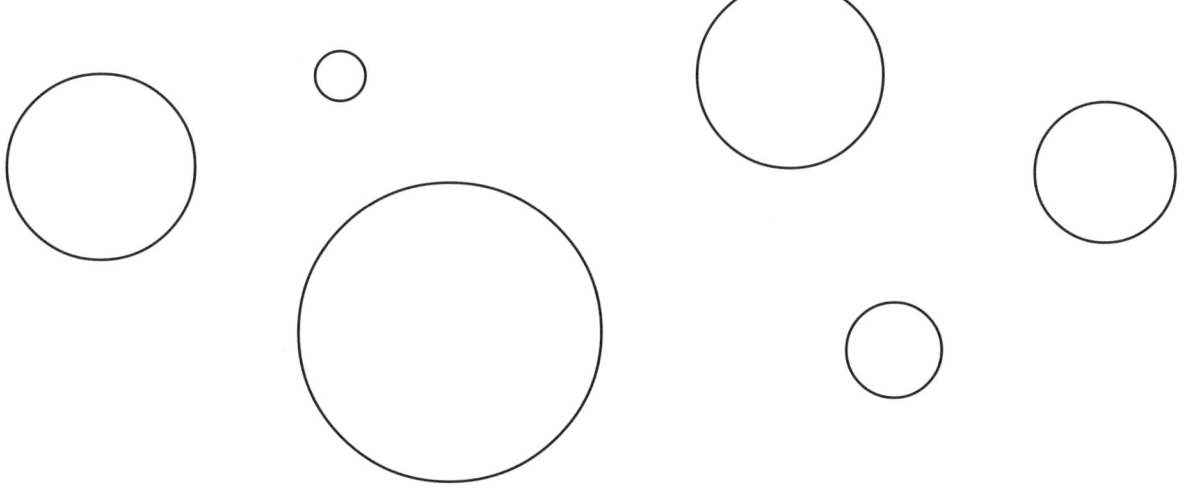

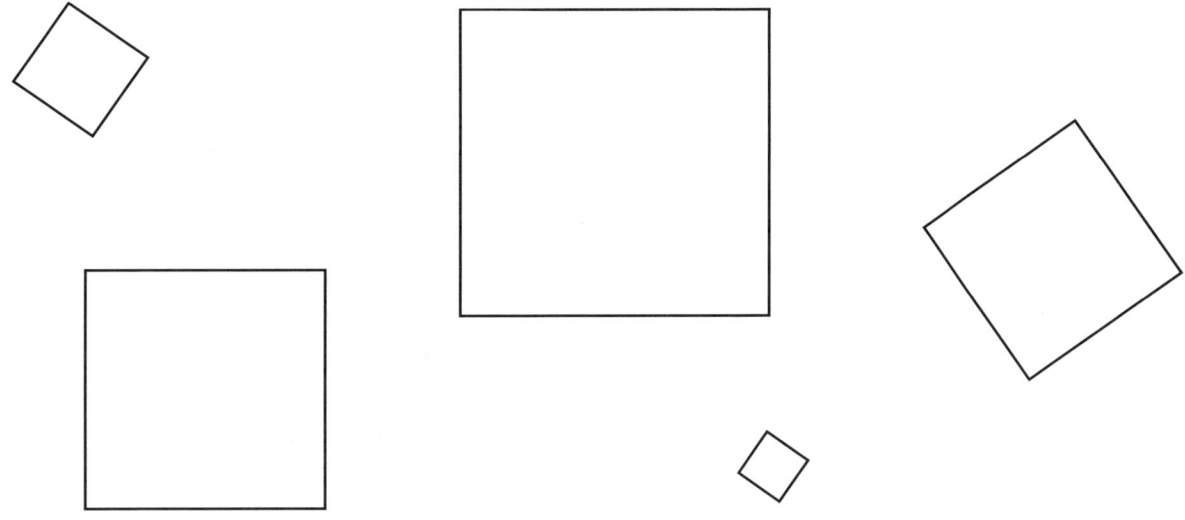

Kopiervorlage 14A   Name: _____

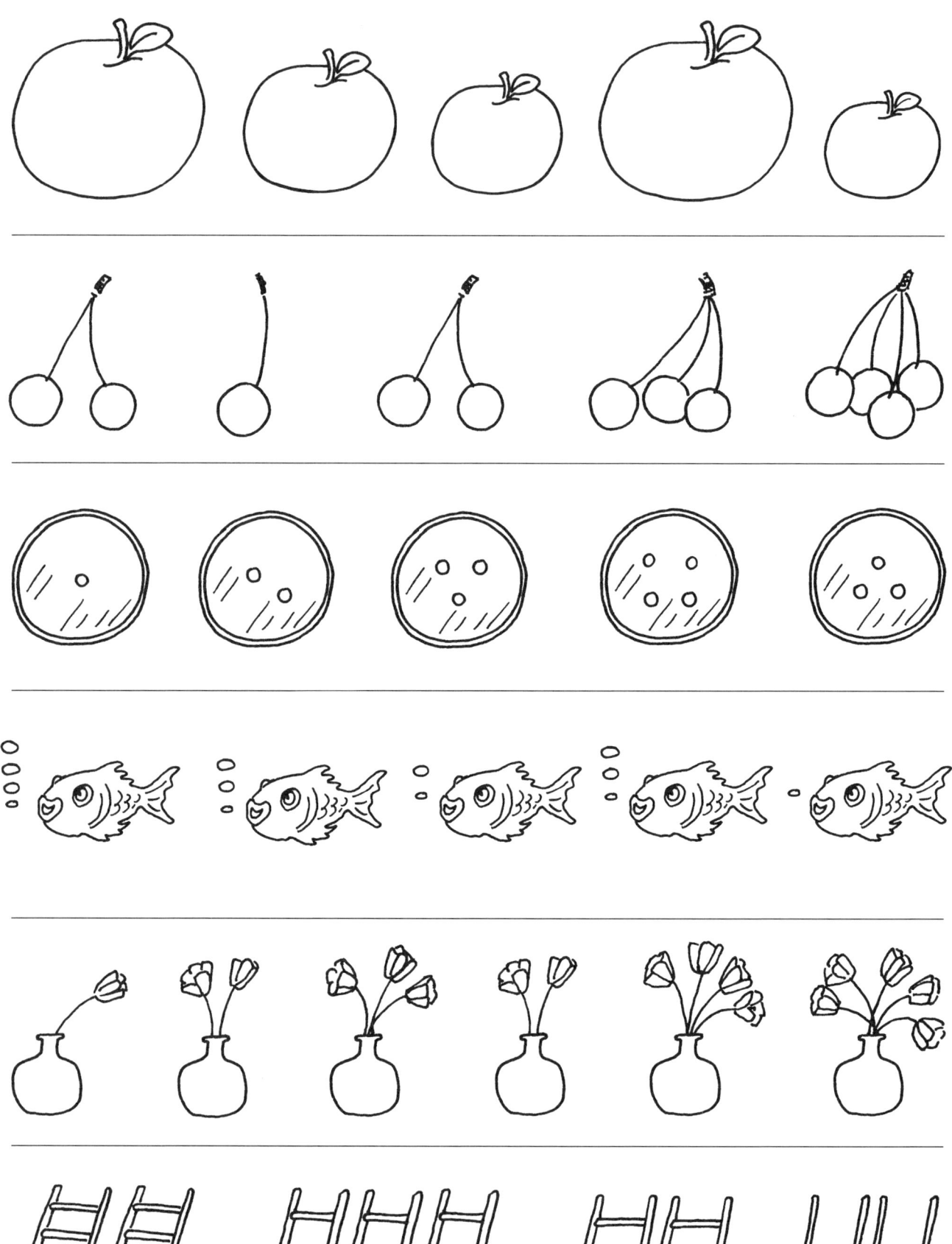

© Mildenberger Verlag

Kopiervorlage 14B Name: _____

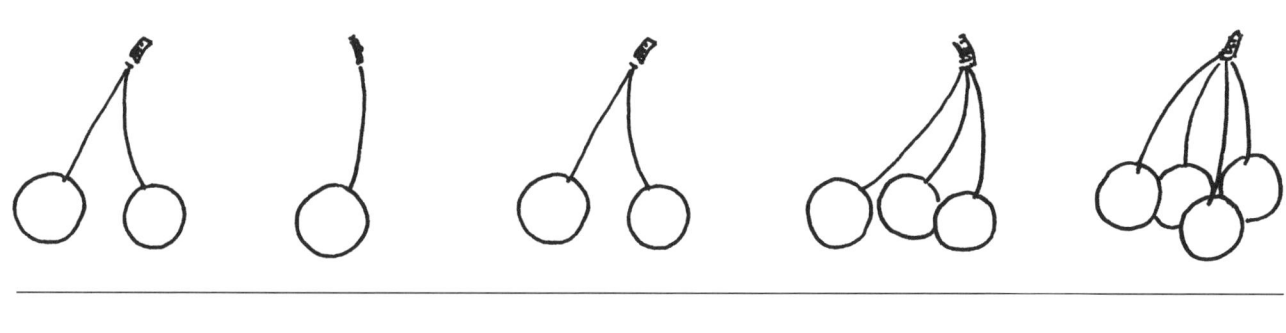

Kopiervorlage 15A Name: _____

Kopiervorlage 15B   Name: _____

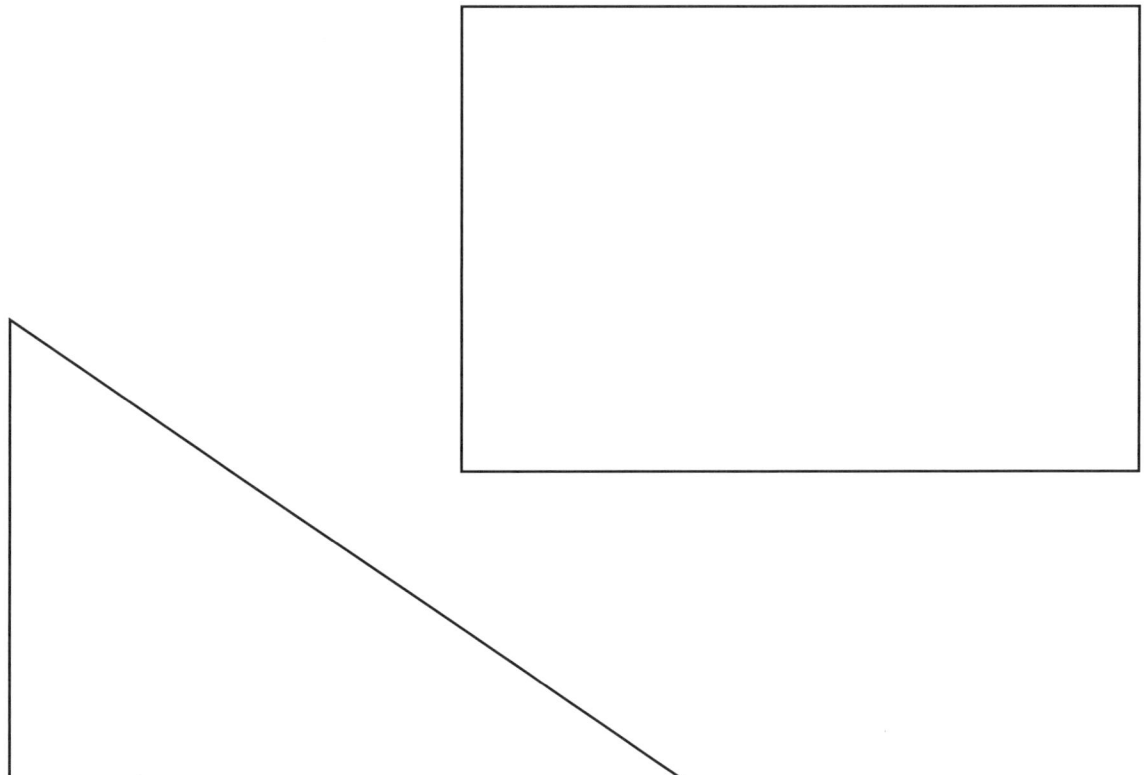

© Mildenberger Verlag

140-40

Kopiervorlage 16

Kopiervorlage 17

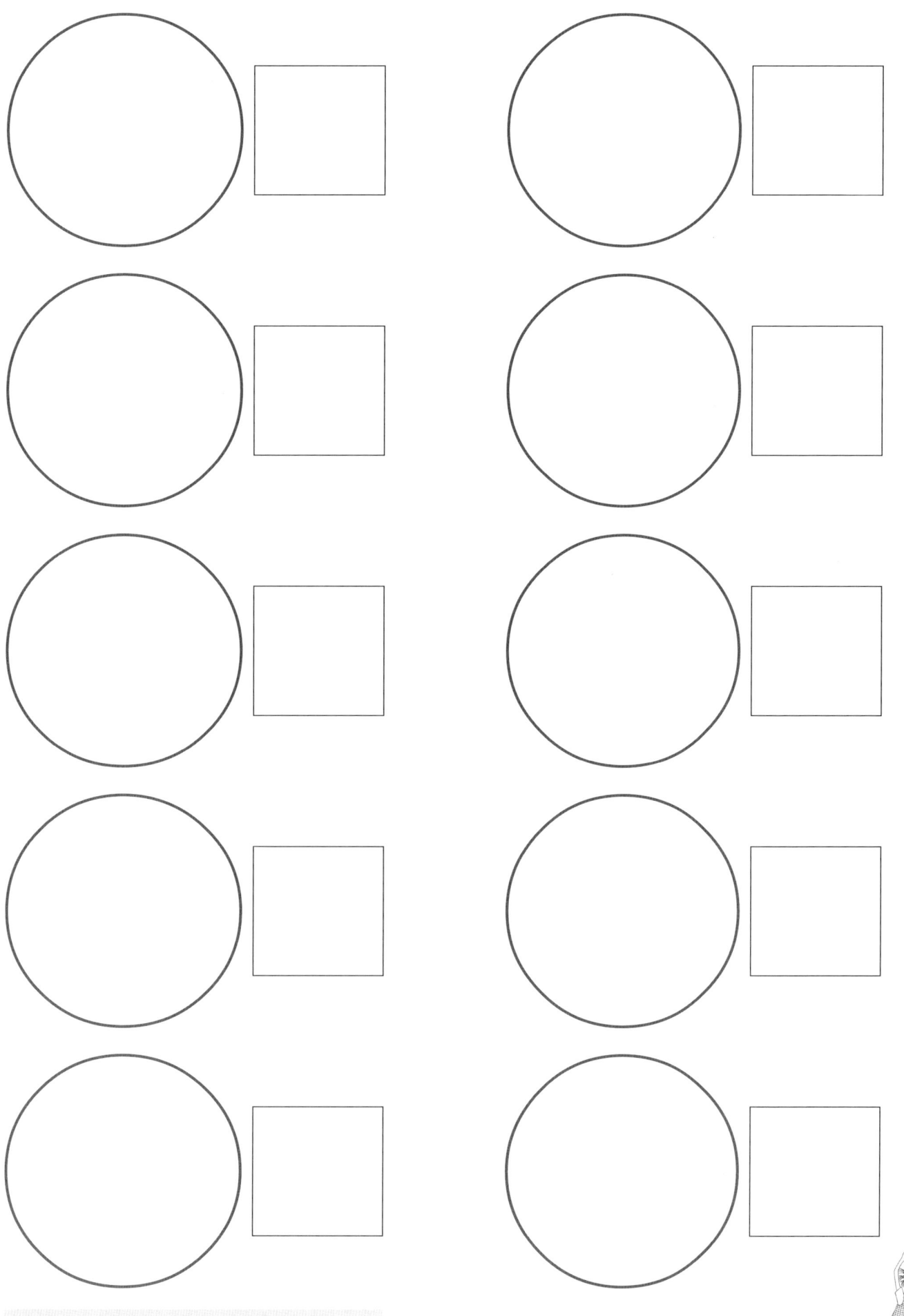

Kopiervorlage auf DIN A3 kopieren.

© Mildenberger Verlag

140-40

Kopiervorlage 18 Name: _____

Zeit:

☐ fertig
☐ nicht fertig

Kopiervorlage 19 — Vordruck Individueller Förderplan

Förderplan für _____ Klasse _____ Geb. _____

Zeit: von _____ bis _____

Problembeschreibung:

festgestellt durch:

geplanter Förderverlauf:

Organisation:

Überprüfung nach Förderung: